U0897283

烟台大学法学院（三元法学文丛）学术著作出版资助

民事令状研究

MINSHI LINGZHUANG YANJIU

陈 浩 著

中国政法大学出版社

2015 · 北京

图书在版编目（ＣＩＰ）数据

民事令状研究/陈浩著. —北京：中国政法大学出版社，2015.10
ISBN 978-7-5620-6376-6

Ⅰ.①民…　Ⅱ.①陈…　Ⅲ.①民法-研究　Ⅳ.①D913.04

中国版本图书馆CIP数据核字(2015)第243095号

出版者　中国政法大学出版社
地　址　北京市海淀区西土城路25号
邮　箱　fadapress@163.com
网　址　http://www.cuplpress.com（网络实名：中国政法大学出版社）
电　话　010-58908435(第一编辑部)　58908334(邮购部)
承　印　北京华正印刷有限公司
开　本　880mm×1230mm　1/32
印　张　8
字　数　208千字
版　次　2015年10月第1版
印　次　2015年10月第1次印刷
定　价　32.00元

序

民事令状这一新型法律概念的出现打破了我国传统民事诉讼法学中民事判决、民事裁定、民事决定“三元”法院文书鼎足而立的既存态势，而且，对于系统梳理、规范整合目前我国民事诉讼立法中仍以令、票、通知书等文种样式分立设置的规模庞大、形式多元的行为给付类法院强制命令亦具有促进意义。民事令状作为法院向各式民事诉讼参与人广泛制发的要求其作出一定行为或不得作出一定行为的书面命令，与判决、裁定、决定一起构成了民事诉讼法院文书的基本范畴，由此，其基础地位不言而喻，而更鉴于民事令状相比其他传统法院文书，在客观范畴、构词方式、适用阶段、历史起源等层面所彰显的极为不同的集合式、偏正式、复合化、舶来型等天然属性，针对其开展概念严谨、类型全面、层级明晰、体系完整的一次理论新探与制度深析实为民事令状个体完善及法院文书整体明晰双重因素内外合力的结果，由此，该项研究具有较为突出的学术价值。

作者选择民事令状以作制度性探讨，部分肇因于该课题所需的独特思维方式与理论视角。民事令状，隶属于司法令状，皆不同于理论界及实务界当前已然频繁涉足且成果较丰的就普通法层面原始令状以及侦查令状、令状主义、令状原则、检察令状等课题所作的既有研究，法院广泛面向诉讼参加人制发的“必为性”和“禁为性”书面命令才为其异于其他令状类法律概念的核心意旨。追本溯源，“令”、“状”在我国依次经历了分立适用与合并适用两个相异历史时期，作为合成词使用的“令状”，在我国法律科学领域的首次现身通常被认为始于清末，经作者考证，我国清代学者在对日本《治罪法》翻译时经由同一日文汉字而将“令状”直接移植，可被视为该词汇较早由域外至域内的重要史实。此外，民事令状践行的秩序、效率、自由、正义等法律价值极具个体特征，这进一步使民事令状的独立研究尤为必要，两大法系民事令状的类型甄别以及包括民事令状在内的民事诉讼各式法院文书之间的特征勘校共同成就了本书极富价值的比较研究。民事令状类型庞杂，以域内为视野，可囊括令、票、通知书等多个次级概念；以域外为视野，其下则多并列而置诸如 Writ 本族令状、Summon 族令状、Warrant 族令状、Injunction 族令状等多个族系的下位概念。世界范围内两大法系民事令状完整样态的列举式探讨为我们尽力呈现了民事令状类型的全然样貌之后，依照具体内容、行为客体、适用阶段、适用对象相异而对民事令状所作的更为条理性的模块式分析又终将民事令状更具价值的分类研究引向深入。

正如美国著名法理学家罗纳德·德沃金所言：“法律是一种不断完善的实践。”探析理论的建立过程以最终理论的构建为方向。我国民事令状领域当前的理论研究及司法实践主要集中于个体层面，以针对证据调查令、人身保护令、敦促执行通知书、禁止规避执行通知书等具体微观意义上的分项研究为主，宏观角度的体系完善和全面构建亟待进行。正基于此，本书结尾处针对民事令状的概念称谓、类型设计、效力配置、救济机制等方面所作的未来发展路径的整体探究可谓提供了些许制度层面的理论创新。

笔者

2015 年 8 月 20 日于有园

目录

第一章　导论 …… 1
一、研究背景及研究价值 …… 1
（一）研究背景 …… 1
（二）研究价值 …… 5
二、国内外研究述略及研究方法 …… 8
（一）国外研究概况 …… 8
（二）国内研究概况 …… 11
（三）研究方法概览 …… 13
三、研究框架及理论创新 …… 19
（一）研究框架 …… 19
（二）理论创新 …… 21
第二章　民事令状基础研究 …… 24
一、民事令状化约论 …… 24
（一）令状 …… 26
（二）民事令状 …… 40
二、民事令状认识论 …… 46
（一）民事令状的种类 …… 47
（二）民事令状的分类 …… 74
第三章　民事令状价值研究 …… 88

一、民事令状秩序价值 …… 88
二、民事令状效率价值 …… 94
三、民事令状自由价值 …… 100
四、民事令状正义价值 …… 104

第四章　民事令状比较研究 …… 109
一、民事令状比较研究（一）——以两大法系为角度 …… 111
（一）英美法系民事令状 …… 111
（二）大陆法系民事令状 …… 127
（三）两大法系民事令状比较分析 …… 137
二、民事令状比较研究（二）——以民事诉讼为角度 …… 157
（一）考辨一：民事令状与民事判决 …… 159
（二）考辨二：民事令状与民事裁定 …… 170
（三）考辨三：民事令状与民事决定 …… 181

第五章　民事令状完善研究 …… 188
一、我国民事令状制度构建的可行性研究与必要性研究 …… 189
（一）民事令状制度构建的可行性研究 …… 189
（二）民事令状制度构建的必要性研究 …… 199
二、我国民事令状制度构建的路径分析 …… 203
（一）民事令状的称谓选择 …… 203
（二）民事令状的类型设计 …… 208
（三）民事令状的效力配置 …… 223
（四）民事令状的救济程序 …… 231

参考文献 …… 242

后记 …… 251

第一章　导　论

一、研究背景及研究价值

（一）研究背景

令状，Writ，拉丁文为Breve，为诉讼法学中一个极重要的集合式、基础型、复合型的法律概念。法院令状为法院“行为给付类书面命令”的总称，在三大诉讼法中皆有分布。作为一种与判决书、裁定书、决定书等传统法院文书相并列的较新颖的文种形式，其客观范围并不可谓狭窄。仅在我国大陆地区，即可涵盖诉讼整个过程中由法院制发而向各类诉讼参与人送达的“令”、“票”、“通知书”等多类法院文书样式。近年来，法院令状在民事诉讼领域中的司法试点及实践效果不断增强。故此，本书先以宏观的“令状”概念作引，而后，不断细化拓展至民事诉讼这一特定领域以作更具微观意义的“民事令状”方面的专项理论探讨，这一渐进型写作脉络的最终敲定不仅基于读者对民事令状这一课题体系性认识的便利度，更重要的是彰显了本书“民事令状”这一选题独特的历史背景与时代背景。

1. 选题之历史背景

社会科学领域，理论研究品格的提升无不以历史渊源的明晰为必然之前提，而令状、民事令状相较其他法律概念而言，其历史发展的复杂性则更为明晰历史背景的理论需求增加了砝码。

（1）史可为“鉴”，“测其渊源，览其清浊”[1]，悠久的历史、丰富的文献向来是学术研究不可或缺的必备要素和前提基础，判断某一理论体系正确与否需要在其是否具有规律性、稳定性和可操作性等方面长期评估，而判断某一学说观点正确与否亦需在其是否皆备周延性、普适性和可验性等方面进行反复论证，因此，由时间累聚而成的这方历史的“宝鉴”已成为检验社会科学成果是否具备真理性的一大利器。具体到程序法之中，在令状领域，大陆法系中，起源于古罗马时期的“令状”（Interdictum）制度至今仍具影响；英美法系中，肇始于盎格鲁·撒克逊时期的现代令状（Writ）制度虽几经变迁却犹具生命力。仅凭此两点，我们对令状以及民事令状进行专题研究的历史意义便已然初现：两种起源不同、旨要各异、源远流长的令状制度亟待甄别。

（2）史亦为“剑”，社会科学的发展通常体现为在始点与终点间渐臻完善的螺旋式前进的过程，相较自然科学，时间洪流衍生而来的“模糊效应”（Blurring Effect）更易在社会科学领域将事实遮蔽、将真相湮没，历史之镜在客观反映真相的同时亦会将历史真相周围围绕的经年尘埃反射出来，因此，围绕目前实体或程序意义多层面混用的令状制度，作为研究者的我们无疑必须要承担起条分缕析、拨乱反正、还原史实的责任，通过认真考证和周延推理以从历史的故纸堆中获取真相、辨出真伪、仗剑直言，可以说，对历史源起的深入查找能够更加明晰地直指理论学说的原始意旨和核心价值，对原发动机的耐心寻觅有助于更为精确地澄清理论学说的基础立意和创设意图，还原历史的本来面目才是彻底斩断讹传之谬误的最优选择，而上述结论无疑在尤具多元学说之流变、悠久历史之渊源的民事令状领域体现得尤其明显。正基于此，杜绝 Interdictum 和 Writ 两大令状概念的混乱使用、明确三大诉讼法之中令状的各自侧重与

[1] 陈寿：《三国志》，裴松之注，中华书局2006年版，第360页。

具体差别、尝试抛弃每谈令状则必谈诉权的普通法思维、改变我国目前将令状概念普遍等同为刑事令状进而再将刑事令状概念与权力制衡的“令状主义”进行捆绑研究的惯性思路等现象的紧迫意义才得以全面显现，因此，可以说，斩除令状及民事令状在漫长的历史演进过程中陆续衍生并比附在身的卷藤与棘刺对于快速构建起完整、科学的民事令状制度而言极具价值。

2. 选题之时代背景

2015 年 7 月 6 日，最高人民法院审判委员会第 1657 次会议通过了《关于修改〈最高人民法院关于限制被执行人高消费的若干规定〉的决定》，限制高消费令等民事令状的“作用域”进一步扩大，修正后的《最高人民法院关于限制被执行人高消费及有关消费的若干规定》2015 年 7 月 22 日起实施，对于拒不执行生效法律文书的被执行人等施以限制的消费行为扩展至其他“非生活和工作必需的消费行为”，而不再仅局限于挥霍型与奢侈型消费等高消费行为。任何科学的发展绝不是闭门造车，时代需求往往在特定时期尤其具有引导意义并因此成为“风向标”或“指挥棒”。在这一方面，法律科学领域尤其如此，每项进步无不得益于法学自身要求及与社会需求的双重推动。目前，在民事令状领域，理论研究与立法规制皆相对薄弱、亟待完善。理论层面，国内以民事令状为题或以民事令状为主要内容的研究成果、文献资料相对匮乏；而立法层面，各式法律法规之中更是难觅以“民事令状”这一集合概念将法院的各式令、票、通知书做统一囊括而将法院文书做统一整体规制的立法先例。而对比理论发展、立法规划的谨慎、“矜持”，民事令状的司法实践及实务探索着实走在了前端，我国各地及各级法院在该领域广泛进行了以证据调查令、人身保护令、不得规避执行通知书、督促履行通知书等为代表的多元创新及新型探索。目前，在我国民事令状领域，实务探索与理论研究间的强弱对比、司法实践与立法规模间的前后落差日益明显，其所呈现出的不平衡与不协调共同成就了尽快开展民事令状专题研究的时代背景。2012年8月31日，第十一届全国人大常委会第二十八次会议通过了对《民事诉讼法》进行再次修改的决定，民事诉讼法的此次全面修改亮点纷呈，诚信原则、检察监督、恶意诉讼、逾期举证、电子证据、小额诉讼等长期牵动民心的焦点问题均获立法，既注重对传统争讼程序的调整和完善又重视对非讼程序的修正与梳理成为本次修法的独到之处。在民事令状领域，《民事诉讼法》进行的变动与修正虽数量不多但甚为惹眼，该法对督促程序的支付令异议机制大幅变革，修改后的《民事诉讼法》第217条创设了督促程序与诉讼程序的直接衔接机制："人民法院收到债务人提出的书面异议后，经审查，异议成立的，应当裁定终结督促程序，支付令自行失效。支付令失效的，转入诉讼程序，但申请支付令的一方当事人不同意提起诉讼的除外。"基于此，支付令这一民事令状在司法实践中的实际效果获得大幅提升。统揽而言，经过多年试点及探索，令、票、通知书这一民事令状体系的科学性已获基本证成，在此基础上，全国各级各地法院还着重从司法实务操作的具体层面对民事令状系统着手创新，民事令状的类型不断丰富，民事令状的作用范围极大扩展：已由传统的执行程序分布推广到了诉前程序、审理程序，例如诉前程序、审理程序中证据调查令这类民事令状的试点。已从早期的特别程序扩展到了通常程序，例如通常程序中人身保护令这类民事令状的试点。但如英国著名学者梅因所言："社会的需要和社会的意见常常或多或少地走在法律的前面。"[1]目前，我国民事令状立法的规模与质量均显然滞后，无法满足司法实务的具体需求。故此，民事令状实践先行于立法、实务先行于理论的现状共同造就了完成一次概念严谨、层次明晰、类型全面、体系完整的民事令状专项研究的时代动因。

---

〔1〕［英］梅因：《古代法》，沈景一译，商务印书馆2011年版，第17页。

（二）研究价值

以“民事令状研究”为题，渐次开展民事令状的概念论证、特点归纳、渊源回顾、体系总结，具有独到的开拓意义。“民事令状研究”直面目前世界范围内各国令状研究中“过量采用”普通法思维以及过于拘泥于刑事诉讼领域的现实不足，试图完成民事令状在程序法角度这一独特视角的体系性构建与制度性创新，具有突出的学术价值。详言之：

首先，意在填补理论空白。无论是仅以我国为客观范畴的国别考察，还是在世界各国更为宏观的范畴内的普遍考证，目前，民事令状、行政令状、刑事令状三大领域诉讼令状的理论考证与学术探讨均严重失衡，刑事令状研究成果相较丰富，其他领域令状的理论研讨则相形见绌。民事令状、行政令状与刑事令状不完全等同，民事令状与刑事令状的差别则更显突出：①在内容层面，民事令状的主要内容为指令受送达人为一定行为或者禁为一定行为，刑事令状除上述内容之外，更涉及传统令状主义所要求的平衡机制（例如法院发布逮捕令状）以兼顾犯罪嫌疑人之人权以及侦查机关之侦查权等内容；②在主体层面，民事令状并不以侦查机构这一主体为制发对象，而刑事令状则不同，需涉及以侦查机构为制发对象的令状形式；③在适用阶段层面，广义而言，刑事令状和民事令状均可适用于诉前、诉中和诉后，但比较来说，刑事令状在诉前侦查阶段的适用更加突出，而民事令状则通常会更为集中地分布于诉中审前准备及审理阶段以及诉后执行阶段；④在类型设置层面，鉴于民事令状随附于普通民众财产权争议与人身权争议的审理及执行的各个环节，因此，相较刑事令状，更易受到社会现实及时代需求的影响，民事令状的种类更为多元、更新速度更为迅速。因此，三大诉讼法基本法理的不同使得任何一种诉讼令状的研究成果均无法通过简单置换而直接适用于其他领域。2012 年 10 月 1 日，作者曾以“民事令状”、“民事诉讼令状”为题名特征在中国知网中国学术文献网络出版总库中分别进行了精确检索和模糊检索，检索后均显示“没有检索到符合条件的结果”，随后，作者又选择“令状”作为题名特征进行精确检索，在检索结果的诉讼法与司法制度学科组中所获文献数量仅为52篇，其中，18篇专门针对的是刑事令状，而剩余则多涉及司法令状、令状主义、令状原则、检察令状等更为宏观的问题，竟未有一篇为专门针对民事令状的专题性研究。2015年8月5日，作者再以“民事令状”和“民事诉讼令状”为题名特征在中国知网中国学术文献网络出版总库中进行精确和模糊检索，检索结果依然显示“没有检索到符合条件的结果”。由此可见，本书选择民事令状进行深度挖掘及体系探讨具有填补民事令状学术研究空白的理论价值。

其次，意在指导司法实践。世界范围内，两大法系中，令状价值均堪称显著：英美法系中，令状从根本上促进了普通法的形成，“令状的统治即法的统治”[1]，王室法院通过令状启动具体诉讼，并在依据当地习惯以对案件作出判决的实践积累中促进了普通法的形成；而在大陆法系中，更多的情况下，令状是一种与法院判决、裁定、决定相并列的文书样式。相较之下，此类文书拥有更为丰富的表现形式，其在快速实现债权人权利、平衡双方当事人诉讼能力、公示诉讼时间及流程、督促当事人履行诉讼义务等方面均拥有其他法院文书难以比拟的显著优势。然而，实践欠缺理论的先行引导现象却在民事令状领域相对突出。目前，在我国，民事令状如火如荼的试点、探索与该领域极其缺乏理论指导及立法规制的现状相映成趣：一方面，全国各地法院积极进行民事令状的创新与改革，试图通过证据调查令、人身保护令、探视令、敦促执行令、禁止规避执行通知书等新型法院文书的试点尝试赋予诉讼当事人更为细致的权

〔1〕 项焱、张烁：“英国法治的基石——令状制度”，载《法学评论》2004年第1期，第118页。

利保障，树立法院更加中立的裁判形象，恢复公力救济原本的强制色彩；然而，另一方面，各地法院的上述试点却多各有规则、自成一系，由于缺乏统一的指导而亟待规范，各地法院在借鉴国内外先进经验基础上所创制的新型令状普遍在格式、内容、效力、编号、救济途径等方面存在诸多差异，这样的实务现状不仅使理应最具规范意义的诉讼法科学在实践操作中丧失了统一性与权威性，而且，民事令状过分“自由”的实务现状亦与我国中国特色社会主义法律体系已宣告完成的法治阶段并不相称。立法的完善是权威指导司法实践的最优路径，2015 年 3 月 15 日修订的《立法法》第 8 条规定：“下列事项只能制定法律：……⑩诉讼和仲裁制度；……”因此，民事令状作为一种制度的考量，其创设权力理应直接归属于全国人民代表大会及其常务委员会。正所谓立法是实务探索成功的最终归宿，立法是理论研究成熟的最佳标志，民事令状的最终完善亦必须最终落脚于程序基本法的立法规范上。然而，鉴于目前我国民事令状体系的创设正处于发育期，民事令状的制度构建正处于起步阶段，因此，先行发挥学理探讨对于法律实践的指导作用，完成两大法系视野下民事令状的脉络性梳理和系统性分析才能为我国民事令状的司法实践储备较为丰富的国内外立法例资料，提供较为全面的理论指导，以此为基础，也才具有日后将相关理论成果进一步升华为立法规范的可能性。

此外，以民事令状为客观对象的专题研究和系统分析亦能有效促进我国民事诉讼法及民事诉讼法学的国际化发展。近年来，响应时代的需求，我国于 2007 年和 2012 年分别对《民事诉讼法》进行了部分修改和全面修改。两次修法中，民事诉讼法的现代化和国际化趋势明显。对于这一点，一审终审制度的创设、立案分流机制的设置、检察监督力度的强化、小额及公益诉讼的引入等均为典型例证。其中，国际化趋势尤其值得关注，于两大法系的不同国家及地区，“为了适应社会和诉讼的新情况，着手改革不合时宜的民事诉讼制度，其中包括相互吸收和借鉴对方的长处，从而在整个法律领域包括民事诉讼法领域出现了趋同的态势”[1]，在此前提下，借鉴国外较成熟的令状制度，整合我国现行《民事诉讼法》当中分散设置的令、票、通知书等各类法院强制行为给付命令文书，将为我国与其他国家的民事诉讼法以及民事诉讼法学的交流提供一个崭新的连接点，开拓一个新型的对话通道。如2012年修改后的《民事诉讼法》第217条所设计的督促程序因债务人异议成立而终结之后的自动衔接诉讼程序机制就是部分吸纳国外立法例之合理因素的结果：在韩国，债务人在督促程序中提出的异议成立的，“则视为于债权人提出支付命令申请时提起了诉讼，案件将转入普通诉讼程序进行审理”[2]；而依日本法律，督促异议的申述一经债务人提起，便视为向发出该督促支付令的法院书记官的所属的简易法院或管辖该简易法院的地方法院提出了诉讼[3]。因此，促进我国民事诉讼法以及民事诉讼法学的国际化发展成为作者确定民事令状为该书选题的又一重要价值考虑。

二、国内外研究述略及研究方法

（一）国外研究概况

国外民事令状的相关研究成果相较丰富，但是，却存在明显的国别性、多源性特点。不同国家对于令状以及民事令状的历史起源、概念特征、类型分类、法律效力的认识往往迥然不同，而即便在同一国家，不同历史时期的令状及民事令状的相关研究也多拥有与各自历史时期相对应的差异化重心及侧重点。换言之，相对而言，国

---

〔1〕邵明：“民事诉讼法的发展趋势”，载《法学杂志》2003年第2期，第21页。

〔2〕［韩］孙汉琦：《韩国民事诉讼法导论》，陶建国、朴明姬译，中国法制出版社2010年版，第526页。

〔3〕参见［日］中村英郎：《新民事诉讼法讲义》，陈刚、林剑锋、郭美松译，法律出版社2001年版，第305页。

外民事令状的相关研究呈现出较强的阶段化、多元性特点。

以英国为例，正如我国学者萧瀚所做的评价："要了解英国普通法的历史，如果不了解令状制度，将是不可能的。"[1]现代意义的令状概念可谓源自英国，13世纪衡平法出现前，在英国普通法的创立及发展过程中，令状一直被作为一种王室司法管辖的启动机制而获广泛适用，没有国王令状，对方当事人可保有不受随意司法干扰的权利，对此，英国著名法学家密尔松曾依具体案例指出："没有国王的令状，不能强迫任何人回答有关其自由保有的土地出庭答辩。"[2]因此，令状成为国王法院彰显其管辖权范围的重要标志，英国司法系统内部各类法院、各级法院之间管辖权的划分也随着令状种类的不断增加而日益完善。而在启动国王法院审理的原始令状历史时期结束之后，英国令状制度的发展亦渐如其他国家一样愈发开始向更侧重于行为给付命令的司法令状阶段过渡。故此，英国学术界对于令状、民事令状的研究可谓源远流长，相较其他国家，其内容也更为全面和深入。具体说来：首先，中世纪时期，令状及民事令状的数量不断增长，在该领域的众多研究成果中，被称为"最古老、最权威的普通法著作"、"中世纪普通法基础"的《令状方式集》可谓当时关于令状及民事令状著述的集大成者；其次，17、18世纪以来，包括布莱克斯通、梅因、波洛克以及梅特兰等在内的众多英国近代法学家对令状、民事令状均曾进行过深入研究，其中，有"英国法制史上的汉马克拉维"之称的著名法学家梅特兰在其名著《衡平法及普通法程式诉讼两大系列讲座》中以程式诉讼的发展为主线，将该历史时期细化为5个独立的历史阶段并详析了与各历史阶段分别对应的不同令状的具体特点，即该时期令状及民事令状领域的重要

[1] 萧瀚："读《普通法的历史基础》"，载《比较法研究》2000年第4期，第446页。

[2] [英] S. F. C. 密尔松：《普通法的历史基础》，李显冬等译，中国大百科全书出版社1999年版，第3页。

理论收获；最后，20 世纪之后，英国令状及民事令状的理论研究进入快速发展时期，其中，颇具代表意义的学者包括霍兹沃斯、甄克思、普拉克内特、哈默、密尔松、贝克及霍尔特等，此时该领域的学术成果以法历史学的角度进行总结式、归纳式的研讨为主要写作方法，其中，威尔逊 1920 年发表的学术论文《令状与权利》、霍兹沃斯 1923 年出版的专著《英国法律史》第 1 卷、夏普 1976 年出版的专著《人身保护令法学》、戴维·克拉克和杰拉尔德·麦考伊 2000 年共同出版的专著《最根本的法律权利：英联邦国家的人身保护令》等皆对令状及民事令状作过深入研讨。

以美国为例，令状、民事令状的学术研究主要集中在 19 世纪之后，其针对 Writ 本族令状、Summon 族令状、Warrant 族令状、Injunction 族令状等多种民事令状的对应性研究相较齐备，代表性人物主要包括比奇洛、庞德、伯尔曼、哈斯、库特纳、安提奥、弗里德曼、坎平以及南希·J. 金、菲利普·麦吉利斯、切斯特·J. 安提奥、约瑟夫·L. 霍夫曼等。代表性的著作主要为：法学家奥尔德森于 1895 年出版的《实论司法令状及民事刑事案件程序》、法学家库特纳于 1962 年出版的《世界人身保护令》、乔治城大学宪法荣誉教授安提奥于 1987 年出版的《非常救济之实践：人身保护令和其他普通法令状》、弗里德曼于 2001 年出版的《人身保护令——对自由大令状的再思考》、菲利普·麦吉利斯于 2005 年出版的《人身保护令》、范德比尔特大学教授南希·J. 金与印第安纳大学摩利尔法学院教授约瑟夫·L. 霍夫曼于 2011 年共同出版的《21 世纪的人身保护令：大令状的使用、滥用和未来》以及里克·罗宾逊于 2012 年出版的《职务执行令状》等。

除上述英、美两国的研究成果外，其他国家的诸多学者亦针对令状、民事令状进行过深入的理论研究并已拥有较为丰硕的研究成果，主要包括但并不限于：①印度法理学家 V. G. 拉玛昌德拉 1963 年出版的《令状法》；②爱尔兰法学家科斯特洛 2006 年出版的《爱尔兰人身保护令法》；③日本学者村井敏邦、後藤昭 1993 年共同出版的著作《現代令状実務 25 講》、三浦正晴和北岡克哉 2002 年共同出版的著作《令状請求の実際 101 問》、丸橋昌太郎 2008 年刊发于信州大学法学论集当中的文章《令状主義システムと排除法則》等。

（二）国内研究概况

作者在对各大电子文献资料库以及代表性的实体图书馆进行详细查询后，得出初步结论：至今，我国在民事令状领域的体系化研究仍显缺位。

首先，作者在中国学术文献网络出版总库（中国知网）中进行查询，2012 年 10 月 1 日，笔者分别以“民事令状”和“民事诉讼令状”为题名特征进行精确检索和模糊检索，所得结果均为“没有检索到符合条件的结果”；随后，笔者又以“令状”为题名特征进行精确检索，在检索结果的诉讼法与司法制度学科组中所获得的 52 篇文献中没有任何一篇是围绕民事令状这一集合概念所进行的基础研究，数量不多的几篇民事令状领域的文献资料也多属于针对人身保护令、证据调查令等具体令状的类型化和个体化的研究成果，不仅如此，其内容载体多为新闻报道、会议资料、领导谈话、法院报告等形式，研究成果的周知程度、影响范围以及理论品格势必受到其发表形式的掣肘。2015 年 8 月 5 日，笔者再度以“民事令状”和“民事诉讼令状”为题名特征进行精确检索、模糊检索，所得结果同样显示“没有检索到符合条件的结果”；随后，笔者又以“令状”为题名特征进行精确检索，诉讼法与司法制度学科组中的检索结果显示包含令状这一题名特征的作品上升为 62 篇，但在增加的 10 篇当中依然没有专门针对民事令状制度的理论探析，除“令状式”速裁模式外，令状主义、监听令状、非诉行政执行令状等针对其他令状的研究成果依然占据了较大比例。

其次，2012 年 11 月 1 日，作者曾以令状、民事令状、民事诉讼令状为书名关键词在超星电子图书馆中进行查询，所得结果为没有找到相关结果。再以民事令状、民事诉讼令状为全部字段关键词在该电子数据库中进行查询，所得结果仍为没有找到相关结果，最后，笔者仅以“令状”为全部字段关键词仍在该数据库中进行查询，结果显示：该数据库中全部字段包含“令状”一词的国内著作也只存6本：蒙振祥编著的《罗马法》、商务印书馆编译所编纂的《美国独立战史》、郭登皞编著的《印度宪法》、中山大学历史系世界史教研组编撰的《世界近代史参考资料选集》、何家弘和张卫平主编的《外国证据法选译》、朱翊新编著的《现行公文程式集成》。显而易见，其中，与本文所定义的民事令状关系紧密的成果大致也仅为《现行公文程式集成》一部。2015年8月5日，笔者再度以“令状”为全部字段关键词在上述数据库中进行查询，结果显示：全部字段包含“令状”一词的国内著作数量仍未增加。

除此之外，作者还选择中国国家图书馆及中国人民大学图书馆等实体文献查询机构进行查询，以民事令状、民事诉讼令状为关键词的查询结果仍不免让人遗憾。由此可见，我国在民事令状这一领域的专属性、原创性、体系化研究相对薄弱，针对民事令状，我国尚缺乏一部类型全面、体系完整且具宏观指导意义的著作。经笔者初步整理，目前，国内围绕民事令状所进行的学术探讨主要表现为以下形式的研究成果：①硕士论文类，如西南政法大学张文娟的《民事保护令制度浅析——以台湾民事保护令制度为中心》（2004）、湘潭大学莫良丰的《民事保护令——家庭暴力受害人的事前法律救济》（2008）、西南政法大学何浩基的《信用证止付令法律问题研究》（2008）、吉林大学马洪伦的《程序正义主视角下的人身保护令制度研究》（2009）、台北大学林宜桦的《受虐子女权利暨亲权之研究——以民事保护令、保护安置为中心》（2009）、中国政法大学张永明的《论民事诉讼中调查令制度的构建》（2010）、中国政法大学雍倩的《国际民事诉讼中的禁诉令制度研究》（2010）等；②博士论文类，如中国政法大学邓智慧的《人身保护令研究》（2006）、西南政法大学薛竑的《人身保护令制度研究》(2006)、中国人民大学刘春玲的《家庭暴力民事保护令制度研究》(2012)等;③期刊、集刊论文类,如周赞华、章克勤与曹洁合作的《对民事诉讼中适用调查令的法律思考》(1997)、崔欣的《我国民事诉讼中建立调查令制度之设想》(2006)、总诃的《反家暴立法与民事保护令》(2007)、黎陈靥的《刍议民事诉讼证据调查令制度之建构》(2011)、徐永其的《执行催告令状制度》(2011)、肖建国的《民事保护令入法的必要性和可行性》(2012)、张平华的《认真对待民事保护令——基本原理及其本土化问题探析》(2012)等;④著作类,如欧福永的《国际民事诉讼中的禁诉令》(2007)等。

(三)研究方法概览

1. 逻辑分析法

逻辑分析法(Logical Analysis),亦被称为逻辑解析法,是宏观哲学解析理念在具体科学领域的深层推衍,是学术研究中的一种基础方法,“辨意谓、析事实,汰除混淆,削减含忽,以清楚确定为目的”[1]。逻辑分析法以斩除概念表述上的模糊语言为起始点,以完成对研究对象的发展规律、因果关系、前进方向等内容的推演为主旨,因此,尤其在社会科学领域,逻辑分析法可谓辨名析理的一大重器,而将该方法运用于法学研究之中,将极大地有利于法律科学概念明晰、言辞精确、条理严整、体系完备之研究目标的最终成就。在这一方面,可以说,“逻辑是一切理性思维的基础,而建立在现代理性主义基石之上的法治更是与逻辑有着密不可分的关系”[2],“三段论”式的逻辑形式其实早在古埃及和美索不达米亚的司法判决中就已有运用[3],时至今日,逻辑早已超越了法律文书的狭窄范畴而

---

〔1〕《张岱年文集》(第1卷),清华大学出版社1989年版,第217页。

〔2〕张传新:“法律中的逻辑分析方法”,载《甘肃社会科学》2008年第5期,第78页。

〔3〕参见张传新:“法律中的逻辑分析方法”,载《甘肃社会科学》2008年第5期,第77页。

成为世界各国法律科学这一“大厦”的重要前提及坚实基础。

民事令状是令状之下一个二级概念，因此，民事令状涵义的精判细察、渊源的厘析论证、特征的比较分析在很大程度上均依赖和来源于由其上位概念“令状”处展开的纵向延展和深入推演，由此，“致广大而尽细微”[1]、“由概念而至意蕴”、“由粗致精，由浅入微”的逻辑分析法势必在该领域大有作为。当然，除了上述由令状到民事令状的纵向推演，民事令状的相关研究还必然涉及与其同位概念（刑事令状、行政令状）的横向比较与并列分析，逻辑分析法重在“由比勘而甄明”地“探测概念深度”[2]。某种程度上，正因为有其他两种司法令状作为参照，三大诉讼令状的共性与个性、共相与殊相才更加明晰，民事令状内涵与外延的界定也才更加准确，亦基于此，拥有“祛除混淆”之核心优势和关键作用的逻辑分析法才成为了我们在辨明民事令状与其他两大诉讼令状的真正关系，从而准确界定民事令状之客观范畴时首先需考虑采用的研究方法。

2. 历史分析法

历史分析法（Historical Analysis）是运用变化和发展的观点对客观研究对象的历史渊源进行总结及分析的研究方法。最大量地占有事实材料及最大化地还原史实是历史分析法的前提和基础[3]，历史分析法尤为强调文献资料的真实性和可靠性，“以史为鉴”、“古为今用”是其旨要所在。实践是检验真理的唯一标准，但此处之“实践”绝不可能仅指某一次孤立的胜利或成功，历经不同历史时期的挑战和检验仍无可争议的理论才是真正科学的理论，对此，必须明

---

〔1〕 方克立：“张岱年在20世纪中国哲学史中应有之地位”，载《学术探索》2005年第3期，第1页。

〔2〕 郑万耕：“倡导和实践逻辑分析方法的典范”，载《河北师范大学学报（哲学社会科学版）》2005年第3期，第36页。

〔3〕 参见任喜荣：“论宪法学研究中的历史分析方法”，载《法学家》2005年第4期，第58页。

确:“在社会科学问题上有一种最可靠的方法,……那就是不要忘记基本的历史联系。”[1]于一定意义上,历史的探寻与理论的深化实为同步,渊源的总结整理与学说的品格提升相互伴生。进一步具体到法学领域,对相关命题、学说及理论的语源分析、本义探寻和历程考证不仅有利于避免认识的片面性,还有利于挖掘历史的合理性,经历了以上诸多认识环节,总结了相关认识成果,才能为相关法律命题、学说或理论的发展之路寻获可供遵循的线索和规律,“历史在照亮昨天的同时也照亮了今朝,在照亮了今天的同时又照亮了未来”。[2]

现代令状的历史渊源十分悠久,追踪溯源,其早期形式可追溯至盎格鲁·撒克逊的本族语令状,8 世纪末 9 世纪初,由盎格鲁·撒克逊人建立的维塞克斯等“七国”抗击了北欧丹麦维京海盗对英伦三岛的不断侵袭,7 个国家在抗击外敌的过程中虽然相互争斗但也日益团结,其中,多次击退长期占据不列颠中南部和北部的丹麦侵略者的维塞克斯王室联合其他王国共同组成英格兰王国,公元 892 年,维塞克斯国王阿尔弗雷德率领军队再次击败丹麦人的入侵,进而从实质上成为了统一英格兰王国的第一任帝王。随着英国统一政体的不断完善,传统的盎格鲁·撒克逊令状陆续经历了由行政化到司法化、自原始令状到司法令状、从旨在保障国王特权到兼顾保护公民人权的曲折演进过程并为英国普通法的建立奠定了坚实基础[3],亦基于此,令状成为英美法研究过程中无法绕开的极具里程碑意义的关键问题。在我国,令状及民事令状既非古代之已有词汇,也不属于新造词,理应被归为外来语,是一个在 19 世纪末经由同一日文汉

[1] 《列宁选集》(第 4 卷),人民出版社 1995 年版,第 26 页。

[2] Benjamin N. Cardozo, *The Nature of the Judicial Process*, The Yale University Press, 1921, p. 53.

[3] 王室法院派往各地的巡回法官进行巡回审判的过程同时也是调查了解各地盎格鲁·撒克逊习惯的过程。各巡回法官回到伦敦,聚集在威斯敏斯特审理案件,经过互相磋商,使各地分散的习惯法冶于一炉,成为统一的制度,施行于全国,这就是普通法。参见陈敬刚:“英国普通法的形成:一个初步的分析”,中国政法大学 2004 年博士学位论文,第 4 页。

字的输入而衍生出来的法律概念[1]，就此看来，在我国的诉讼法研究之中，对于这个借鉴自西方的法律名词，我们更需要通过历史分析法的适用有效完成对其历史源起、传播路线、分流走向、融合过程等问题的深入研究。故此，本文以历史分析的方法对民事令状进行深入研究的关键意旨也就显而易见了。

3. 比较研究法

比较研究法（Comparative Research），是一种旨在判断和评析多个研究对象间相似度及相异度的学术研究方法，涉及纵向比较法与横向比较法、内部比较法与外部比较法、历史比较法与现实比较法、宏观比较法与微观比较法、单向比较法和综合比较法等多种类型。几千年来，在我国，历朝历代的法学研究多适用的是纵向比较研究的方法，虽然，春秋战国时期对诸侯国之间不同法律的横向比较和平行分析已较为突出，但是，狭义上，我国域内的“国格”比较研究“至秦建立统一国家后就不再存在”[2]。近代以来，随着科学研究的日益国际化，横向比较在比较研究法当中的适用频率迅速增大，大家在注重对法律科学于一国之内的区际、纵向、历史以及宏观比较的同时，也愈来愈强调法律科学在国与国之间的横向、现实、微观以及综合层面的比较。可以说，国家取代了宗教、民族和种族等传统范畴而逐渐成为法律文化比较研究中的通行界限[3]。比较的目的不在于主张分野或膜拜歧异，而在于相互吸收以及相互渗透之上的促进超越狭隘民族主义以及国家局限的认同和趋近，换言之，随着各国法律制度相互借鉴趋势的不断加强，以法律趋同为主要特征的“国际化时代”已然来临[4]。

---

〔1〕参见屈文生：“令状制度研究”，华东政法大学2009年博士学位论文，第1页。

〔2〕何勤华：《比较法学史》，法律出版社2011年版，第99页。

〔3〕参见贾佳：“浅谈比较研究方法”，载《法制与经济》2012年第2期，第51页。

〔4〕参见刘益灯、万先运：“法律趋同：法制现代化的必然选择——兼论法的国际化和本土化”，载《浙江社会科学》2000年第3期，第49页。

世界范围内，各国民事令状的发展虽一致经历了由内容单一到类型多元、从主要适用于行政领域到主要于司法领域适用的过渡，但其内涵旨意却仍各有侧重，更为细化层面的发展历程也是各具特色。例如，英美法系中，令状源起于中世纪，令状制度一度与当时程式化的诉讼程序相契合并由此开创出专属性的诉讼审查方式及成熟的司法调查方法，此后，令状以及民事令状逐渐由行政化向司法化跨越，其从权利令状向非常令状的转向真实再现了普通法的核心理念从“特权至上”向“人权至上”的升华过程。发展至今，英美法系令状制度的主要特点为：注重通过引入令状法院（法官）居中审查权以达到重申程序正义及人权保障理念的目的，增设诉讼两造之外的“他源”制约机制以谋求民事诉讼强弱当事人之间的有效平衡。相对而言，大陆法系中，其现代令状制度则多源于国外移植而非原创，其涵义与各国本土生长的“令”或“状”差异巨大。以我国为例：形式层面，“令”、“状”的排列合用并非惯例，据《说文》记载：令乃发号也，状乃犬形也；而在内容层面，“令”、“状”合并使用后成为专有名词的涵义亦与我国古代独立使用的“令”、“状”均相去甚远，律、令、格、式四者是我国封建社会一度居于统治地位的四种“文法之名”，其中，“令”专指书写皇帝所颁布的尊卑贵贱等数及国家制度的法典形式，在此意义上，与法院行为给付命令的当前使用涵义并无关系。因此，就我国而言，通过在本土文化中尽力搜寻与被移植法律概念相似的法律名词并进行简单替代及置换的研究方式并不具合理性，以民事令状为切口，结合我国具体国情，探讨两大法系及不同国家之间民事令状的共性与差异，在比较分析的基础上完成理性的借鉴和移植，才是我国民事诉讼法向国际化发展的必由之路。

4. 实证研究法

实证研究法（Empirical Research），是经验研究法的一个重要分支，是一种以回答被研究对象“实际是什么”为主旨命题的无须包含过多价值判断的科研方法。“经验藏在大量经验事实背后”[1]，实证研究的方式并不将“我发现”或者“我认为”作为预设的先置框架，相反，实证研究“关注的并非规范体系的建构问题，而是规范适用和运行的实然状态”[2]。该研究方法以搜集足够基数及足够广度的样本资料、统计数据、档案文献为必备的前提基础，而后，通过对上述实证材料或经验事实的量化研究与定性分析揭露被研究对象的真实面目，以臻于“挖掘现象背后的‘事实’”[3]。目前，实证研究法大致可囊括观察法、实验法、调查法、文献分析法、统计分析法、案例分析法等多种形式。

细化到法学领域，实证研究法由于并不带有预设因素而往往能够更加客观地反映法律科学的实践现状，而且，异于其他更倾向于思辨性与应然性的理论研究方法，实证研究的操作及实务属性更强，因此，更能够扭转目前各部门法学中过分偏重理论解构与重塑的学术研究之态度，遂能够更有利于及时完成将法学研究重新导入理论和实践并重的研究范式的终极任务。在相对更加强调法律操作性的民事程序法领域，司法实践无疑更应为该领域理论研究的出发点与落脚点[4]：一方面，理论具备对实践的指导意义，民事诉讼法学理应具有高于民事诉讼法实然状态以及民事诉讼实践现状的理论品格；另一方面，相比其他实体部门法研究，失去实践基础的民事诉讼法学则势必将从根本上迅速丧失其理论根基。世界范围内，其他国家和地区所适用的特色鲜明、类型丰富的各种令状当然可为我国学习

---

〔1〕郭云忠：“法律实证研究方法研讨会综述”，载《国家检察官学院学报》2009年第4期，第144页。

〔2〕薛军：“实证研究与民法方法论的发展”，载《法学研究》2012年第1期，第50页。

〔3〕郭云忠、王贞会：“法律实证研究方法扫描”，载《检察日报》2009年4月23日，第3版。

〔4〕参见樊崇义、夏红：“刑事诉讼法学研究方法的转型——兼论在刑事诉讼法学研究中使用实证研究方法的意义”，载《中国刑事法杂志》2006年第5期，第10页。

和借鉴，实际上，我国各地多家法院事实上也已然开始了这方面的试点和探索。例如，深圳市宝安区法院试点的敦促被执行人履行债务令、福建省三明市建宁县法院试点的督促履行令、佛山市顺德区法院试点的探视令及西安市新城区法院试点的人身保护令、上海市第一中级人民法院开始试点的证据调查令、郑州市中级人民法院试点的禁止规避执行通知书等；但是，该领域的司法实务先于理论的成熟而预先铺开的现状使大部分民事令状在具体操作中欠缺规范性。目前，未能及时根据相关试点总结出彰显本国特色的令状及民事令状理论体系的现实使得各地法院在吸收域外经验而对令状及民事令状进行借鉴的过程中往往无从甄别而一味照搬。从这个角度出发，选择实证研究的方法无疑有利于我们真正明晰国内民事令状的发展现状，有利于通过对各地法院第一手试点资料的实证分析厘清我国未来民事令状制度的发展方向。

三、研究框架及理论创新

（一）研究框架

《民事令状研究》包含导论共有五章，基本结构和大致内容如下：

第一章，导论。在导论中，作者首先探讨了民事令状这一选题的研究背景与研究价值，详述了将民事令状确立为该书研究对象的特定历史背景及时代背景，阐发了进行民事令状独立研究的理论意义与实践意义，无论是从本国立法论的角度还是从国与国之间学术交流的角度进行分析，民事令状区别于其他令状形式的体系化与系统性研究均亟待进行；而后，作者回顾了国内外学界在民事令状领域的研究概况，并进行了相应的分类整理和优劣评析；最后，作者结合民事令状这一研究对象的基本概念和简要渊源的综合还原，将后文主要运用的研究方法（逻辑分析法、历史分析法、比较研究法、实证研究法）进行了逐一评析，并在该章结尾处明确了本书的主要内容及学术创新。

第二章，民事令状基础研究。民事令状基础研究是民事令状整体研究的始点，在该章中，作者首先从民事令状的“属”概念“令状”着手，在对上位概念“令状”的基本涵义、专属特征、基本类型、令状与令状主义之基本关系等前提性问题完成较充分之理论考证的基础上，将视角放低，将内容细化，进一步限缩令状的适用空间，并由此渐次展开民事诉讼法维度专门关乎民事令状概念、特征、类型、效力等更加微观问题的具象研究。本章全部范畴主要划分为民事令状化约论和民事令状认识论两部分。首先，民事令状化约论部分。化约论，即化约主义或还原论，是探析法律概念的一种重要方法，强调从概念的最基本元素入手进而了解其整体现象的变化原理。概念是抽象思维中最基本的理论要素，正基于此，事物的概念通常被认为是能够反映该对象之本质属性的最抽象思维方式，民事令状概念的终获澄清能够将三大诉讼令状间的划分界限予以事先明晰，能够进一步为民事令状后续的系统性构建奠定坚实的理论基础。其次，民事令状认识论部分。该部分主要从民事令状的种类梳理和分类探析两个角度完成民事令状类型分析的基本探索，亦基于此，两大法系、域内域外由古至今民事令状的整体样貌和类型配置终于得到了一次较为完整的集体展现。

第三章，民事令状价值研究。法律科学中，价值是用于衡量某一法律制度是否具有积极作用的尺度和标准。相对于民事诉讼中的判决、裁定、决定等传统法院文书，民事令状是否具有独立存在的个体价值直接制约了本书选题的科学性。因此，在民事令状的价值研究中，在传统诉讼文书之外，创设和完善民事令状体系的关键意义是该部分所要着意论述的主要内容，从这一角度出发，作者选择个体价值，主要从民事令状区别于判决、裁定、决定等其他传统司法文书的角度展开了其在公平、效率、自由、秩序等方面核心价值的集中论述。

第四章，民事令状比较研究。比较是认识事物的基本基础，是彼此具有相似性的事物之间异同关系能够得以外化及量化的重要途径。因此，作者在“民事令状比较研究”这一章中综合适用逻辑分析法、历史分析法、比较研究法、实证研究法，较为详尽地还原了国内外民事令状的真实面貌。其中，作者主要将逻辑分析的方法贯彻于本章始终，并有所侧重地突出选用了历史比较、同类比较等比较研究类的科研方法以完成两大法系之间民事令状的对比分析以及民事诉讼中其他类型法院文书（判决、裁定、决定）与民事令状之间的比较研究。

第五章，民事令状完善研究。理论研究的终极目标在于修正及完善。民事令状的基础研究、价值研究、比较研究皆以完善研究为统一的终极目标。因此，在民事令状的完善研究之中，作者在客观评析我国民事令状体系发展现状的基础上总结了我国目前民事令状理论研讨和现实立法两个层面所存在的主要问题及制度缺陷。而后，从理论基础与实践基础、三大诉讼法的综合维度以及民事诉讼法的独立维度等多个视角出发，对我国未来整体构建民事令状制度的可行性与必要性进行了兼具理论与实践意义的分析。最后，注重实务的操作性，提出了包括民事令状的称谓设计、类型设置、效力配置、救济程序等在内的诸多完善与发展我国民事令状制度的具体性、可行性建议。

（二）理论创新

根据我国传统民事诉讼法学理论，法学界对于法院诉讼文书的类型讨论主要集中在以下三个层面：判决书、裁定书、决定书，而民事令状作为对民事诉讼过程中各种令、票、通知书等进行有效归纳的集合式概念，其含义、特点、地位、种类、性质等问题虽极富价值，但目前学界却欠缺关注，民事令状作为一种法院向各式诉讼参与人广泛制发的行为给付的书面命令，其所具有的强制性和高效性、诉讼秩序的恢复功能和程序正义的保障功能等都对开展民事令状之体系化研究的必要性和紧迫性提出了极具现实意义的要求，因此，以上问题的明晰可谓大势所趋。

目前，法学界对于传统“三元”法院裁判文书的理论研究已然相对成熟，判决、裁定、决定的界分也相对清晰：判决书是人民法院在诉讼终结之时直接针对案件的实体问题所作之判定的法律文书；裁定书是人民法院在诉讼过程中主要针对程序问题、部分针对实体问题所作之判定的法律文书；决定书则是人民法院在诉讼过程中处理案件的某些特殊问题时所运用的法律文书。

比较而言，围绕民事令状的学术探讨却长期沉寂，支付令、传票、举证通知书等诉讼文书是否具有共同属性？其给付性、书面性、有期性、附随性、强制性等特征是否足以使其成为一类具有独立价值的诉讼文书？以上问题均亟待深入探讨，我国传统民事诉讼法理论中令状研究的缺位赋予了我们进行相关研究的必要性。目前，我国民事令状领域实务探索与理论研究之间的强弱差别巨大，实践运行与立法数量之间的落差堪称悬殊，对民事令状进行专题研究具有较为充足的时代动因。丰富的历史渊源、悠久的发展历程向来是进行社会科学理论研究的前提和基础，世界范围内，令状的历史非常悠久、类型十分丰富，由此，对民事令状进行专题研究亦具有足够的原始素材和历史积淀。以此为基础，本文所欲完成的最大创新即为我国民事诉讼法学的域内发展提供了一个新的理论视角，开拓了一个新的研究课题，不仅如此，亦有可能为我国与其他国家在民事诉讼法学领域的互动层面创设一个崭新的交流平台，构建一个新颖的“着力点”。民事令状统辖所有由法院制发要求受送达人履行积极或消极行为给付义务的书面命令，能够有效助力于司法正义的强化、法院权威的重塑，能够在审判秩序和执行秩序的规范方面提供一类新型的体系化工具。相较民事令状其他既存研究成果，该书集中于以下问题而获取了些许突破：尽力考证“令状”在我国民事诉讼法学领域的演进过程，综合归纳“民事令状”的核心涵义和概念体系，分别以两大法系和民事诉讼为维度围绕民事令状进行对比分析，提出了以我国为地域范围构建和完善民事令状制度的具体建议。当然，作为民事令状的首度制度性研究，科研架构的体系性与系统化乃不可或缺的基本要素，围绕民事令状的理论核心，古往今来的纵向考证、两大法系的横向比较、概念特征等微观问题的具体分析、功能价值等宏观课题的抽象分析等均在文中进行了专章（节）论述，因此，以上众多知识点的些许突破共同成就了本书学术创新的基本表象。

第二章 民事令状基础研究

没有限定的专门概念，我们便不能清楚地和理性地思考法律问题。[1]

——［美］埃德加·博登海默

一、民事令状化约论

化约，意同还原，是一种将整体化解为各部分之组合的哲学思维，其强调的由集合到元素、由概括到具体、由高级型到初级型的动态序位式分析法在准确理解欠缺具化属性的抽象法律概念时极具优势。正因此，作者首选化约以尝试对民事令状程序法意义的概念进行新释。法学研究中，概念可谓学说后续推演、制度不断完善的客观基础，因此，“对概念的研究与对问题本身的研究一样，具有同等重要的理论价值”。[2]“民事令状”之中，“民事”为民事诉讼之意，为定语，发挥着将民事令状从整个司法令状的“版图”中切割出来以明晰其与刑事令状与行政令状各自疆界的作用，理解而言不具太大难度；然而，如何阐释“令状”则颇具难度，该词汇并非我国原生，属舶来式法律概念，目前而言尚未入法，至今，“令状”的具体所指仍于我国呈一定程度的复合、混沌之态：行政令状、司法

〔1〕［美］E. 博登海默：《法理学——法哲学及其方法》，邓正来、姬敬武译，中国政法大学出版社1987年版，第465页。

〔2〕李祖军：《民事诉讼目的论》，法律出版社2002年版，第10页。

化令状、司法令状三大历史时期的差异化内涵不同程度地杂糅捆绑于一处，其东化之“形”与西化之“实”兼具，即便仅作理论层面的应然探讨，其涵义也会因年代、国别、法系等因素的差异而颇具不同。“概念的中心含义也许是清楚的、明确的，但当我们离开该中心时它就趋于变得模糊不清了”〔1〕。“民事令状”的概念中心无疑为“令状”，但若该“中心”的涵义尚且不明，再为之冠以民事的“头衔”将无益于我们对民事令状的精确剖析，而学理之外，我国多地法院近年来所推出的只包含诉讼当事人基本情况、原告诉请、案件基本事实及法院裁判主文的“令状式裁判文书”〔2〕，由于更接近于并不详细记载当事人诉辩主张及裁判理由的简化法院裁判文书，反而进一步加深了社会公众在明晰民事令状“行为给付书面命令”本质属性时的“雾里看花”之感。正基于此，我们务必需先由“令状”出发，再渐次推演至民事诉讼领域以完成这次抽丝剥茧、循序渐进、恪尽本源的“民事令状”准确涵义的学理探寻。关于令状、民事令状这一特定领域，我国既存的基础研究十分薄弱，如果说英美法系令状的发展脉络相对清晰，表现为以盎格鲁·撒克逊诺曼本族语令状 Gewrit 为起点，行政令状、司法化令状、司法令状三大历史时期紧密衔接的演进过程，而大陆法系其他国家的令状制度又总能在古罗马令状（Interdictum）这一历史源头处找到丝丝缕缕的血脉传承的印记的话，那么，我国在令状及民事令状领域开展制度研究时则总有“无源之水、无本之木”之感。故此，在对我国司法实践及立法规范领域日渐高涨的人身保护令、证据提供令、督促履行令、

〔1〕［美］E. 博登海默：《法理学——法哲学及其方法》，邓正来、姬敬武译，中国政法大学出版社 1987 年版，第 466 页。

〔2〕依据浙高法〔2014〕176 号《浙江省高级人民法院印发〈关于民商事案件简式裁判文书制作指引〉的通知》等。令状式裁判文书，多指只包含诉讼当事人基本情况、原告诉请、案件基本事实和裁判主文，不详细记载当事人诉辩主张和裁判理由的法律文书。

探视令、报告财产令、限制消费令、禁止规避执行通知书、敦促执行通知书等民事令状做制度化与体系性的新解、新探过程中，作者暂弃英美法系普通法“无令状即无诉权”的原始令状思维定式，抛却民事令状及行政令状研究唯刑事令状马首是瞻的现实窘境，凭借追本溯源的坚持以“令”、“状”、“令状”而至“民事令状”依次递进的纵深拓展与动态分析来完成“民事令状”本土化的要素深析，意在通过民事令状的中国式解读以应我国未来立法及司法之需。

（一）令状

令，我国甲骨文将其写作[illegible]或[illegible]，由上“口”（[illegible]）下“人”（[illegible]）两部分叠合而成，其“象口发号”的外在形式完美呼应了“人跽伏以听”的理论深意。[1]通常意义上的“令”义同“命令”，意为彼对此之教令或上对下之号令。对此，《尔雅·释诂》有文：“令，告也”；《释名》卷六解为：“令，领也”；《说文解字》释为：“令，发号也”。不过，当“令”被专门限定于法律领域考量时，其义于我国历史上曾呈分流之态。

态势一：“令”在我国法律科学层面的原始意蕴——古代法律体系中的独立法典。该历史时期始于秦汉，终于明清，以西晋为分界点，前后经历了“令辅之于律”和“律令并行”两大阶段。纵览令作为法典使用的千年历史，令的诸多属性逐渐固化，其多样化的内容、书面性的形式、强制性的效力均与现代民事令状具有相通之处，但这一时期“令”行为意义上由君王发号施令而昭告天下的内涵被较多强调，而其结果意义上令人服从、使人遵行的深意却多被简单地划归“应有之义”而未获足够关注，这一结果与当时封建王权的强势与“亢进”不无关系。但也正是在这一层面，封建之令与现代司法令状的差别相对较大，司法令状仰仗的是司法权，借鉴了更多

〔1〕 参见董莲池：《说文解字考正》，作家出版社2005年版，第359页。

的程序正义理念。虽然同样具有强制性，但却不再纯粹依赖制发主体的强势来谋求暴力之下的顺从，而需首先阐明权力主体作出行为给付要求的法律依据和内在逻辑，通过说理以谋求当事人及其他诉讼参与人的依令而行、依法而动是司法令状的首要特征，在此之后，可以对拒不履行行为给付义务者课以强制措施或法律后果。因此，在民事令状之前，对于我国独立法典层面的“令”典的原始意蕴的介绍绝非断毛辨发的无益之举，而是真正明晰后续民事令状演变的必然前提。因此，基于作为法典使用的令与作为司法令状使用的令之间的诸多联系，将我国令之独立法典层面的原始意蕴先做介绍确具必要性。

西晋之前，令为天子命令的通称，与其他法典的界分尚不精细。秦汉时期，以律为核心，辅之以令、格、式、科、程等其他法典的中国古代法律体系虽初步奠定，但基于各类法典及整个法律体系尚为初创，因此，令、律等法律形式之间更接近于一种混同状态：令虽在形式层面已具独立价值，但与其他法典的内容界分却一直未尽严格，多数情况下，人们对令的理解仍是开放性的，只要是源于君王的旨意，任何内容的诏令均可随时化身为令，对此，通过《管子·法法》篇的叙论足见一斑：“令者，人主之大宝也。”西晋之后，令与其他法律形式的分野日渐清晰，晋令将“令”之罚则单设为“违令罪”并将之入律，标志着“律令并行”时代的开启[1]。西晋学者杜预在《律序》中曾言：“律以正罪名，令以存事制。”显然，当时，“律”更多地特指定罪量刑的刑事法律，而“令”则几乎成为行政法律法规的代称。此后，“律令制”日臻严谨并于唐代达到顶峰：律者，负责正刑定罪，类似于现代的刑法典；令者，为国家的机构设置、等级制度、官吏管理、政务活动、典章礼制等设范

〔1〕参见［日］堀敏一：“晋泰始律令的形成”，载《中国史研究动态》1990年第4期，第17页。

立制，与行政法接近；格者，负责禁违正邪，类似于刑事特别法，乃对违背律令之行为的补充惩罚；式者，则是皇帝对特定人或特定事颁布的不具普遍效力的敕令，负责轨物程事。唐令在质量上简练严谨、臻于大备，在数量上则更堪称涵盖极广、规模庞大〔1〕，唐朝遂成我国古代“令”典发展的巅峰。此后，宋仁宗天圣七年，曾有《天圣令》30卷编订完成，宋神宗之后，令混杂于敕等法典的现象愈发严重；至元代，我国已无令的制定；明初也仅见《大明令》一卷颁行；再至清代，终未继有令典之续编〔2〕。

态势二：“令”在我国法律领域的另一层意蕴则为指示各式权力机构所制发的强制性法律文书，类型大致有二，即与行政权力和司法权力分别伴生的行政令、诉讼令。具体而言：

第一，行政令。行政令是指国家行政机关为履行职能、实施领导、处理公务所制发的具有特定效力及规范体式的公布令、特赦令、嘉奖令、任免令等下行性公文。相对于司法令状，行政令的内容更在于宣示和周知而不在于指向行为的给付。法律法规的公布、重大措施的宣布、晋升衔级的公示、政府嘉奖的批准等均适用行政令。我国长期以来，行政令统一被各朝各代的统治者视作兼具灵活及效率的一种极为重要的公文形式，其早期形式主要表现为皇帝向下属州郡臣子等发布命令使用的诏、册、制、命等，“商代的公文中已有大量的命令体公文”〔3〕，明清两朝，令体公文生命力依然旺盛，与谕、诏、诰、册、书、制、敕、符、檄等一起组成了当时下行式公文的主要范畴。近代以后，南京国民政府、北洋军阀政府及国民党政府都曾颁布《公文程式》，公文种类锐减，但令体公文均获保留，其重

〔1〕 据《唐六典·刑部郎中》，开元年间的在行之令多达27种，涉及条文1546个。

〔2〕 参见高明士：“从律令制的演变看唐宋间的变革”，载《台大历史学报》2003年第32期，第6~31页。

〔3〕 张立：“命令（令）体公文形式之古今演变及个例比较”，载《青海师专学报》2001年第3期，第103页。

要性可见一斑。新中国成立后，行政令这一公文样式的发展较为稳定：1951年，中央人民政府政务院颁布《公文处理暂行办法》，“命令”在12种公文中位列第三；1981年，国务院办公厅发布《国家行政机关公文处理暂行办法》，“命令”、“令”及“指令”在9类公文中居于首位；1987年，国务院办公厅发布《国家行政机关公文处理办法》，“命令”与“令”合为“命令（令）”；1993年，国务院修订《国家行政机关公文处理办法》，废止了“指令”；2012年4月16日，中共中央办公厅、国务院办公厅联合印发了《党政机关公文处理工作条例》，其中，党政机关所使用的公文共15种[1]，第三种即为“命令（令）”，依照《条例》，“令”主要用作公布行政法规和规章、宣布施行重大强制性措施、批准授予和晋升衔级、嘉奖有关单位及人员。

第二，诉讼令。相较于行政令，诉讼令与民事令状的关系则更为紧密，为典型的从属关系：诉讼令隶属于司法令状，是法院向特定主体签发的要求其完成特定之作为或不作为的“令”体法院文书。新中国成立后，诉讼令体系日渐规范、不断完善，具体而言：阶段一:1982年~1991年。《民事诉讼法（试行）》中基本未见直指诉讼令的法律条文，司法实践中亦未见过多民事诉讼令的实务操作。阶段二：1991年~2008年。1991年《民事诉讼法》第189、227、268条分别创设了支付令、搜查令、执行令；此外，2000年我国《海事诉讼特别程序法》施行，该法第51~61条为满足特定情况下当事人放单、放货、放船之需而增设了海事强制令制度。同时，其他民事诉讼令的实务新探亦开始走向前台，例如，上海市第一中级人民法院1996年开始试点的证据调查令以及上海市高级人民法院2001年公布《上海法院调查令实施规则》并将试点推广至全市的探

〔1〕根据《党政机关公文处理工作条例》第8条规定，公文种类主要有以下15种：决议、决定、命令（令）、公报、公告、通告、意见、通知、通报、报告、请示、批复、议案、函、纪要。

索之举[1]。阶段三：2008年至今。2008年《民事诉讼法》首次修改后实施，鉴于“令”在适用对象的普遍性、适用阶段的多样性、矫正程序正义的及时性以及制发频率的开放性等诸多方面相对其他法院文书无可比拟的天然优势，其在民事诉讼中的衍生与发展进入高速拓展期。立法层面，围绕修订后的民事诉讼法，最高人民法院在这一阶段接连出台多个司法解释（法释〔2008〕13号、法释〔2008〕14号、法释〔2010〕8号），仅执行领域诉讼令的新设数量就达三种：督促执行令、报告财产令、限制高消费令；2012年，《民事诉讼法》全面修改，民事令状领域的变化集中体现为新法第217条对于支付令异议机制的改革：督促程序因债务人提出合法异议而终结的，原则上自动衔接诉讼程序。2015年2月4日，《最高人民法院关于适用〈中华人民共和国民事诉讼法〉的解释》施行，其第427～443条针对支付令程序再次专门规制。2015年7月22日，《最高人民法院关于限制被执行人高消费及有关消费的若干规定》施行，人民法院限制消费民事令状的作用范围被进一步拓宽，人民法院对于拒不执行生效法律文书的被执行人有权限制的消费行为从奢侈型高消费扩展于公民或单位的高消费外“非生活和工作必需的消费行为”。立法之外，在实践领域，民事诉讼令在全国各地的试点及探索亦步入百花齐放、百家争鸣的繁荣期，而且，相对于“票”或“通知书”，“令”体民事令状无疑呈现为该领域试点及探索的显著“热极”，并以深圳市宝安区法院试点的敦促被执行人履行债务令、西安市新城区法院试点的人身保护令、福建省三明市建宁县法院试点的督促履行令、佛山市顺德区法院试点的探视令等尤具代表性。

状，从犬，犬形也[2]。我国古陶文写作[illegible]、[illegible]或[illegible]，乃借动物之表以示世间万物各具其形之意。通常而言，状作形状或态势之解，现状、情状、状貌等词中的状均为此意。具体到法律科学中，状，

〔1〕参见中华全国律师协会：“在民诉法中确立调查令制度”，载《检察日报》2012年7月9日，第6版。

〔2〕参见董莲池：《说文解字考正》，作家出版社2005年版，第391页。

亦称书状，乃陈述、记叙、申诉或褒奖的文辞或证件的集合体[1]。依据内容不同，法律书状可被细化为申请性书状和声明性书状；依据格式不同，法律书状可被划分为要式书状和非要式书状。下文中，结合本书特定的研究对象，作者将选择书状是否具备诉讼功用、是否附属于具体的民事案件为标准而作诉讼书状与非诉讼书状层面的重点研究，以求梳理我国“状”体文书的发展历程，进而真正明晰“令状”是否只应作字面解——乃“下行”式诉讼令与“上行”式诉讼状简单并列、相加而置的结果。

第一，关于非诉讼书状。非诉讼书状，指的是不以诉讼为功用的“状”体文书。非诉讼书状的主要适用领域为行政管理，但与“令”相反，“状”属于典型的“下情上达”的上行公文，对此，汉代推举五经博士所用的举状、唐代官员上达公事用的奏状和申状以及考课制度中记载为官者政绩以实现向上级“察举官吏”的考状等均为例证[2]。两宋时期，状与表、答子、封事、笏记等皆成为臣子向帝王奏疏及条列官员功罪时所通用的公文样式。明代之后，书状、题、讲章、揭帖、表、疏等仍为行政领域下情上达的主要载体。清代，除了奏折的兴起，公文基本沿袭明朝定制。民国之后，南京和北洋国民政府均颁布过《公文程式》，“状”均获保留。1927～1933年，国民党的首次公文改革中，《公文程式条例》将“状”变革为“任命状”，“状”的行文方向一度逆转，具体内容亦从声明和申请变革为宣示和公告。新中国成立后，1951年2月发布的《关于纠正电报、报告、指示、决定等文字缺点的指示》、1951年9月颁布的《公文处理暂行办法》、1987年2月发布并历经1993年和2000年两次修订的《国家行政机关公文处理办法》均再未涉及状体公文。

---

〔1〕 参见辞海编辑委员会：《辞海（缩印本）》，上海辞书出版社1989年版，第1120页。

〔2〕 参见吴丽娱：“从敦煌吐鲁番文书看唐代地方机构行用的状”，载《中华文史论丛》2010年第2期，第55～76页。

2012年4月16日，中共中央办公厅、国务院办公厅联合印发《党政机关公文处理工作条例》，综览15种党政公文，我们没有发现状体文书，至此，“状”已从我国行政公文队伍中正式淡出。

第二，关于诉讼书状。诉讼书状，指的是诉讼参加人向法院递交的旨在产生特定诉讼功用的“状”体文书。纵览我国诉讼书状的发展，其演进过程一直较为平缓，诉讼书状的制作者长期被限定为当事人或直接利害关系人，其主要功能亦被长期稳定在以起诉状、上诉状、反诉状的形式启动诉讼抑或以答辩状的形式辅助诉讼两个方面。比较而言，诉讼书状外在形式方面的变化则更为多样，唐代的状牒，宋代的词状，清代的呈词、状词、告状（反诉状）、投状（当事人在己方诉状被受理后为进一步说明情况而呈递的法律文书）等均为诉讼书状在不同时期的相异形式。新中国成立后，诉讼书状在大陆地区虽历经1982年、1991年、2007年以及2012年民事诉讼法的制定与修改，但类型相对固定，起诉状、反诉状、答辩状、上诉状和申诉状稳定地担当着当事人和利害关系人向人民法院陈述案情、阐明请求、表明态度或者申请再审的功能，自始至终，其由民事诉讼等腰三角形诉讼构造的底边两端（诉讼两造）向其顶点（法院）制发的行文方向都未有异变，在这一点上，我国大陆地区的诉讼书状不似澳门地区《民事诉讼法典》第116条所设置的命令状以及日本《民事诉讼法》第94条所设置的呼出状或者日本《刑事诉讼法》中的召唤状（第62条）、勾引状（第64条）、差押状（第106条）、搜索状（第108条）、留置状（第167条）、逮捕状（第199条）那样可以相对自由地将法院向诉讼两造或其他诉讼参与人制发的下行命令囊括在内[1]。

由此，在传统意义层面，“令状”之中“令”与“状”两个单

〔1〕《澳门民事诉讼法典》，载 http：//bo. io. gov. mo/bo/i/99/40/codprocivcn/default. asp；《日本民事诉讼法》，载 http：//www. wipo. int/wipolex/es/text. jsp? file_ id = 187734；《日本刑事诉讼法》，载 http：//www. wipo. int/wipolex/zh/text. jsp? file_ id = 214812&tab =2，2012年11月12日访问。

字的合用在我国理应不可行，两者之关系可谓渊源有自、差异甚久：前者主要用于宣示和阐发命令，为下行文书；后者主要用于申请和请示，乃上行文书。如果说“令”与“票”、“令”与“书”的合用尚能在我国漫长的历史发展中找寻到些许素材（例如“令票”特指通过关卡的凭证，“令书”特指太子的书面命令[1]），那么，“令”与“状”的“合体”则确属鲜见。于我国，“令状”一词究竟何时出现？涵义如何发展进化？其属并列式复合词，抑或偏正式复合词？以上问题总有令人一时语塞之感。正如20世纪初，沈家本先生曾阐发之论断：“今日法律之名词，其学说之最新者，大抵出于西方而译自东国。”[2] 具体到“令状”这一法律词汇，我国多数学者虽主张其为19世纪末清代学者在对日本法律进行汉语翻译时直接植入我国[3]，经历了自英法转道日本而终至我国的演化过程，但至于更详细的演变及移植过程则终未再有深入涉及。不过，作者在详研大量清末民初法律文献后，大致发现了这一历程的较早史实：

19世纪80年代，日本“脱亚入欧”，渐弃汉译西书而以更积极的态度谋求与西方法律的直接对接。其中，借鉴1808年法国《拿破仑治罪法典》而于明治13年（1880年）颁布的《治罪法》即为重要例证。1877年，被誉为“引入日本近代法中国第一人”的清政府首届驻日参赞官黄遵宪抵达东京并倾近10年之力撰著12志40卷《日本国志》[4]，这部“条例精详、纲目备举、寄意深远”的历史名作为中国输送了全新的宪政及法律思想，可谓“中国近代第一部系统而深入地研究日本的百科全书式著作”，也正是在研读其《治罪

〔1〕 参见罗竹风主编：《汉语大词典》（第1卷），汉语大词典出版社2001年版，第1122页。

〔2〕（清）沈家本：《历代刑法考》，中华书局1985年版，第2153页。

〔3〕 参见屈文生：“法学名词‘令状’释义与翻译考辨”，载《社会科学论坛》2010年第6期，第48页。

〔4〕 参见李贵连：“二十世纪初期的中国法学”，载《中外法学》1997年第2期，第2页。

法》之中文译文（《刑法志》）及其日版原文时，作者才基本还原了这一时期“令状”一词自法国转道日本而终至我国的大致史实。《日本国志》、《刑法志》的作者黄遵宪与当时的多数译者相同，皆并不专司法律为业，因此，翻译多采“拿来主义”：凡是包含假名的日文名词，多在删除假名后按照国人习惯微调其字词排列；凡是未包含假名的日文概念则多在保证理解的基础上尽量保持原貌，我国程序法领域如今广泛使用的起诉、搜查、保释等法律词汇即为对相应日文的原生态复制〔1〕，而“令状”亦属此类。日本《治罪法》第三编第三章第一节的日文节名“令状”在《刑法志》中被原封不动地加以保留，“令”与“状”之合用开启了我国法律科学家的新视野。〔2〕《治罪法》被介绍至我国后，“令”与“状”这两个原本指称行文方向截然相反的两类法律文书的本土名词，在法律科学领

---

〔1〕 参见王健：“输出与回归：法学名词在中日之间”，载《法学》2002 年第 4 期，第 20 页。

〔2〕 日本《治罪法》目录原文与《刑法志》译文对比：第一编总则（同）；第二编刑事裁判所ノ构成及ヒ权限（刑事裁判所区别及权限）；第一章通则（同）；第二章违警罪裁判所（同）；第三章轻罪裁判所（同）；第四章控诉裁判所（同）；第五章重罪裁判所（同）；第六章大审院（同）；第七章高等法院（同）；第三编犯罪ノ搜查起诉及ヒ豫审（犯罪搜查起诉及豫审）；第一章搜查（同）；第一节告诉及ヒ告发（告诉及告发）；第二节现行犯罪（同）；第二章起诉（同）；第一节察官ノ起诉（检察官起诉）；第二节民事原告人ノ起诉（民事原告人起诉）；第三章豫审（同）；第一节令状（同）；第二节密室监禁（同）；第三节证据（同）；第四节被告人ノ讯问及ヒ对质（被告人之推问及对质）；第五节证及ヒ物件差押（检证及勒押物件）；第六节证人讯问（同）；第七节鉴定（同）；第八节现行犯ノ豫审（现行犯豫审）；第九节保释（同）；第十节豫审终结（同）；第四章豫审上诉（同）；第四编公判（同）；第一章通则（同）；第二章违警罪公判（同）；第三章轻罪公判（同）；第四章重罪公判（同）；第五编大审院ノ职务（大审院职务）；第一章上告（同）；第二章再审ノ诉（再审之诉）；第三章裁判管辖ヌ定ムルノ诉（定裁判所管之诉）；第四章公安又ハ嫌疑ノ为メ裁判管辖ヌ移スノ诉（为保安或避嫌移转裁判所管之诉）；第六编裁判执行复权及ヒ特赦（裁判施行复权及特赦）；第一章裁判执行裁判施行；第二章复权（同）；第三章特赦（同）。参见李贵连：“二十世纪初期的中国法学”，载《中外法学》1997 年第 2 期，第 6～8 页；续修四库全书编纂委员会编：《续修四库全书》史部第 745 册，上海古籍出版社 2003 年版，第 287 页。

域可获合用的历史被同步开启，而且，除“令状”这一相对新颖的名词外，被同时介绍到我国的还有当时日本相对完整的令状体系，日本《治罪法》共6编480条，仅“令状”一节中，法律规范就达25条（第118~142条），开篇一条（第118条）即为针对“传唤令状”的直接规制，尔后，拘引状（第120条）、拘留状（第125条）、收监状（第128条）等其他令状亦甚为齐备。再观与之同一时期的日本民事诉讼法，我们虽未再见类似的“专题性”令状规制，但这一差异大致与两法乃对不同国家程序法的模仿有关，借鉴自1877年德国《民事诉讼法》的日本《民事诉讼法》制定于明治23年（1890年）[1]，共8编805条，编名或节名中虽未再现“令状”，但具体化的令状类型并不匮乏，基于刑事诉讼中令状制度的在先创设，此部民事诉讼法的具体法律条文中并不乏有关民事令状的微观样式，已然涵盖了呼出状（第306条）、支付命令（第382条）、执行命令（第472条）、差押命令（第727条）、假扣押命令（第754条）、假处分命令（第757条）等多种形式。而且，日本《民事诉讼法》颁布后，我国诸多学者亦及时进行了翻译和介绍，《日本民事诉讼法论纲》、《日本改正民事诉讼法》、《日本同行民事诉讼法》、《日本民事诉讼法注解》等陆续出版，由此，民事令状继刑事令状之后亦于19世纪末20世纪初自日本登陆我国。

至此，“令状”虽可谓已进入我国学界视野，然而，理论层面的确实存在与实务层面的真实适用无法等同，其于中国境内民事令状的司法实践一直以来不具普适性，其司法实务率先在西方势力渗透严重的租借地区悄然启动，以致特定时期我国特定地区确实曾拥有令状的实际适用：首先，以上海为例，1868年，清政府与英美等国议订《洋泾浜设官会审章程》，设立会审公廨并开始受理租界内除享有领事裁判权国家侨民为被告外的一切案件，案件由中外谳员会审，

---

〔1〕《日本民事诉讼法》（1890年），载 http://kindai.ndl.go.jp/info:ndljp/pid/795709，2012年11月13日访问。

但随着中国谳员独立行使职权的权力被外国领事日益蚕食，会审变成了中国谳员的“观审”，而且，更“因华洋法律歧异，审判时每难遵循一定之法律标准”[1]，公廨悄然之间开始倾向于以外国法律为依据进行推动，适用法律，完成裁决，正因此，“令状”才真正借机得以在中国“落地”，正如费正清在《剑桥中华民国史》中的记载：“1905 年起，租界内的巡捕，而不是中国的‘衙役’，执行会审公廨的命令和令状。”[2]其次，再以香港为例，令状在该地区的司法实践与西方列强的侵略几乎同步。1842 年，根据中英《南京条约》，香港岛被割让给英国；1898 年，中英签订《展拓香港界址专条》，北九龙半岛及香港附近大小岛屿被租与英国 99 年。自此，英国法律开始力尽全面地适用于香港，英国本土自 1640 年发展起来的《人身保护条例》借《英国法律应用条例》得以在香港地区适用，人身保护令状（Writ of Habeas Corpus）遂获资格被引入香港；此外，香港地区可适用的英国民事令状类型堪称十分宽泛，仅 Writ 本族令状就涉及传讯令状（Writ of Summons）、管有令状（Writ of Possession）、扣押债务人财产令状（Writ of Fieri Facias）、给予援助令状（Writ of Assistance）、交付令状（Writ of Delivery）、暂时扣押令状（Writ of Sequestration）、传召出庭令状（Writ of Subpoena）、复还令状（Writ of Restitution）等多种形式；1997 年，香港回归，多数令状均获保留，Writ 本族令状部分的变化也仅在于删除两种陈旧的普通法人身保护令而将解交被拘押者并说明其拘押日期及原因令状（Writ of Habeas Corpus ad subjiciendum）一种予以保留[3]。

综上可见，我国于 19 世纪末 20 世纪初借翻译和介绍日本法律

---

〔1〕 王德昭编著：《各国在华领事裁判权制度》，独立出版社 1943 年版，第 155 页。

〔2〕 [美] 费正清编：《剑桥中华民国史（1912～1949 年）》（上），杨品泉等译，中国社会科学出版社 1993 年版，第 168 页。

〔3〕 参见《香港高等法院条例》第 46 条，载 http://translate.legislation.gov.hk/gb/www.legislation.gov.hk/blis_pdf.nsf/6799165D2FEE3FA94825755E0033E532/3BE95D23B4EDC306482575EE002A639C?OpenDocument&bt=0，2012 年 11 月 1 日访问。

之机完成的是对“令状”形式上的引进，可谓为今后“令状”概念于中国法律科学领域的发展奠定了语言基础，然而，对于其涵义的更深层的意蕴研究却囿于多种原因未曾继续。其实，此时日本法之“令状”也早已不再是法史学者惯常所指的普通法时期的“启诉令”，亦不与古罗马程式诉讼时期由裁判官于尚未向具体案件指派任何审判人员之前负责制作、签发的临时性处置“令状”（Interdictum）相对应，而是已然跨越了其行政令状和司法化令状时期，进入行为给付的司法令状阶段。换言之，我国所接纳的现代“令状”概念之形虽经由日本为“东化”之品，然其实却为不折不扣的“西化”之果。正是在前文完成了我国本土文化背景下“令状”两大语素（“令”与“状”）的各自分析以及域内外双重维度的司法令状的历史渊源的简要回顾之后，令状涵义的深层探寻才终呈水到渠成之势。

英文的令状 Writ，与冰岛语 Rit 和哥特语 Writs 同源，拉丁词为 Breve，原指“简短之物”，早期用于指加盖君主名衔或政府印信的文件或信件，至英国 13 世纪，衡平法肇始前、普通法创立和发展过程中，盎格鲁·撒克逊本族语令状“Gewrit”不断由行政向司法化方向变异，并终于成就了可以决定某一案件能否获得王室司法管辖之“启始阀钮”的普通法功能——没有国王之令状，则“不能强迫任何人回答有关其自由保有的土地出庭答辩”[1]。换言之，对方当事人此时将保有不受司法随意干扰的权利。19 世纪中后期，“启诉令”时代终结。尔后，令状弃“启诉”的一元内核，不再与诉权理论强制捆绑，行为给付式法院命令成为其新的理论“聚点”，由此，司法令状时代开启，此时的令状无须必然以普通法为历史背景，不再以法院能否立案作为其根本功能，适用节点被大幅拓展、后延，

〔1〕［英］S. F. C. 密尔松：《普通法的历史基础》，李显冬等译，中国大百科全书出版社 1999 年版，第 3 页。

成为法院在诉讼各环节向特定主体所签发的旨在阻止失当诉讼行为之出现、促进当为诉讼行为之实际做出的行为给付书面命令的总称[1]。而且，除传统“Writ”本族的令状类型之外，令状外延还被延及规模庞大、各具特色的其他族系令状样式，例如“Summon”票族令状、“Injunction”禁令族令状、“Warrant”手令族令状等。亦大致于此时，“令状”一词转经日本传至我国，该时之令状，正处于渐凭法院积极行为给付或消极行为给付书面命令之态被逐渐固化于诉讼法领域使用的过渡时期，发展至今，令状则已然于世界范围内统一成为诉讼中法院命令（Court's Order）这一上位概念之下的一个特有的次级概念。对此，多类法律辞典均有概念之阐述：①依据《布莱克法律词典》，令状是指“以国家或其他适格法律机关的名义签发的，以要求受送达人为一定行为或限制其为一定行为为内容的法院的书面命令”[2]。②依据《牛津法律词典》，令状乃法院以君主名义签发的要求某人为一定行为或进行一定克制的命令[3]。③依据《朗文法律词典》，令状含义有三：首先，是指盖有君王印章并以其名义签发的宣示帝王指令的文件；其次，是指以君王或法院的名义签发的命令某人作出或忍受一定行为的命令；最后，则特指司法令

〔1〕 Writ：The written order of a court in the name of the state or other legal authority ordering the person addressed to either do something or restrain from doing something. See Susan Ellis Wild, *Webster's New World Law Dictionary*, Wiley Publishing, Inc. 2006, p. 277; Writ: A court's written order, in the name of a state or other competent legal authority, commanding the addressee to do or refrain from doing some specified act. See Bryan A. Garner, Black's Law Dictionary (9th ed.), West, a Thomson Reuters business, 2009, pp. 1747 ~ 1749.

〔2〕 Writ：A court's written order, in the name of a state or other competent legal authority, commanding the addressee to do or refrain from doing some specified act. See Bryan A. Garner, Black's Law Dictionary (9th ed.), West, a Thomson Reuters business, 2009, pp. 1747 ~ 1749.

〔3〕 writ：An order issued by a court in the sovereign's name that directs some act or forbearance. See Elizabeth A. Martin, *Oxford Dictionary of Law 5th Edition*, Oxford University Press, 2002, p. 540.

状，用于对诉讼中的特定行为实施组织或管理[1]。④依据《韦氏新世界法律词典》，令状乃法院以国家或其他法定主体的名义签发的要求特定主体为一定行为或限制其为一定行为的书面命令[2]。⑤依据《英汉法律词典》，令状除了在行政层面意指加盖君主之名衔或政府之印信的书面文件之外，在诉讼领域，是指以法院的名衔或印信来命令某人去做或不做某事的文书[3]。⑥依据《英汉法律词汇大全》，令状既可被解释为由法院签发的要求受送达人为特定行为或授权其有资格为上述行为的书面命令，亦可被解释为由法官签发的向警署或其他法定部门送达，抑或直接送达给法院欲要求为特定行为或者授权其有资格为上述行为之个人以启动诉讼或其他程序抑或附随流程的书面指令[4]。综上可见，各大辞典对于令状理论内核的阐述已相对统一，皆强调其为法院或君王所签发的要求受送达人为一定行为或不为一定行为的强制性书面命令。而若再具体细化到诉讼过程中，仅限由法院所制发的司法令状范畴，其定义方式也大致相同，无一不注重对以下四大要件的强调：主体需特定，由法院签发；形式需特定，以书面形式为必需；内容需特定，表现为命令或禁止受送达人作出一定之行为；受送达人范围通常则无须过分限定，通常涵盖了当事人、利害关系人、其他诉讼参加人等各类诉讼主体。因此，在完成对上述既有资料的整理和分析之后，我们发现，现代司法令状

---

〔1〕 Writ：①Instrument under seal issued in the name of the Sovereign, declaring some command；②Order in the name of the Sovereign or court, ordering some action or forbearance from some action；③A judicial writ was issued by a court to organize some actions. See L. B. Curzon, *Dictionary of Law*, 6th Edition, law press, 2003, p. 540.

〔2〕 Writ：The written order of a court in the name of the state or other legal authority ordering the person addressed to either do something or restrain from doing something. See Susan Ellis Wild, *Webster's New World Law Dictionary*, Wiley Publishing, Inc. 2006, p. 277.

〔3〕 参见夏登峻主编：《英汉法律词典》，法律出版社 2008 年版，第 1069 页。

〔4〕 参见杨冠琼、陈卫主编：《英汉法律词汇大全》，山西经济出版社 1995 年版，第 924 页。

之理论内核似乎已于世界范围内获得统一、接近的学理阐释，要求接收人作出或不得作出一定之行为乃其核心意旨。在此前提下，其完整涵义似乎也已自动浮现于大家面前，然而，又总是有欠缺简短精辟之感。在此，作者斗胆一试进行总结：令状，乃集合式法律概念，为法院在诉讼过程中向特定主体签发的以要求其给付积极行为或者消极行为为内容的各式书面命令的总称。

（二）民事令状

“理论研究离不开抽象的概念，但概念越抽象内容就会越空洞。”[1]今“令状”之义虽明，似乎也仅需将其适用范围作简单的缩小限定即可得出“民事令状”的定义，但这种“骨感”地将“令状”这一上位概念、属概念机械性地简单框以民事诉讼以作客观范畴与时间范畴上的限缩的抽象推导定义方式，似乎仍难以周延回答诸如民事令状与令状、民事令状与令状主义、民事令状与刑事令状和行政令状以及民事令状与民事判决、民事裁定、民事决定之客观关系等一系列后续问题。而上述课题由于与民事令状涵义紧密贴合，其是否先行获得明晰，将对于民事令状概念是否真正“丰满”意义尤大。

民事令状，与刑事令状、行政令状并列，同为令状的下位概念。目前，多数国家已对刑事令状形成共识。令状主义理念下，刑事令状乃法院基于权力制衡及正当程序理念而对侦查机关的强制措施实施许可的一种凭借和制约。而相比之下，民事令状则在多数国家的立法中尚未见端倪。立法之外，即便只在理论研究层面讨论，与其相关的学术探讨也是相当匮乏，而若再细化至民事令状最核心的概念问题时，若干定义之中的核心所指则更显得模糊且众说纷纭。虽然，一直以来，学者们号召更多地从民事诉讼的角度关切令状制度的声音不绝于耳，但由于基础研究缺乏，民事令状的已有成果总是

---

〔1〕 王德新：“民事诉讼行为论纲——兼谈民事诉讼法学研究方法的转型”，载《西南政法大学学报》2011 年第 3 期，第 49 页。

未在其概念层面过多着墨，例如，2005年，华东政法大学博士后流动站研究人员褚国建以周自痕为笔名在法律史学术网上发表的《英国普通法上的令状制度及其意义》一文中强调“我们的研究将更多地采取一种宏观视角……为了避免泛泛而谈，我们将更多地关注令状制度中的民事诉讼部分”，但亦终未在如何界定民事令状之概念这一基础性问题上过多回应[1]。基于这一视角，作者经过尽力周延的查询，也仅在经济纠纷审判领域发现我国部分学者曾针对该领域程序法层面令状之概念所进行的初步探寻：所谓“令状”，是这样一种法律文书，它“由法院作出，交付法院法官或债权人或经法院批准同意的人员持有的，命令、督促、强制令状相对人（债务人、负有协助义务的任何自然人和法人或有关国家机关等）作出或不作出某种特定之行为，以实现债权人的合法权益”[2]。基于演绎推理缺乏一般性理论基础，因此，更换为归纳推理视角成为必然，然而，我们发现，民事令状的特定领域，比较而言，抛开定义层面的基础理论而将视角更多地放置于民事令状的类型设置、个体剖析、具体操作、经验归纳时的学术成果确实更加丰富，且无法否认，这样的针对性研究也着实具有更强的实践意义，但是，这种一定程度上更倾向于个别研究的探析方法所形成的思维惯性确实容易使学界难以脱离对人身保护令、证据调查令、督促执行令等某一类特定令状的形式分析和微观内容[3]，而导致最终无法从更宏观的角度将民事令状

---

〔1〕 参见周自痕：“英国普通法上的令状制度及其意义”，载 http://jyw.znufe.edu.cn/flsxsw/articleshow.asp? id=1312，2012年11月4日访问。

〔2〕 罗长虹、黄英：“经济纠纷案件处理中令状制度的运用”，载 http://www.gzsfxh.com/hyshowArticle.asp? id=106，2012年11月1日访问。

〔3〕 以人身保护令为例，作者选择“人身保护令”为题名特征在中国知网中国学术文献网络出版总库的诉讼法与司法制度学科类别组中进行精确检索，截至2015年8月9日，获得56条记录，涉及范围包括期刊、报纸、会议资料、学位论文等多种学术成果形式。这一结果相较于以“令状”抑或是“民事令状”为题名特征所得的搜索结果而言，令状内部的“单体式研究”均更显深入和广泛。

相关理论升华为足以与民事判决、民事裁定、民事决定等制度性研究成果的成熟程度相媲美的更高级的学术体系。理论法学的研究进路完全“可以另辟蹊径，绕开难以化而为用的旧式范畴，而创设新型范畴体系”〔1〕。基于这样的考量，于下文中，作者直面前人并未对民事令状做过多概念阐释的客观现实，试图通过由令状向民事令状进行纵向推演，由刑事令状和行政令状至民事令状进行横向推导，以得出关于民事令状理论内核的更具原创意味的结论。

首先，民事令状毕竟是令状的下位概念，两者之间是种属关系，“种概念是属概念所表示的‘类’事物中的一个”〔2〕，因此，作为上位概念的令状与民事令状之间并不存在质的差异，而仅有外延的不同，表现为包含和被包含的关系，民事令状具有令状之内涵的全部属性。前文述，言及令状，往往必言其四元要素：特定的制发主体；特定的书面形式；特定的行为给付内容；特定的受送达人。其中，司法令状在以下三个层面具有无可变更的确定性，即签发主体必为法院、形式要件必为书面、令状内容必为行为之给付；唯一在概念层面无法做过多具体化限定的即司法令状受送达人之范围。如前所述，令状乃法院签发的、向诉讼过程中的特定主体送达的、以要求其为积极作为或者消极不作为的一类书面命令。显然，此处的“特定主体”应从广义进行理解，既会涵盖实际参与诉讼的当事人、利害关系人以及其他诉讼参加人，也会涉及未实际参与诉讼的案外第三人、协助执行人，甚至诸如执行法官、执行法院、下级法院、侦查机关等“公”主体亦有可能被囊括在内。但是，若仅限于民事诉讼作令状之对象的探讨，我们发现，可以入选民事令状受送达人范围的主体类型有所减少，主要表现为侦查机关和行政机关因专属于刑事令状和行政令状的

〔1〕汤维建：“理论法学成为民诉法学研究新范式”，载《检察日报》2013年3月4日，第3版。

〔2〕朱旗：“再论概念间属种关系的界定——兼与王云华先生商榷”，载《绥化师专学报》1992年第1期，第55页。

行文对象而需从民事令状的受送达主体名单中直接刨除。毋庸置疑，由令状到民事令状的转化，突出体现为令状外延被不断限定而渐趋缩小的过程，而要完成这一转变，需对上位概念“令状”进行民事诉讼领域的重新修正及再度塑造的要件，大抵也仅为上文所分析的行文对象部分而已。因此，既然已知令状概念，通过纵向推演，获取民事令状之定义的过程应不具太大难度，亦即大致需在受送达人范围这一要件上依据民事诉讼的特点实施“缩小解释”即可。

其次，民事令状、刑事令状、行政令状三者为并义词〔1〕，属同位概念，三者外延之和完整穷尽了“司法令状”的全部“疆域”，三大诉讼令状概念之间存在诸多相通之处，因此，刑事令状、行政令状对于民事令状涵义的生成具有必然的启示意义：①刑事令状有狭义与广义之分。狭义上的刑事令状，特指强制侦查令状，是权力制衡、人权保障理念在刑事侦查阶段的具体展现，侦查机构只有获得了令状法院和令状法官居中签发的许可令状后才能对犯罪嫌疑人实施搜查、扣押、逮捕，令状本身即为司法授权之“标识”，用以证明侦查机构对嫌疑人的强制侦查行为具有足够的公断性、合法性、正当性，“侦查程序中的司法令状就是司法授权”〔2〕，令状的获得意味着司法许可的完成，“用以证明侦查机关的强制侦查行为具有正当理由和根据”〔3〕，因此，侦查领域，刑事令状多以令状主义下 Warrant（授权令、手令）的形式存在，例如逮捕令（Arrest Warrant）、搜查令（Search Warrant）、扣留令（Detention Warrant）等。而广义刑事令状，除可囊括强制侦查令状之外，还可将外延伸延到法院为强制各诉讼参与人履行其辅助诉讼义务而制发的各种诉讼令、票、

〔1〕参见唐雪凝：“谈并义词”，载《齐鲁学刊》1990 年第 2 期，第 125 页。

〔2〕参见高峰：“刑事侦查中的令状制度研究”，西南政法大学 2007 年博士学位论文，第 3 页。

〔3〕参见高峰：“刑事侦查中的令状制度研究”，西南政法大学 2007 年博士学位论文，第 3 页。

通知书等文书形式，因此，在强制侦查令状之外的领域，可以说，刑事令状又将其与民事令状、行政令状的“种差”缩小到了极致，正基于此，以下我国学者围绕广义刑事令状所作的概念探讨对于民事令状含义的最终形成颇具借鉴意义：“刑事司法中的令状制度，是指对于逮捕、羁押、搜查、扣押、监听等刑事的强制措施”〔1〕；刑事令状，“专指在刑事诉讼中由法院签发的书面命令”〔2〕。②相较刑事令状，行政令状无疑与民事令状更为相似，调查令、督促履行令、代履行令等试点也更为趋同，因此，行政令状的定义方式对于我们发现民事令状的准确概念而言也是尤具价值。经作者查询，关于行政令状既存观点有以下几种：“行政令状是通过命令恢复占有或补偿来对非法侵害进行矫正和救济的警察式措施。”〔3〕该概念充分彰显了行政令状的强制属性，但不免过于晦涩难懂。此外，2011 年 9 月 16 日，上海市青浦区召开“环保非诉行政案件的司法审查与执行问题”研讨会，此次会议对 2008 年以来以金山法院作为试点单位的非诉行政执行令状进行了总结〔4〕，本次会议对法院调查令、支付令、督促

---

〔1〕 杨雄：“刑事强制措施中的令状制度研究——从美国法的角度切入”，载《东疆学刊》2012 年 3 期，第 105 页。

〔2〕 彭海清：“令状主义及其适用程序初探——兼谈我国刑事司法命令程序的重构”，载《新疆社会科学》2007 年第 3 期，第 94 页。

〔3〕 屈文生：“论行政令状的司法化与普通法的诞生——兼议中世纪时期英王治理国家方式的转变”，载《河北法学》2010 年第 2 期，第 177 页。

〔4〕 2007 年，上海金山区人民法院调研重点课题《非诉行政执行运行模式研究——兼论建立非诉行政执行令状制度》；2008 年，行政执行令状进入试点阶段，上海金山区人民法院通过《非诉行政执行令状操作规程（试行）》；2009 年，行政执行令状进入推广阶段，上海金山区人民法院通过《非诉行政执行令状操作规程》，2009 年金山区法院共发出非诉行政执行令状 114 份，结案 111 件，通过令状自动执结 83 件，令状自动执结率达 75%；2010 年，非诉行政执行令状的适用范围拓展至金山区人民法院受理的所有非诉行政执行案件。从类型上看，法院向行政机关签发的非诉行政执行令状，以调查令和督促履行令为主。从性质上看，非诉行政执行权兼有司法权和行政权的双重属性，是法院向行政机关签发令状的基础，也为行政机关介入非诉行政执行案件的具体实施提供了可能。参见刘群敏：“我国非诉行政执行模式的困境与出路——兼谈非诉行政执行令状模式”，西南政法大学 2014 年硕士学位论文，第 21 ~ 27 页。

履行令状等具体非诉行政执行令状进行了具体类型的探析，研讨中虽未过多涉及概念层面的详论精析，但行政令状兼指人民法院在行政诉讼的审理或执行过程中签发的要求受送达人作出某种行为的积极式命令或不得作出某种行为的否定式命令成为多数学者的共识。

综上，在基本完成由令状向民事令状的纵向推演、由刑事令状和行政令状至民事令状的横向推导之后，我们已可从上述纵横交错的立体式推演中得出关于民事令状概念的初步结论：民事令状，是人民法院在民事诉讼过程中制发的，以要求受送达人必须作出一定之行为或者禁止其作出一定之行为的书面命令的总称。故此，“民事令状”中，“令状”一词并非并列式合成词，而应属偏正式合成词，此处，后语素“状”仅应作广义上的法律文书之解，前语素“令”是对“状”的修饰与限定，因此，“令”作为点睛乃“令状”之强制性、命令性、权威性等特点的集中展现，此处“令”不再仅作狭义的“令”体诉讼文书之解，而凡法院为了保障诉讼持续行驶于公正、高效轨道上而向特定主体签发的要求其给付积极作为抑或消极不作为的书面指令均应视为符合此处“令”之要求，而绝非仅以支付令、搜查令、执行令、人身保护令、证据调查令等诉讼令文为限，其他符合行为给付强制命令要件且由法院制发的各式“票”、“通知书”等亦应入选民事令状之列。正基于此，我国民事诉讼之中，令状外延获极大拓展，可涵盖的范围可囊括法院所制发的要求受送达人为行为之给付的多种文书形式，而对这一内容层面的进步最直观标识的方法在形式层面即集中于“令”之后加上了“状”这一后缀，而务必使“令”之外其他亦符合法院制发的行为给付强制命令的“票”体、“书”体令状亦能顺畅进入民事令状的范畴。

民事诉讼安定性要求“法官和当事人等应当按照法定程序，有序地进行诉讼活动或实施诉讼行为”〔1〕。但这一应然秩序的形成绝非仅依矛盾双方的自律、自觉即可实现，事实上，在矛盾的公力解纷过程中，利益的并立对峙往往会极大消耗诉讼双方的自律意识及法治意识，而且，伴随着诉讼进程的渐次推进，利益矛盾的不断重复和反复发酵而衍生出的“马太效应”还将造成双方冲突的进一步被放大，并使诉讼过程中的有序性面临更为巨大的实际威胁。因此，法院理应享有和担负起在经验判断和合理预测的基础上通过事前制发行为给付强制文书以防范和避免诉讼参与人之逆法而为、违法而动的权力及义务，同理，亦应具有在诉讼已生混乱之时通过事中制发强制行为给付命令以尽力纠正相关主体之行为并强制其为其应然之为、禁其应然不为的相应权力及义务。换言之，我们不仅应切实保障法院在合理预测的基础上通过灵活制发强制性诉讼文书提前规范诉讼参与人之作为与不作为，以切实避免诉讼活动发生混乱的诉讼指挥权，而且还应保障其在诉讼活动已生混乱时继续通过制发强制命令以及时纠正诉讼参与人之行为，并强制其重新给付正确的作为或不作为的诉讼管理权，可见，基于以上诸多目的，集灵活性、强制性、多元性、普适性等多元优势于一体的民事令状显然异于判决、裁定、决定等已有法院文书而更为上选。

二、民事令状认识论

目前，世界范围内，法院的行为给付书面命令乃现代民事令状进入司法令状时期的统一意指，其内涵“一元”、“一体”，样式却“多型”、“多相”，域外视阈下，Summon、Warrant、Injunction 及 Writ 本族民事令状“四族”并置，各成体系；而域内视阈下，两岸四地之内，“令”、“票”、“书”等实然层面的民事令状亦普适多元。

---

〔1〕 邵明：“论民事诉讼安定性原理”，载《中国人民大学学报》2011 年第 3 期，第 138 页。

以域外“四族”、域内“四地”民事令状的类型分析为基础，诉前保全、诉中审理、诉后执行各阶段民事令状的应然设计才成析理之必需，“权利实现模式”、“程序辅助模式”等民事令状创设及运行过程中更具抽象意味的走向设计的剖判甄别更显详研之必要，而针对不同的诉讼参与人（利害关系人、当事人、其他诉讼参与人）差异化设置民事令状时所显露的不同的制度重心亦才具理论研究之必然。也正是基于以上这样的思路，才依次成就了下文中关于民事令状的种类列举、分类辨析的“二元”内容。

（一）民事令状的种类

13世纪~19世纪中后期，英国盎格鲁·撒克逊本族语令状“Gewrit”不断向司法化方向衍生，终于成就“启诉令状”（Original Writ），普通法意义上的启诉令状被强制捆绑于诉权，所有世俗问题得以在中央司法系统获得管辖皆有赖于此；然而，目前，令状及民事令状已迈入发展的新阶段——司法令状时期，诉讼行为给付命令取代诉权成为各国令状、民事令状新的理论聚核[1]：基于程序正义理念，诉讼必须是法院及相关参与人共同着力的结果，正当理性的诉讼过程应表现为各式诉讼主体的“合力”推动，而程序正义若遭废坏，则其结果亦必于严格意义上有欠缺公平正义之嫌，虑及于此，针对广义范畴的各类诉讼参与者，旨在疏其不为、促其应为、遏其乱为、阻其滥为的民事令状成为各国法院强力矫正诉讼正义的普遍仰仗。

目前，世界各国民事令状可谓类型丰富、数量众多、各具特色。概括而言，域外通用英语的国家和地区更易形成较为统一的令状体系，这类国家主要隶属于英美法系，令状制度于英国发源后，凭借

---

〔1〕 Writ：An order issued by a court in the sovereign's name that directs some act or forbearance. See Elizabeth A. Martin, *Oxford Dictionary of Law*, 5th Edition, Oxford University Press, 2002, p. 540.

该国法律文明之先进属性对于其他国家的影响以及英帝国主义的殖民扩张，终以较快的速度在英语语系国家成就了较为统一的“面貌”，可以说，当今世界，大约1/3的国家或地区仍旧生活在英国法律制度之下或受到过英国普通法的影响[1]，因此，这些国家的民事令状制度在类型设计、程序设置等诸多方面都具极强的相似性。与之相反，在其他国家（多为大陆法系国家），民事令状则呈现出显著的国别差异，再加之语言迥异，因此，该范围内各国民事令状制度的演进更多地呈现出点状化发展、单线性传播的特点，不易于进行“集合式”的规范分析，而更适宜“单体式”的个性解读。因此，下文之中，作者选择域内外为地域依托，再兼以语言的界分依据，试将世界范围内民事令状大致区分为两个不同的“域”，其中，域外主要以英美两国为资料来源，域内则以大陆及港澳台为主要研究视角，在此基础上，尝试一次针对民事令状种类的力尽严谨与全面的样式统计。

1. 域外视阈：“四族”令状

域外视角下英语语系国家中，民事令状（Civil Writs）是一个体系化的集合式法律概念，诸多二级概念排列其下，而更次之，二级概念下又会分裂形成更低一层的派生概念，概念的体系化层级现象明显。在仅次于民事令状的二级概念领域，部分令状须通过固定语素 Writ 与其他语素相融合的方式才能以合成词形式展现其完整涵义，这部分民事令状必须通过在概念之中冠以固定语素 Writ 后再施以其他后语素作为令状本体之修饰的方式才能将其令状属性引致于外，后语素实际担当了约束令状本体适用范围的限缩作用，相比其他族系的民事令状，该类令状的类型更多，适用范围更广，与令状本体的亲缘关系更接近，故此，笔者将此类直接源发于令状本体的本系令状称为“Writ 本族”民事令状，该族令状自成一系，内容丰富，

---

〔1〕 参见刘金友主编：《证据法学》，中国政法大学出版社2001年版，第29页。

广泛分布于诉讼各个环节，其地位理应与其他族系并列[1]。此外，还有一部分民事令状无需通过引致机制即能自我彰显其隶属行为给付强制命令的本质属性，如 Summon、Warrant、Injunction 等族民事令状，它们无需附加语素 Writ 即能"自证其名"，同时，这些概念往往亦能自成系统，其下大多包含更次一级的三级概念。民事令状作为一个上位概念，其下，数个次生概念齐驱并辔、自成一系，Writ 本族、Summon 族、Warrant 族、Injunction 族"四族"民事令状及其次生令状共同成就了民事令状这一横向多元、纵向分层的类型系统：

首先，民事令状之下最为庞大的类型设置即为"Writ 本族"民事令状，均以"Writ of ……"的统一形式出现。目前，"Writ 本族"民事令状样式的具体分化囿于国别差异而各有不同，但以下类型可谓相对成熟且对于我国司法现状而言更具借鉴意义[2]：①Writ of Attachment，即押收令状，乃法院向执行法官签发的要求受送达人扣押债务人财产的书面命令的统称；②Writ of Arrest，即强制出庭令状，是指法院向当事人签发的强迫其出席法庭直至判决作出的书面

---

〔1〕 令状（Writ）这一属概念下，有着较为丰富、复杂的内容：首先，包含诸多的种概念，例如 Warrant、Summon、Injunction，三者之下拥有诸多次级概念渐次衍生；其次，在以上诸多种概念及次级概念之外，则是数量庞大的以"the writ of …"为典型标志的令状形式。

〔2〕 各类民事令状涵义取通说。统计来源：①Bryan A. Garner, *Black's Law Dictionary* (*9th ed.*), West, a Thomson Reuters business, 2009, pp. 1747 ~ 1749；②Elizabeth A. Martin, *Oxford Dictionary of Law 5th Edition*, Oxford University Press, 2002, p. 540；③Susan Ellis Wild, Webster's New World Law Dictionary, Wiley Publishing, Inc. 2006, p. 277；④Bryan A. Garner, A Dictionary of Modern Legal Usage, law press. china, 2002, p945；⑤L. B. Curzon, *Dictionary of Law 6th Edition*, law press. china, 2003, p. 540；⑥Daniel Oran, J. D., *Oran's Dictionary of the Law*, West Legal Studies, 2000, p. 524；⑦薛波主编：《元照英美法词典》，法律出版社 2003 年版，第 1425 ~ 1429 页；⑧杨冠琼、陈曙主编：《英汉法律词汇大全》，山西经济出版社 1995 年版，第 924 ~ 926 页；⑨北京大学法学百科全书编委会：《北京大学法学百科全书》，北京大学出版社 2000 年版，第 489 页；⑩夏登峻主编：《英汉法律词典》，法律出版社 2008 年版，第 1069 ~ 1070 页；⑪［英］戴维·M. 沃克：《牛津法律大辞典》（中文版），邓正来等译，光明日报出版社 1989 年版，第 628 ~ 629 页；⑫［英］戴维·M. 沃克：《牛津法律大辞典》（中文版），李双元等译，法律出版社 2003 年版，第 696 页。

命令；③Writ of Assistant，即给予援助令状，是指法院向执行法官签发的要求其将执行标的物交由权利人作和平、安宁之全面管有，并在任何时间出现任何管有中断时给予权利人以援助，从而使其继续保持管有的书面命令；④Writ of Certiorari，即调卷令状，是指上级法院向下级法院签发的要求下级法院移送相应案卷资料以供上级法院审查的书面命令；⑤Writ of Delivery，即交付令状，是指法院向执行机构签发的要求其从拒不履行货物给付或者金钱给付的债务人处强行将上述货物或与上述本金、利息等值的财产交付权利人的书面命令；⑥Writ of Inquiry，即评定损害赔偿数额调查令状，是指在损害赔偿未得到清偿的案件中，在原告已获得缺席判决的情况下，法院向司法行政官签发的要求其在陪审团的协助之下对于损害赔偿的数额作出评定的书面命令；⑦Writ of Extent，即估价执行令状，是指法院向执行法官签发的要求其在对扣押财产进行充分估价后再将其移交胜诉方的书面命令；⑧Writ of Mandate，即强制令状，通常特指由上级法院向下级法院或其他具有公共职能的主体签发的要求其按照其法定职责履行责任的书面命令；⑨Writ of Ne Exeat，即禁止离境令状，是指法院向诉讼参与人签发的要求其不得在限定期限内离开本法院管辖区域或其他特定区域的书面命令；⑩Writ of Fieri Facias，即扣押债务人财产令状，是指法院向执行法官签发的要求其从逾期不清偿金钱债务的一方当事人的货物、实产以及其他财产中检取和扣押与债务本金、利息、执行费用相当的财产的书面命令；⑪Writ of Habeas Corpus，即人身保护令状，通常也被称为“大令状”或“自由大令状”，是指法院向作出限制他人自由决定的相关主体签发的要求其将被限制自由人带交令状签发法院的书面命令；⑫Writ of Garnishment，即扣押债务人在第三人手中之财产令状，是指法院向财产的实际占有人（Garnishee）签发的要求其提供相应财产以供法院扣押的书面命令[1]；⑬Writ of Injunction，即制止令状，是指法院向当

〔1〕 参见沈达明编著：《比较民事诉讼法初论》（上册），中信出版社1991年版，第107页。

事人发出的禁止其为一定行为的行为保全性的书面命令；⑭Writ of Procedendo，即发还审理令状，是指上级法院通过调卷令状等途径将案件从下级法院移转至上级法院后，又发现其提取案件的理由不充分而向下级法院签发的要求其重新受理的书面命令；⑮Writ of Possession，即管有令状，通常为是指法院向执行法官签发的要求其进入特定土地并安排权利人取得该项土地之管有的书面命令；⑯Writ of Prohibition，即禁止令状，该令状由上级法院向下级法院签发，是一种将阻止下级法院作出超越管辖权的审理行为作为其主要功能的书面命令；⑰Writ of Review，即复审令状，乃上诉法院向下级法院签发的要求其提供案卷材料以供审查的各式调卷令状的统称；⑱Writ of Restitution，即复还令状，通常为法院向执行法官签发的要求其在已执行完毕管有令状之后再次进入特定土地、排除侵占人妨碍、安排权利人取得上述土地之复还的书面命令；⑲Writ of Summon，即传唤令状，特指法院应原告之请求而向被告签发的将原告之诉讼请求通知被告，并强制其出庭应诉与答辩的书面命令；⑳Writ of Sequestration，即暂时扣押令状，是指法院向暂时扣押人（不少于四名）签发的授权其全部或者任何两人或 3 人可以暂时管有特定当事人之土地以及非土地产业，收取上述财产所带来租金以及利润，直至该当事人将相应款项缴存法院为止的书面命令；㉑Writ of Subpoena，即传召出庭令状，在英格兰郡法院的诉讼规则中，该令状又被称为“证人传票”，是指由法院签发的指令某人在规定的时间和地点出席法庭进行作证抑或还需提交书面文件的一种书面命令〔1〕；㉒Writ of Supersedeas，即中止执行令状，该令状由上级法院向下级法院签发，是一种要求下级法院停止执行行为的书面命令；㉓Writ of Specific Delivery，即具

〔1〕 前者，要求证人出庭作证的传召出庭令状被称为“subpoena ad test”；后者，要求证人出庭作证并须提交所需书面文件的传召出庭令状被称为“subpoena duces tecum”。参见薛波主编：《元照英美法词典》，法律出版社 2003 年版，第 1301 页。

体交付令状，是指法院向执行法官签发的要求其扣押具体货物并将货物交付于胜诉方当事人，若无法实施扣押和交付令状所载明的具体货物，亦可在该货物估价范围内执行败诉方当事人其他财产的书面命令[1]；㉔Writ of Trial，即审理案件令状，通常说来，是指上级法院向下级法院签发的要求其对某个原送上级法院审理的案件为审判之行为的书面命令；㉕Writ of Execution，即执行令状，此类令状较为特殊，为“Writ 本族”令状内部复次嵌套的典型式集合概念，并非特指哪一种令状，而是执行法官强制债务人履行金钱或行为给付义务的各式执行类令状的统称。[2]

其次，“Writ 本族”民事令状之外，“Summon 族”令状则是民事令状概念之下的又一重要“族系”。Summon，可译为传票、传票令状、传唤令状，既可与 Writ 合用为传唤令状（Writ of Summon），亦可单独适用，两者之义没有质的不同，均指法院应原告之请求而向被告制发的旨在通知其诉讼已然开启并要求其出庭应诉、积极答辩的传唤令状。被告若违令而行，拒不按照该令状履行其应诉答辩的行为给付义务，则法院将通过作出不应诉判决使被告承担败诉的法律后果。长期以来，Summon 与 Writ 的应然关系总未尽明晰，致使民事令状之内围绕类型样式进行界分研究时总存力有不逮之憾，Summon 属令状（Writ）之一部，倾向于在审理过程中适用，偏向于到庭义务的规制，更为复合地吸纳了宣示诉讼、启动诉讼、设置败诉风险的综合功能，其以不应诉判决强力勘正诉讼参与人拒不到庭、拒不应诉答辩之行为的强制实现机制更令其成为民事令状旗下具有鲜明特色的二级概念，以上结论虽单单就其内容而言极为简单，但标准和分类是民事令状体系化的两大支柱，两概念之关系的证成过

---

〔1〕 参见沈达明编著：《比较民事诉讼法初论》（上册），中信出版社 1991 年版，第 63 页。

〔2〕 See L. B. Curzon, *Dictionary of Law 6th Edition*, law press. china, 2003, pp. 540 ~ 542；Susan Ellis Wild, Webster's New World Law Dictionary, Wiley Publishing, Inc. 2006, p. 277 ~ 280。

程却对民事令状基本类型的研究极具奠基意味。笔者主张，如果将Writ作为一个属概念、一级概念、上位概念来予以定位，Summon则无疑应为其下的一员，是一个极为重要的种概念、二级概念、下位概念，对于这一结论的证明不具太大难度：首先，根据《牛津现代法律用语词典》，Summon虽具两层涵义，但其涵义无一不被圈定具为令状（Writ）属性：涵义一，Summon特指早期英国法律中向治安官送达的要求其将被告传唤到庭的一种令状（Writ）；涵义二，Summon是指启动原告诉讼并要求被告出庭和答辩的一种令状（Writ）或令状程序。[1] 其次，依据《奥兰法律词典》[2]，Summon涵义同为“二元”，除意指要求受送达人担当本案证人、陪审员或其他诉讼角色并出席法庭的任何正式意义上的法院通知之外，其最为核心且更为普适的涵义即指传唤之令状（Writ），该令状由法院签发，由治安官或其他授权主体送达，主要内容为告知特定主体原告以其为被告已然发动起诉，命令该主体必须在特定时间出庭参诉，否则，将被以败诉判之。最后，再根据《布莱克法律词典》的观点，Summon一词虽有四类意指[3]，但令状之属性无疑占据了最大比例，但除第四重涵义指示英国普通法层面法官作出命令时适用的广义法律文书

---

〔1〕 Summons: ①formerly, a writ directed to a sheriff and requiring him to summon a defendant to appear in court; or ②a writ or process commencing the plaintiff's action and requiring a defendant to appear and answer. See Bryan A. Garner, *A Dictionary of Modern Legal Usage*, law press. china, 2002, p. 853.

〔2〕 Summons: ①A writ (a notice delivered by a sheriff or other authorized person) informing a person of a lawsuit against him or her. It tells the person to show up in court at a certain time or risk losing the suit without being present. ② Any formal notice to show up in court (as a witness, juror, etc.). See Daniel Oran, J. D., *Oran's Dictionary of the Law*, West Legal Studies, 2000, p. 473.

〔3〕 Summons: ① A writ or process commencing the plaintiffs action and requiring the defendant to appear and answer. ② A notice requiring a person to appear in court as a juror or witness. ③ Hist. A writ directing a sheriff to summon a defendant to appear in court. ④ English law. The application to a common – law judge upon which an order is made. See Bryan A. Garner, *Black's Law Dictionary* (*9th ed.*), West, a Thomson Reuters business, 2009, p. 1574.

外，剩余涵义则几无例外均与令状概念强制捆绑：第一重含义直指传唤令状（Writ），指的是载明原告所提起的诉讼已然开启并要求被告为出庭、答辩之行为的令状或令状程序；第二重含义为要求特定主体以陪审员或证人之身份履行到庭义务的法院通知（Notice）；第三重含义不仅直接对应于令状，且更具历史意味，指法院要求地方行政司法长官（治安官）将被告传唤到庭参诉的令状（Writ）形式。综上，我们不难得出结论，Summon 虽于中文中亦常作“票”之翻译，但其本质实为令状（Writ），Summon 本体及其下属的派生概念共同组成了民事令状类型体系中除“Writ 本族”令状之外第一个呈现出较强序列性的具有典型的“族系”特征的令状集合体，即“Summon 族”民事令状。目前，Summon 之下的次级衍生形式主要包括但并不限于以下形式：陪审员传票（Juror Summons）、证人传票（Witness Summons）、速达传票（Short Summons）、佚名传票（John Doe summons）[1]、第二传票（Alias Summons）[2]、判决传票（Judgment Summons）[3]等。

再次，Civil Writs 概念之下的又一族系令状形式为“Warrant 族”民事令状。关于 Warrant，部分学者将其直译为“令状”，但作者主

[1] John Doe summons：① A summons to a person whose name is unknown at the time of service；②Tax. A summons from the Internal Revenue Service to a third party to provide information on an unnamed, unknown taxpayer with potential tax liability. See Bryan A. Garner, *Black's Law Dictionary*（9*th ed.*）, West, a Thomson Reuters business, 2009, p. 1574.

[2] Alias Summons, a second summons issued after the original summons has failed for some reason，即第二传票，是指为取代因无法送达或者因其他原因失效的在先传票而制发的新传票。See Bryan A. Garner, *Black's Law Dictionary*（9*th ed.*）, West, a Thomson Reuters business, 2009, p. 1574.

[3] Judgment Summons，也称为 Judgment Debtor Summons，即判决传票，1869 年，由英国《债务人法》设置，当债务人未依法履行生效判决为其确定的清偿义务时，法院可向债务人（被告）签发该传票，以责令其单方到庭报告其现所拥有的以及自判决作出之日起至今曾经拥有的财产情况并对此宣誓，并向法庭提供足够可以令其卸除因拖欠债务而理应承担的入狱关押之法律责任的免责事由。载 http：//en. wikipedia. org/wiki/Judgment_summons，2013 年 1 月 1 日访问。

张更应译为“授权令”，该译法不仅有利于由形式层面摆正令状（Writ）与授权令（Warrant）之间上下位属种关系的逻辑层级，而且，还可更加直观地将授权令、手令的独特意蕴进行彰显：Warrant，授权令、手令，与其他令状不同，需将赋权要件前置，亦即多数情况下法院通过授权令课以受送达人为或不为特定行为之义务与赋予其为或不为上述行为之权利具有同步性、同体性。按照《牛津现代法律用语词典》[1]，Warrant 有两重涵义，除了在经济领域被用于指示授权支付或接收款项的各式栈单、权证外，Warrant 仅余的唯一一重涵义（同时也是被排在首位的涵义）就是特指法院指示或授权某人为一定行为的令状。而《布莱克法律词典》也基本持同样观点，即授权令在法学领域的唯一之解即为用于指代法院指示或授权受送达人为一定行为的书面命令，该类令状多向执法主体制发[2]。异于其他类型的民事令状，“Warrant 族”令状可谓权利与义务复合于一处的令状形式，通常在对受送达对象课以行为给付义务的同时赋予其可为此项行为之权利，“授权令”汉语译名中的“授权”二字即为集中展现这一特色的“点睛”之笔，亦由此，授权令在刑事诉讼中的适用尤为广泛，多用于指示授权、命令执法者施以逮捕、搜查、拘留、没收之行为的司法令状，侦查机关在对犯罪嫌疑人及其财产施以强制措施前，除法定之例外情形，必须以事前取得令状法院或令状法官所签发的“授权令”为必要，侦查机构在依授权令获得了

---

〔1〕 Warrant：①a writ directing or authorizing someone to do an act；②a document conferring authority，esp. to pay or receive money. See Bryan A. Garner，A Dictionary of Modern Legal Usage，law press. china，2002，p. 924.

〔2〕 Warrant：① A writ directing or authorizing someone to do an act，esp. one directing a law enforcer to make an arrest，a search，or a seizure；② A document conferring authority，esp. to pay or receive money；③ An order by which a drawer authorizes someone to pay a particular sum of money to another；④ An instrument granting the holder a long term（usu. a five-to ten-year）option to buy shares at a fixed price. See Bryan A. Garner，*Black's Law Dictionary*（*9th ed.*），West，a Thomson Reuters business，2009，p. 1722～1723.

令状所赋予的足以限制犯罪嫌疑人人身或财产的权能资格的同时，需同步担负起切实实施、真正履行与之相对应的逮捕、拘留、搜查、没收等诉讼行为的行为给付义务。对于这一运行机理，刑事诉讼中死刑执行令（Death Warrant）、搜查令（Search Warrant）、逮捕令（Arrest Warrant）、逃犯追缉令（Escape Warrant）、引渡令（Extradition Warrant）、逃亡追缉令（Fugitive Warrant）、移交入境令（Inward Warrant）、移交出境令（Outward Warrant）、全权授权令（the All - purpose Warrants[1]）等刑事令状均可作典型例证。但授权令也绝非仅限于刑事诉讼领域，相比而言，民事诉讼中，Warrant 授权令的适用范围显然大幅缩减。民事诉讼之中，国家权力无须再于公力侦查机构查明案情与犯罪嫌疑人人权保障之间务必以令状的形式反复裁夺以臻于公平正义，诉后执行转而成为民事授权令的主要"适用域"，法院通过制发民事强制执行令状以先行授予执行法官实施搜查、查封、扣押、拍卖、变卖、拘留等行为的权力和资格，而后，执行法官再针对被执行人之财产或人身实施前述强制之行为，才符合正当程序之要求。相对审理程序，法院执行环节更需以其他主体的切实配合为必需，赋予执行者财产或人身控制、变现、管理、强制等方面的权能与义务实为必然，亦为必需，搜查权、查封权、扣押权、拍卖权、变卖权、拘留权等以授权令的形式赋权在先，而后，执行主体再依"令"履行各式授权令所对应的施以强制措施之义务。目前，域外民事诉讼中，授权令也已然发展出了较为多元的次级形式，民事授权令的类型系统基本成就，主要包括但并不限于以下形

---

〔1〕 全权授权令赋予了执法官员对藏有走私物品的可疑地点进行搜查的广泛裁量权，并可以据此要求任何人对该搜查活动予以协助。参见丹尼尔·J. 凯普罗、吴宏耀：《美国联邦宪法第四修正案：令状原则的例外》，吴宏耀等译，中国人民公安大学出版社 2010 年版，第 7 页。

式[1]：留置令（Possessory Warrant）、财物扣押令（Distress Warrant）、一般扣押令（General Warrant）、查封令（Seizure Warrant）、搜查令（Search Warrant）、交付羁押令（Warrant of Commitment）、羁留令（Detention Warrant）、暂缓执行令（Stay of Warrant）、监禁令（Warrants for Imprisonment）、法官依职权签发的法庭拘传令（Bench Warrant）等。

最后，禁令（Injunction）。禁令，于诉讼文书的语境下，在一定条件下也具有令状的基本涵义，"Injunction 族"令状亦为民事令状（Civil Writs）下的重要成员。Injunction，通常译作禁令或禁制令，意指责令或阻止某人作某事的法院命令（Court's Order）。禁令无论从外在形式还是内在涵义层面都与令状（Writ）十分接近，根据《元照英美法词典》，禁令是"法院签发的要求当事人做某事或某行为或者禁止做某事或某行为的命令"[2]。这一定义方式与令状近乎无差，法院制发的责令受送达人为特定行为或不为特定行为的义务指令成为两者的共同强调，而细究其差别，似乎也仅在形式要件，禁令概念未强调必须采书面形式，而令状涵义之中则早已明确了书面形式的必要性，对此，以下文献的观点可作佐证：依据《布莱克法律词典》，禁令乃法院下达的一种命令（Order），用于命令或禁止受送达人为特定之行为；[3]根据《奥兰法律词典》，禁令是法官向特定主体签发的要求其作出一定行为或约束其不得作出特定行为的命令（Order）；[4]再根据《牛津法律词

〔1〕参见"英汉法律词汇"，载 http：//www.legislation.gov.hk/chi/glossary/index.htm，2012 年 11 月 18 日访问；屈文生："令状制度研究"，华东政法大学 2009 年博士学位论文，第 55～57 页。

〔2〕薛波主编：《元照英美法词典》，法律出版社 2003 年版，第 696 页。

〔3〕Injunction：A court order commanding or preventing an action. See Bryan A. Garner，*Black's Law Dictionary*（9*th ed.*），West，a Thomson Reuters business，2009，p.855.

〔4〕Injunction：A judge's order to a person to do or to refrain from doing a particular thing. See Daniel Oran，J.D.，*Oran's Dictionary of the Law*，West Legal Studies，2000，p.249.

典》[1]，禁令乃法院的救济措施，以法院命令（Order）的形式存在，依据内容不同大致可将其划分为两类，即防止性禁令（Prohibitory Injunction）和强制性禁令（Mandatory Injunction）。防止性禁令，是指法院向特定主体签发的禁止其实施或继续实施一定行为的救济措施。强制性禁令，则是法院面向特定主体签发的要求其务必作出一定之积极行为给付的救济措施。因此，无论是在概念层面，还是在分类层面，禁令（Injunction）与令状（Writ）之间总给人极强的"神"似之感，但又总是在实然层面缺乏交集：二者概念的诸版本无一不把它们统一划归法院命令（Order），但却又皆对于两者之确切关系缺乏针对性论述，因此，针对禁令是否为令状概念的另一版本抑或仅为其下层的二级概念而已，总没有过多阐释。在这样的前提之下，前文"Writ 本族"令状中出现的将 Writ 与 Injunction 作一并列的制止令状（Writ of Injunction），不仅未能将两者关系做一明确，反而陡升我们在对以上概念进行界分时的理论难度。溯源追本，两概念之所以缺乏交集，大致主要源自历史起源的迥异：令状乃普通法概念，对于普通法的形成具有基础意义，在令状发展的最初阶段——启诉令状时期（the Period of Original Writ），普通案件若未获得国王令状则相当于无递交王室法院接受巡回法官审判之诉权，正是得益于这一时期的令状制度，王室法院和巡回法官的管辖权才被极大扩充，巡回法官在由令状开启的具体的审判实务中将各地分散之习惯法熔于一炉并由此造就了普通法[2]；而禁令则不同，禁令起源于衡平法，更类似于一种判决或者责令义务人履行判决的处罚方法。

---

[1] Injunction: A remedy in the form of a court order addressed to a particular person that either prohibits him from doing or continuing to do a certain act (a prohibitory injunction) or orders him to carry out a certain act (a mandatory injunction). See Elizabeth A. Martin, *Oxford Dictionary of Law 5th Edition*, Oxford University Press, 2002, p. 252.

[2] 参见陈敬刚："英国普通法的形成：一个初步的分析"，中国政法大学2004年博士学位论文，第4页。

首先，衡平诉讼是一种“对人”的诉讼；其次，针对诸多类型的民事案件，金钱的赔偿并非合适，亦非充分，因此，以提供普通法院所不能提供之救济为原始理念的衡平法应运而生，“衡平法对人行动”（Equity Acts in Personam）原则在救济方式领域的特殊之处即为法院通过制发禁令（Injunction）或特定行为令（Decree of Specific Performance）的方式要求某人给付某种积极之作为抑或消极之不作为〔1〕。禁令在衡平法之中更接近于“一种命令被告实施特定行为或禁止其实施某种行为的判决”〔2〕，同时亦接近于责令义务人履行判决的处罚，“赖有禁令的处罚方法，它可以提醒当事人或者阻止当事人，使他不致有违背判决的行为”。〔3〕故此，从历史的角度看，禁令和令状虽在本质属性、基本特征、功能效用、类型划定等多方面共通，但囿于普通法、衡平法适用领域的不同而往往只能“隔空对望”，以至于虽拥有相似的理论趣味而相伴相随，却始终行进在没有交集的平行线上，这种奇特的渊源、关系在衡平法概念 Decree 与普通法概念 Judgement 之间亦部分存在〔4〕。17、18 世纪之后，禁令随着衡平法的兴衰而不断起伏和转向，鉴于普通法法院和衡平法法院在管辖权的范围上存在较大重合，“普通法法院与衡平法法院已经成为实施法律上的官场竞争对手”〔5〕，此时，禁令与令状不仅由于“出身”和“血统”上的差异而欠缺交集，甚至还在一定程度上成

---

〔1〕参见汤维建：《美国民事司法制度与民事诉讼程序》，中国法制出版社 2001 年版，第 270 页。

〔2〕［美］杰弗里·C. 哈泽德、米歇尔·塔鲁伊：《美国民事诉讼法导论》，张茂译，中国政法大学出版社 1998 年版，第 204 页。

〔3〕［美］阿瑟·库恩：《英美法原理》，陈朝璧译注，法律出版社 2002 年版，第 53 页。

〔4〕参见［美］杰弗里·C. 哈泽德、米歇尔·塔鲁伊：《美国民事诉讼法导论》，张茂译，中国政法大学出版社 1998 年版，第 13 页；Henry L. McClintock, *Handbook of the Principles of Equity*, *second edition*, St. Paul, Minn. West Publishing Co. 1948, p. 97.

〔5〕［美］杰弗里·C. 哈泽德、米歇尔·塔鲁伊：《美国民事诉讼法导论》，张茂译，中国政法大学出版社 1998 年版，第 14 页。

为了“竞争对手”：实践中，如果衡平法院大法官将违抗一般禁令（Common Injunction）的当事人以藐视法庭罪予以拘禁，那么，普通法院则极有可能会通过签发人身保护令（Writ of Habeas Corpus）的方式予以释放。[1]不过，这一境况随着衡平法的势微以及衡平法与普通法的合流而有转化。根据案情，禁令在以下三种情形下已经可以直接被定性为一种令状（Writ）：一为法院责令受送达人必须作出的这项行为被认为是实现正义之根本需要，以及法院责令受送达人不得作出的这项行为被认为确实与公平、善意相违背；二为法院为行使其衡平法司法管辖权而制发的补救令状（Remedial Writ）；三为衡平法院加盖其封印或印章的以命令的形式签发的令状。[2]时至今日，民事诉讼之中，禁令通常已可泛指法院制发的消极行为给付强制命令，但更多情况下多针对被申请人的侵权行为，相较而言，其适用范围也更加集中地被限定在保全领域，法院可以通过签发禁令以最大程度地维持民事争议之现状（Hold the Status Quo），避免当事人的权益在起诉前或诉讼中受到不可挽回的伤害（Irreparable Harm），“如能证明被告有规避法院判决的动向，或有恐吓的行为，或者证明他准备离开，或者能证明他将以侵害原告为目的而处分其财产”[3]，法官均可通过签发禁令的形式将其不法行为予以禁止。对于禁令的禁止相关主体违法而动的诉讼功能，我国大陆民事诉讼立法在马利瓦禁令（Mareva Injunction）基础上创设的海事强制令即

---

〔1〕 Common Injunction，即一般禁令，是指衡平法院签发的禁止执行普通法法院判决的命令。参见［美］杰克·H. 弗兰德泰尔、玛丽·凯·凯恩、阿瑟·R. 米勒：《民事诉讼法》，夏登峻译，中国政法大学出版社2003年版，第700～703页；汤维建：《美国民事司法制度与民事诉讼程序》，中国法制出版社2001年版，第272页。

〔2〕 See Howard C. Joyce. *A Treatise on the Law Relating to Injunctions* § 1, pp. 2～3 (1909). Quoted from Bryan A. Garner, *Black's Law Dictionary* (*9th ed.*), West, a Thomson Reuters business, 2009, p. 855.

〔3〕［美］阿瑟·库恩：《英美法原理》，陈朝璧译注，法律出版社2002年版，第59页。

为有力印证。此外，目前，“Injunction 族”民事令状还包括以下类型[1]：临时禁令（Preliminary Injunction）、中间禁令（Interlocutory/Interim Injunction）、永久禁令（Perpetual/Final Injunction）；单方禁令（Ex Parte Injunction）、双方禁令（Inter Partes Injunction）；辅助禁令（Ancillary Injunction）、实质禁令（Substantive Injunction）；冻结禁令（Freezing Injunction）、预防侵害禁令（Quia Timet Injunction）、止诉禁令（Anti – suit Injunction）等。

2. 域内视阀

换之以域内视角，我国两岸四地视阈内，民事令状亦非“共相”，呈四地“分相”之态。除英语语系国家之外，其他国家民事令状体系通常呈现出更多的个体特征，其民事令状的类型设置也相对更为多元。必须承认，依照国度的不同而将各国民事令状的类型进行悉数列举几无可能，因此，下文中，作者暂以我国两岸四地为地域界限，作为英美法系、英语语系之外具备代表意义的民事令状类型分析，以应我国立法研究及实务探索之需，而更为细致地以法系及国别为地域界限的民事令状对应分析可参见本书后续比较研究的章节。相较其他国家，我国国情较为特殊，一国之内，两岸四地分属四个法域的现象将长期存在，因此，我们在对我国民事令状展开力尽全面的类型考证之时，必须以中国“一国两制”之下多元法域并存作为基础前提，以此为开端渐次展开递进式的分析及研究。

在大陆地区，“民事令状”更宜作广义解，而并不仅与诉讼“令”对应。“令状”为舶来词，译自同一日文汉字，“令状”之中，前语素“令”强调该类法院文书行为给付的强制属性，后语素“状”则为“类属词”，强调的是法院广义诉讼文书的客观范畴。因

---

〔1〕 参见杨良宜、杨大明：《禁令》，中国政法大学出版社 2000 年版，第 20 ~ 658 页。

此，在统计我国大陆地区民事令状类型时务必须以强制行为给付书面命令为角度而作各式“令”、“票”、“书”等广义诉讼文书的再次审视与重新考量，凡符合行为给付书面命令的核心要求理应归入令状范畴。2012 年 8 月 31 日，在 2007 年民事诉讼法部分修改之后，第十一届全国人大常委会第二十八次会议决定对现行《民事诉讼法》进行再次修改，此次修法堪称民事诉讼法的“大修”，是针对民事诉讼法典“大事小情”的集体修正，范围更广、力度更大、创新性更强成为其亮点。修改内容既包括总则又涉及分则，既涵盖国内民事诉讼的一般规定又涉及涉外民事诉讼的特别规定，既注重对传统争讼程序的补充和完善。还重视对非讼程序的修正和梳理；不仅涉及具体条款的微观变化，更涉及整个法典体例的宏观调整。具体到民事令状领域，此次修法在之前法律及司法解释修改后已然增设报告财产令、限制高消费令、督促执行令的基础上，更加注重对支付令、举证通知书、执行通知书、协助执行通知等传统民事令状的补充和完善。例如，按照《民事诉讼法》第 217 条的规定，债务人针对法院的支付令提出合法的书面异议而导致督促程序终结的，将自动与法院的争讼程序衔接，“支付令失效的，转入诉讼程序，但申请支付令的一方当事人不同意提起诉讼的除外”。2015 年 2 月 4 日，《最高人民法院关于适用〈中华人民共和国民事诉讼法〉的解释》施行，其第八部分对拘传票、第十九部分对支付令等民事令状均有专门规范。2015 年 7 月 6 日，《最高人民法院关于修改〈最高人民法院关于限制被执行人高消费的若干规定〉的决定》通过，将名称修改为《最高人民法院关于限制被执行人高消费及有关消费的若干规定》，并于 2015 年 7 月 22 日起施行。基于我国信用体系并不健全及“执行难”广泛存在的现状，根据此次司法解释的修改内容，民事令状中限制高消费令的作用范畴被大幅拓宽，“限制高消费令”变身“限制消费令”，立法者意欲通过这一消极民事令状的完善以更周延地限制被执行人的消费自由，进而以此为据迫使其依法而“动”，依

“令”而为，主动履行给付义务，该司法解释此次修改后，人民法院对于拒不履行生效法律文书载明的给付义务的被执行人的奢侈型高消费和高消费以外的其他法定“非生活和工作必需的消费行为”将均有权以令状的形式予以禁止，以限制和追责相关主体的逾越令状之举。以前述内容为思路，作者以现行民事诉讼法及相关司法解释为统计范畴，先行对我国大陆地区所适用的民事令状进行了力尽周延的类型统计，结果显示：我国大陆地区，目前法院文书范围内尚未有明确以“令状”为外在形式者，取而代之，“令”、“票”、“书”成为民事令状的主要表现形式。

（1）“令”类。截至目前，我国民事诉讼法及其司法解释中“令”体法院文书大致包括六类：

第一，报告财产令。报告财产令，是指人民法院向被执行人发出的要求其如实报告本人或本单位财产状况的书面命令。根据现行《民事诉讼法》第241条及最高人民法院法释〔2008〕13号《关于适用〈中华人民共和国民事诉讼法〉执行程序若干问题的解释》（以下简称《执行解释》）第31条的规定，被执行人未按法院执行通知履行义务时，法院可向其送达报告财产令，要求其报告当前财产情况以及收到执行通知之日前一年的财产情况，被执行人若拒不报告或报告内容为虚假的，人民法院有权根据情节轻重对被执行人、法定代理人、主要负责人、直接责任人等施以罚款、拘留。

第二，支付令。支付令，是指人民法院根据金钱或有价证券之债权人的申请向债务人签发的要求其限期履行给付义务的书面命令。债务人需自收到支付令日起15日内清偿债务或者向人民法院提出书面异议：若债务人既不提出异议又不清偿债务，则支付令将发生执行效力，债权人有权以此为依据申请强制执行；而若债务人在上述期间提出了合法异议，则支付令将自动失效，而后，除非启动督促程序的一方当事人明确表示不同意，否则，案件将自动转为诉讼程序。

得三，执行令。执行令，是指人民法院根据当事人的申请或外国法院的请求对外国法院之生效判决或裁定作出该裁判并不违反我国法律的基本原则、国家主权、国家安全以及社会公共利益的积极认可后向相关执行法院出具的执行依据。根据现行《民事诉讼法》第282条，外国法院之生效判决或裁定的效力被我国法院裁定认可后尚存执行必要的，可由法院直接发出执行令，而无须重新审判。对此，我国立法与《法国民法典》第21条、第23条以及《法国民事诉讼法典》第546条的规制相同〔1〕。

第四，督促执行令。督促执行令，乃上级法院向下级法院发出的要求其限期执行案件的书面命令。根据《执行解释》第12条，执行法院自收到当事人申请执行书之日起逾6个月未执行时，上一级法院有权行使监督权，向下级法院发出责令其限期执行的督促执行令。

第五，限制消费令。限制消费令，是由人民法院向被执行人等特定主体制发的要求其在被执行人按生效法律文书将其义务履行完毕前不得进行高消费或其他相关消费的书面命令。限制消费令由人民法院院长签发。限制消费令需载明限制消费的期间、项目、法律后果，被执行人为自然人的，被采取限制消费措施后，不得有以下高消费及非生活和工作必需的消费行为：乘坐交通工具时，选择飞机、列车软卧、轮船二等以上舱位；在星级以上宾馆、酒店、夜总会、高尔夫球场等场所进行高消费；购买不动产或者新建、扩建、高档装修房屋；租赁高档写字楼、宾馆、公寓等场所办公；购买非经营必需车辆；旅游、度假；子女就读高收费私立学校；支付高额保费购买保险理财产品；乘坐G字头动车组列车全部座位、其他动车组列车一等以上座位等其他非生活和工作必需的消费行为。被执

〔1〕参见陈泉生："略论海峡两岸司法协助的要件和程序"，载《法学天地》1994年第3期，第22页。

行人为单位的，被采取限制消费措施后，被执行人及其法定代表人、主要负责人、影响债务履行的直接责任人员、实际控制人不得实施上述规定的行为。根据《最高人民法院关于限制被执行人高消费及有关消费的若干规定》第11条，被执行人违反限制消费令进行消费的行为属于拒不履行人民法院已经发生法律效力的判决、裁定之行为，查证属实后，被执行人及相关人员将被处以拘留、罚款；情节严重构成犯罪的，还将被追究刑事责任。

第六，海事强制令。海事强制令，是指海事法院为避免海事请求人之合法权益遭受不可挽回之侵害而依据请求人的申请责令被请求人给付相应作为或不作为的书面命令。根据《海事诉讼特别程序法》第59条，拒不执行海事强制令的被请求人将要承担相应的法律责任，海事法院可以根据其情节轻重处以罚款、拘留；构成犯罪的，还要被追究刑事责任。

(2)“票”类。

第一，传票。传票，乃人民法院向诉讼当事人送达的要求其在特定期日依法履行出庭义务的书面命令。为最大化确保当事人按时出庭，我国民事诉讼法还配合传票设置了严厉的法律责任机制，当事人收到传票之后无正当理由拒绝出庭的，人民法院也无须固守“司法须双方得庭审”（Der richter soll die deel verhoeren beed）诉讼原则[1]，如属原告的，法院可按撤诉处理；如属被告的，法院可缺席判决；被告反诉，原告收到传票后无正当理由拒不出庭的，人民法院可对反诉缺席判决。

第二，拘传票。拘传票，是人民法院向经两次传票传唤而均无正当理由拒不到庭的“必须到庭被告”送达的要求其依法履行出庭

〔1〕出自德国谚语：“一人答辩即无答辩，司法须双方得庭审。”参见［美］Rober Wyness Millar：“民事诉讼的构造原则”，田璐、樊星译，载《司法》第4辑，厦门大学出版社2009年版，第366页。

义务的书面命令。根据现行《民事诉讼法》第 109 条及第 116 条等规定，人民法院实施拘传行为时应当持有院长签发的拘传票，若受送达人收到拘传票后仍拒绝给付出庭行为，人民法院有权使用手铐、警绳等戒具强制其出庭。再根据法释〔2015〕5 号《最高人民法院关于适用〈中华人民共和国民事诉讼法〉的解释》第 175 条、第 484 条的规定，拘传必须适用拘传票，并直接送达被拘传人；在拘传前，应当向被拘传人说明拒不到庭的后果，经批评教育仍拒不到庭的，可以拘传其到庭；人民法院应当及时对被拘传人进行调查询问，调查询问的时间不得超过 8 小时；情况复杂，依法可能采取拘留措施的，调查询问的时间不得超过 24 小时。

第三，“书”类。在人民法院的诉讼文书中，通知书乃类型最为丰富的一类，其中，多数通知书的功用仅限于宣示和周知，并不在于为受送达人设定给付义务，但亦有部分通知书载明了受送达人必须限期给付的积极作为与消极不作为，甚至，还在其正文之中明确附加了拒绝履行该义务的法律后果，因此，该部分法院通知在功能及内容上早已超越了宣示与告知，理应被划入民事令状范畴。目前，主要以下列类型为主：

一是出庭通知书。出庭通知书，由人民法院向民事诉讼中当事人之外的其他诉讼参与人送达，以要求受送达人在指定期日出庭参诉为主要内容。

二是举证通知书。举证通知书，由人民法院向当事人送达，以要求受送达人限期举证、明示逾期举证之法律后果为主要内容。除当事人提供新的证据不受举证期限限制外，当事人未依照举证通知书在规定时间内履行令状所载明的举证义务的，人民法院应当责令其说明逾期理由，必要时可以要求其提供相应的证据。当事人因客观原因逾期提供证据，或者对方当事人对逾期提供证据未提出异议的，视为未逾期。当事人因故意或者重大过失逾期提供的证据，人民法院不予采纳，但该证据与案件基本事实有关的，人民法院应当采纳，并依照民事诉讼法相关规定施以训诫、罚款。当事人非因故意或重大过失逾期提供的证据，人民法院应当采纳，并对当事人予以训诫。

三是执行通知书。执行通知书，由人民法院向被申请执行人送达，以要求其在指定期限内自觉履行生效法律文书所确定的给付义务为主要内容。人民法院应当在收到申请执行书或者移交执行书后10日内发出执行通知书。执行通知书在内容中除应载明责令被执行人需履行的法律文书所确定的义务外，还应通知其承担民事诉讼法所规定的迟延履行利息或者迟延履行金。此外，依照《民事诉讼法》第242~255条等法律规定，人民法院还有权对拒不履行义务的被执行人施以限制出境、公布被执行人不履行义务信息、在征信系统上记录被执行人拒不执行情况以及扣押、冻结、划拨、变价、扣留、提取被执行人的财产、收入等强制措施，其中，拒不执行情节严重者还可能构成拒不执行判决、裁定罪。

四是协助执行通知书。协助执行通知书由人民法院制发并向协助执行主体送达，依据《民事诉讼法》第114条等法律规定，目前，协助执行通知书所载明的令状义务主要集中在被指令转交有关票证和证照、办理有关财产权证照转移手续、协助法院调查取证、协助法院扣留被执行人的收入及协助法院查询、扣押、冻结、划拨、变价被执行人财产等方面。执行过程中，掌握相关信息的单位和个人必须按照协助执行通知书的要求保证人民法院查询被执行人身份信息与财产信息的权力。执行中，查明他人持有法律文书指定交付的财物或票证的，人民法院向其发出协助执行通知后，拒不转交的，人民法院可对其施以强制执行。有义务协助执行的个人接到人民法院协助执行通知书后，拒不依照令状给付协助执行之行为的，被视为属于《民事诉讼法》第111条第1款第6项所规定的拒不履行人民法院已经发生法律效力的判决、裁定之行为，人民法院可以根据情节轻重予以罚款、拘留；构成犯罪的，依法追究刑事责任。此外，接到人民法院的协助执行通知书后，给当事人通风报信，协助其转移、隐匿财产的，亦应按照《民事诉讼法》第111条处理；单位在接到人民法院协助执行通知书后，有下列行为之一的，人民法院应适用《民事诉讼法》第114条的规定处理：人民法院在责令有关单位履行协助义务外，可予以罚款，对其主要负责人或者直接责任人员亦可罚款；对仍不履行协助义务的，可以拘留，并可以向监察机关或有关机关提出予以纪律处分的司法建议：允许被执行人高消费的；允许被执行人出境的；拒不停止办理有关财产权证照转移手续、权属变更登记、规划审批等手续的；以需要内部请示、内部审批、有内部规定等为由拖延办理的。

五是其他应被归入民事令状的法院通知书[1]，法院通知类型开放、制发灵活，对其作完全周延之例数多不具现实可能，但以下类型可为其他应被划入民事令状的法院通知之代表，如领取裁判文书通知书、提供证据保全担保通知书、提供财产保全担保通知书、人民法院组织证据交换通知书、解除冻结存款通知书、责令协助执行单位追回擅自支付款项通知书、责令被执行人交出存单通知书、责令金融机构追回被转移冻结款项通知书、责令责任人追回财产通知书、责令交出财物（票证）通知书、执行拘留通知书、上级法院通知下级法院恢复执行通知书、上级法院通知下级法院延长暂缓执行期限通知书、上级法院责令下级法院限期作出不予执行裁定通知书、不予准许证人出庭作证申请通知书、不予准许具有专门知识的人员出庭通知书、海事法院提供担保通知书、海事法院停止放货通知书等。

我国香港地区至今没有统一的民事诉讼法典，法院条例和法院

---

〔1〕 统计来源：鲍雷、刘玉民编：《法院民事诉讼文书格式样本（最新版）》，人民出版社2011年版，第1~10页；鲍雷、刘玉民编：《法院诉讼文书格式样本（最新版）》，人民出版社2011年版，第1~33页。

规则构成了香港民事诉讼法的主要渊源。1844年10月，香港《最高法院条例》颁布，根据该条例，除英国法律已被香港立法机关明确删改或不宜适用于该地区的法律之外，自即日起，已生效的一切英国法律均在香港具有效力。自此，一个全然英国式的司法体系逐渐在我国香港地区建立起来并不断完善。民事令状领域，浏览香港律政司法律草拟科所撰写的旨在介绍香港法律中法律概念之英汉释义的《英汉法律词汇》，我们发现香港所适用的民事令状与前文域外视阈下的令状系统大致共通："Writ本族"令状、"Summon族"令状、"Warrant族"令状、"Injunction族"令状以及部分广义的法院命令（Order）等均可被划入民事令状范畴[1]。经作者初步统计，香港目前民事令状的整体面貌仍保有了浓郁的英国特色，回归之后，多数令状均被保留："Writ本族"令状以1998年第25号法令修订的现行《香港高等法院条例》为主要参照，其第46条堪称对民事令状"Writ本族"的集中式立法。依据该法条，除去本《条例》附表之中所列出的令状（参见下表2-1），其余令状（Writ）一概取消；相对而言，其他族系的民事令状则分布较为分散（参见下表2-2）。其中，"Writ本族"部分的变化主要表现为删除两种陈旧的普通法人身保护令后而将解交被拘押者并说明拘押日期及原因令状保留。

[1] 香港地区还包括大量以法院命令（Order）的形式存在的民事令状，其数量庞大，难以尽数，主要包括但不限于以下形式：移审令（Order of Certiorari）、履行义务令（Order of Mandamus）、复还令（Order of Restitution）、押记令（Charging Order）、拘押令（Committal Order）、没收令（Confiscation Order）、售卖令（Order for Sale）、分居令（Separation Order）、赡养令（Maintenance Order）、扣押令（Attachment Order）、亲父鉴定令（Affiliation Order）、停止令（Stop Order）、收回管有的命令（Order for Possession）等。参见香港律政司法律草拟科："英汉法律词汇"，载http://www.legislation.gov.hk/chi/glossary/index.htm，2015年3月18日访问。

表 2-1　香港地区主要民事令状（Writ 部分）

序号	名称	含义
1	传讯令状 Writ of Summons	法院向涉及合约、准合约、诈骗、因不履行责任而引致的包括人身伤亡或财物损毁的损害赔偿、侵占土地外的侵权以及一般而言涉及实质事实争议的民事诉讼的被告送达的要求其限期（14 日内）作出结申索之行为或者向法院交回送达认收书之行为的书面命令。
2	传召出庭令状 Writ of Subpoena	法院向民事诉讼中的证人签发的要求其在指定的时间和地点出庭作证的书面命令。
3	扣押债务人财产令状 Writ of Fieri Facias	法院向执达主任签发的要求其从逾期不清偿金钱债务的一方当事人的货物、实产以及其他财产中检取和扣押与债务本金、利息、执行费用相当的财产的书面命令。
4	管有令状 Writ of Possession	法院向执达主任签发的要求其进入特定土地并安排权利人取得该项土地之管有的书面命令。
5	交付令状 Writ of Delivery	法院向执达主任签发的要求其从拒不履行货物给付或者金钱给付的债务人处强行将上述货物或者与上述本金、利息等值的财产交付权利人的书面命令。
6	暂时扣押令状 Writ of Sequestration	法院向暂时扣押人（不少于 4 名）签发的授权其全部或者任何 2 人或 3 人可以暂时管有特定当事人之土地以及非土地产业、收取上述财产所带来租金以及利润，直至该当事人将相应款项缴存法院为止的书面命令。
7	给予援助令状 Writ of Assistance	法院向执达主任签发的要求其将执行标的物交由权利人作和平、安宁之全面管有，并在任何时间出现任何管有中断时给予权利人援助从而使其继续保持管有的书面命令。

续 表

序号	名称	含义
8	复还令状 Writ of Restitution	法院向执达主任签发的要求其在已执行完毕管有令状之后再次进入特定土地、排除侵占人妨碍、安排权利人取得上述土地之复还的书面命令。
9	解交被拘押者并说明拘押日期及原因令状 Writ of Habeas Corpus ad subjiciendum	法院向相关主体签发的要求其在该令状所指明的时间内将特定当事人连同其被拘押的日期及原因一并带至法院的书面命令。

表 2-2 香港地区主要民事令状（其他部分）〔1〕

族系	英文名称	中文名称	出处	
			Chapter	Section
Summon	Ex Parte Summon	单方面传票	4A	7，第2（1）条规则
	Inter Partes Summon	各方传票	547C	7（3）
	Interpleader Summon	互争权利诉讼的传票	4A	46，第8（6）条规则
	Judgment Summon	判决传票	336H	90A，第2（1）条规则
	Ordinary Summon	普通传票	9A	13
	Originating Summon	原讼传票	4D	附表1
	Witness Summon	证人传票	447A	7
	Ex Parte Originating Summon	单方面原讼传票	4A	7，第2（1）条规则

〔1〕 本表格中的各类令状及其中文名称均出自香港律政司法律草拟科编写的《英汉法律词汇》，翻译方法具有一定的地区特色。参见香港律政司法律草拟科："英汉法律词汇"，载 http://www.legislation.gov.hk/chi/glossary/index.htm，2015 年 3 月 18 日访问。

续表

族系	英文名称	中文名称	出处	
			Chapter	**Section**
Warrant	Execution of a Warrant	执行手令	4C	附表
	Warrant of Arrest	扣押令	4A	75，第 7 条规则
	Warrant of Arrest	逮捕令	86	10
	Search Warrant	搜查令	521	11（1）
	Warrant of Committal to Prison	交付监狱的手令	159	11（1）
Injunction	Interim Injunction	暂时强制令	526	12（2）
	Interlocutory Injunction	非正审强制令	4	21L（3）

相较香港，我国澳门地区具有典型的大陆法系特征，即使经历了葡萄牙的长期占领与统治，其成文法的特点也没有改变，五大法典（《刑法典》、《民法典》、《商法典》、《刑事诉讼法典》以及《民事诉讼法典》）构成了澳门法律体系的主要框架。1999 年 11 月1 日，《澳门民事诉讼法典》在完成了其本土化的过程后开始正式实施，该法共 5 卷 1284 条，它的出台废止了葡萄牙《民事诉讼法典》自 1961 年起在澳门地区的适用。具体到民事令状领域，《澳门民事诉讼法典》中，典型令状形式的规模不可谓十分庞大，其“适用域”相较集中，执行环节乃澳门之民事令状的主适阶段，通过令状的强制给付功能切实实现当事人的人身权益与财产权益、周延保护当事人之实体请求权为澳门民事令状的主要功能。具有代表意义的典型民事令状可参见下表（表 2-3）。

表 2-3　澳门地区主要民事令状[1]

名称		含义	依据
1	命令状	法院以法官或裁判书制作人的名义向诉讼参与人发出的载有法官之命令以及执行该命令之必要指示的书面命令的统称。	《澳门民事诉讼法典》第 116、126、137、138、823 条
2	勒迁命令状	法院向拒不在勒迁判决所定日期交还有关地产的承租人签发的要求其限期迁出的书面命令。	《澳门民事诉讼法典》第 935 条
3	停止执行命令状	法院在审查被勒迁人提供的能够证明其持有地产正当性的租赁凭证、转租合同等法律文书后向实行执行人发出的停止勒迁的书面命令。	《澳门民事诉讼法典》第 936 条
4	人身保护令	法院向违法拘留或监禁澳门居民的相关主体签发的要求其立即释放被关押者的书面命令。	《澳门基本法》第 28 条；《澳门司法组织纲要法》第 44 条

我国台湾地区的法律直接承袭了国民党时期的“六法”体系，以“宪法”、“行政法”、“刑法”、“民法”、“刑事诉讼法”、“民事诉讼法”六大法典为基本框架。因此，其法律体系也在一定程度上受到了日本法的影响。其中，现行“民事诉讼法”共 9 编 640 条，是在 1930 年 12 月 26 日南京国民政府颁布的民事诉讼法的基础上发展而来的，于 2003 年 6 月 25 日进行了最新修订，其民事令状主要集中在督促程序和公示催告程序之中，具有代表意义的典型民事令

〔1〕 资料来源：“澳门民事诉讼法典”（1999 年 11 月 1 日实施），载 http：//bo. io. gov. mo/bo/i/99/40/codprocivcn/default. asp；“澳门司法组织纲要法”（1999 年 12 月 20 日实施），http：//bo. io. gov. mo/bo/i/1999/01/lei09_ cn. asp；“澳门特别行政区基本法”，载 http：//bo. io. gov. mo/bo/i/1999/leibasica/index_ cn. asp#a71，2015 年 3 月 12 日访问。

状形式可参见下表（表2-4）。

表2-4　台湾地区主要民事令状[1]

名称		含义	依据
1	支付命令	法院在督促程序中依债权人的请求向债务人签发的要求其给付金钱、其他代替物或有价证券的书面命令。	台湾“民事诉讼法”第508～521条
2	禁止支付命令	法院在根据公示催告程序宣告无记名证券无效之后向证券发行人签发的禁止支付的书面命令。	台湾“民事诉讼法”第566、567条

（二）民事令状的分类

标准和分类是民事令状制度化与体系化的重要支柱。如前所述，世界各国民事令状在类型设置、适用范围、立法层次、法律效力等方面各具特色、不存定规，因此，找到适当的划分标准，通过类似于合并同类项的模块分析法使各式民事令状各归正位，才能使整个民事令状“阵营”的排列组合更具逻辑、更有条理。正基于此，作者在下文中即率先选择我国大陆地区为客观范畴作民事令状如何分类的初步研究，在一定意义上，行为给付书面命令的类别归属具有彼此地域的借鉴意义，以此为基础，其他国家或地区民事令状的分类研究可考虑以此为框架再作具体与针对性之分析。目前，民事令状的分类主要包括：

1. 积极民事令状、消极民事令状

民事诉讼中，法院是居中裁判的权力机构，位于民事诉讼“三角形”构造的顶端，是审判和执行的推动者、操控者，然而，诉讼绝不是某一主体的“独角戏”，两造的平等对抗、其他诉讼参与人的

[1] “Taiwan Code of Civil Procedure”，载 http://db.lawbank.com.tw/Eng/FLAW/FLAWDAT03.asp，2015年1月13日访问。

协同辅助均为民事诉讼顺利进行所不可或缺的。但通常而言，除法院之外，当事人及其他诉讼参与人多对案件持有“私利”，虑及于此，作为立法者极有必要以法律的形式预先为超然中立的法院赋予一种权力，使其可以在司法实践之中根据具体案情灵活制发行为给付命令，以强制各式诉讼参与人服从于为审判及执行的顺利进行而协力之目的，而这一权力载体正为民事令状。当然，基于具体案情及诉讼事项的微观差异，各式诉讼参与人不同条件之下所应给予法院的遵从和协助也是有所区别的：

民事诉讼中，部分情形下，诉讼参与人仅需以消极方式不为妨碍诉讼之举即可将广义诉讼的审理及执行秩序重新导入法律的既定架构，“民事诉讼当事人和其他诉讼参与人无法像民事主体从事民事活动那样享受广泛的意志自由，他们实施诉讼行为必须符合法律的严格规定”〔1〕。消极行为，是指民事诉讼参与者以消极的以及间接对客体发生作用的方式所进行的活动，具有不为一定动作或动作系列的表现形式，例如限制消费令这一令状所要求的受送达人不得为旅游、度假、购买不动产、购买非经营必需车辆、支付高额保费购买保险理财产品等消费行为。然而，更多情形下，诉讼是各式诉讼参与人积极推动的结果，诉讼参与人必须“依令而行”——履行令状所载明的积极作为，才能切实辅助于诉讼的运行。积极行为，是指民事诉讼参与者以积极的以及直接对客体发生作用的方式进行的活动，必须表现为实施一定的动作或动作系列〔2〕。例如举证通知书所要求的受送达人原则上务必于举证期限届满前完成递交证据之行为。因此，民事令状可依行为给付的具体内容而作积极与消极之划分的逻辑脉络已然基本清晰，民事令状的具体内容既可以是积极的作为义务，也可以是消极的不作为义务。前者被称为积极民事令状，

---

〔1〕 王德新：“民事诉讼行为控制论”，载《西部法学评论》2011年第4期，第50页。
〔2〕 参见张文显主编：《法理学》，法律出版社2007年版，第179页。

而后者则被称为消极民事令状。具体说来，积极民事令状，是指法院在民事诉讼中向特定主体签发的要求其给付积极作为的令状形式。积极民事令状强调民事诉讼乃各类诉讼主体合力推动的结果，各式参与人的“依法而动”、“依令而行”对正确适用法律、准确还原事实、切实实现权利而言均具有积极意义，因此，当以上主体未能自愿履行诉讼行为时，法院作为程序的掌控者，理应通过制发积极民事令状的形式强令受送达人作出积极行为之给付。我国大陆地区，积极民事令状在民事诉讼立法中可谓数量众多、广泛分布，不仅囊括了绝大多数的“令”体文书，例如督促执行令、报告财政令、海事强制令、支付令、执行令等，亦将传票、拘传票等“票”体令状完整收录；除“令”、“票”之外，于规模庞大的民事诉讼“通知书”阵营中，还存在着诸多为受送达人设定行为给付义务的新型功能的法院通知，这部分通知书的功能与效用早已超越了传统诉讼法中通知书的宣示与周知功能。而且，该类文书所记载的具体内容也大幅拓展，不再局限于客观陈述，而是已然延伸到了可以明确记载向受送达人提出的积极作为的给付要求，更有部分“书”体民事令状甚至还专门针对受送达人的拒不履行积极作为之消极行为设置相应的法律责任。所以，符合上述要件的法院“通知书”显然与积极民事令状的理论内涵相符，亦应当被划入积极民事令状的范畴。经初步统计〔1〕，目前，我国大陆地区“书”体积极民事令状的类型主要包括：举证通知书、出庭通知书、执行通知书、协助执行通知书、领取裁判文书通知书、提供证据保全担保通知书、提供财产保全担保通知书、海事法院提供担保通知书、人民法院组织证据交换通知书、责令协助执行单位追回擅自支付款项通知书、责令被执行人交

〔1〕 统计来源：鲍雷、刘玉民编：《法院民事诉讼文书格式样本（最新版）》，人民出版社2011年版，第1～10页；鲍雷、刘玉民：《法院诉讼文书格式样本（最新版）》，人民出版社2009年版，第1～33页。

出存单通知、责令金融机构追回被转移冻结款项通知书、责令责任人追回财产通知书、责令交出财物（票证）通知书、解除冻结存款通知书、执行拘留通知书、上级法院通知下级法院恢复执行通知书、上级法院通知下级法院延长暂缓执行期限通知书、上级法院责令下级法院限期作出不予执行裁定通知书等。

消极民事令状，是指民事诉讼中人民法院对受送达人课以不作为之消极行为给付义务的令状类型。相较积极民事令状规模数量上的“兵强马壮”，消极民事令状则无疑相对“清瘦”一些，主要以我国大陆民事诉讼立法中的“令”体文书和“书”体文书为主。其中，限制消费令即堪称消极民事令状中较为典型的形式。《最高人民法院关于修改〈最高人民法院关于限制被执行人高消费的若干规定〉的决定》生效后，“限制高消费令”更换以“限制消费令”的新型形式，但内容、属性上，其消极民事令状的性质没有改变，依据新的《最高人民法院关于限制被执行人高消费及有关消费的若干规定》第3条，被限制高消费及有关消费者仅需在指定期限内依“令”给付消极之不作为，即遵从令状对于其消费自由的限制，不作出以下任何一项财产支付的消费即可：乘坐交通工具时，选择飞机、列车软卧、轮船二等以上舱位；在星级以上宾馆、酒店、夜总会、高尔夫球场等场所进行高消费；购买不动产或者新建、扩建、高档装修房屋；租赁高档写字楼、宾馆、公寓等场所办公；购买非经营必需车辆；旅游、度假；子女就读高收费私立学校；支付高额保费购买保险理财产品；乘坐G字头动车组列车全部座位、其他动车组列车一等以上座位等其他非生活和工作必需的消费行为。消极民事令状主要体现为受送达人对于自身不作为的一种恪守，民事诉讼是当事人、人民法院、其他诉讼参与人皆力尽克制违法而行、依法给付合法行为的解纷过程，积极依法作为与消极守法不作为均为公平正义公力救济之必需，因此，我国大陆地区，除限制消费令之外，消极民事令状还涉及不予准许证人出庭作证申请通知书、不予准许具有专门知识的人员出庭通知书、海事法院停止放货通知书以及搜查令等[1]。

2. 财产性民事令状、行为性民事令状

民事令状是一种要求受送达人向对方当事人或法院交付作为或不作为的义务指令，行为是其直接客体和客观对象。然而，行为本身即一个主观见之于客观的过程，“我的目的构成规定着我的行为的内容”[2]。换言之，行为自身还须有一个支配的对象，此对象我们便称为行为客体。行为的客体，意指行为所指向的微观目标及具体对象，正如合同法领域“法律行为的客体，既可以是物，也可以是行为等其他事物”[3]，任何部门法内，法律行为客体通常可被划分为物和行为两大部分。正基于此，在明晰了行为本身作为法律关系之客体亦存在从属于其自身的作用对象及次级客体后，我们才真正理解了为何以作为或不作为的行为做给付之内容的民事令状将再次涉及“财产性”与“行为性”分野的话题。究其原因，民事令状中，“行为给付”这一概念其实还可做更为深入的细化研究，根据行为的次级客体不同，民事令状要求受送达人给付的行为可被划分为纯粹以作为或不作为为客观对象的给付行为以及以财产作为终极目标、客观对象的给付行为：前者，并不以任何的财产或物体作为其作用对象抑或“着力点”；后者，虽也同样要求受送达人务必完成行为给付，但此处要求受送达人给付的作为或不作为最终还是要落实到某个具体财产之上，此时，“给付行为是义务主体的直接客体，给付物是义务主体的间接客体”[4]。从这一角度考虑，依照民事令状

〔1〕 参见鲍雷、刘玉民编：《法院诉讼文书格式样本（最新版）》，人民出版社2009年版，第681页。

〔2〕［德］黑格尔：《法哲学原理》，范扬、张企泰译，商务印书馆1961年版，第124页。

〔3〕 李锡鹤：“论民事客体”，载《法学》1998年第2期，第37页。

〔4〕 李锡鹤：“论民事客体”，载《法学》1998年第2期，第36页。

所载明的命令受送达人必须给付相应行为之义务是否最终针对具体的财产或物发生作用，我们可以将民事令状作“财产性”民事令状及“行为性”民事令状之划分。

所谓财产性民事令状，是指以财产作为行为给付之最终客体的民事令状。论及财产性的民事令状，我国民事诉讼法典及相关司法解释中以执行程序及非讼程序为主要适用域。其中，非讼程序中的支付令即具有典型的代表意义：支付令只能适用于请求债务人给付金钱和有价证券的案由。根据《诉讼费用交纳办法》第 14 条，债权人需比照财产案件受理费的 1/3 交纳督促程序申请费。其次，人民法院的支付令虽以要求受送达人履行债务即给付一定之行为为其首要客体，但若深究起来，此处债务履行的客体并不与消除影响、赔礼道歉、排除妨碍这样纯粹与财产无关的作为或不作为相同，而是终要落脚到具体的有形物之上，对于这一点，最高人民法院发布的《支付令文书样式》中要求在“特发出如下支付令”文字表述之后务必写明“被申请人×××应当自收到本支付令之日起 15 日内，给付申请人……（写明应给付的金钱或有价证券的名称和数量），并承担本案受理费……元”的规范格式即已将支付令之财产性民事令状的特点彰显无疑。[1] 在我国大陆地区，财产性民事令状数量众多，如前所述，相较而言，分布相对集中，非讼程序的审理阶段及争讼案件已决后的执行阶段为财产性民事令状的主要作用域。经初步统计，目前，财产性民事令状主要以下列“令”体文书、“书”体文书为主，如搜查令、报告财产令[2]、执行通知书（财产给付）、协

---

〔1〕 参见鲍雷、刘玉民编：《法院诉讼文书格式样本（最新版）》，人民出版社 2009 年版，第 675 页。

〔2〕 报告财产令为指令被执行人申报财产的令状。该令状的财产属性明显。最高人民法院发布的《报告财产令》样式要求正文须针对相关财产载明以下事项：“责令你（单位）在收到此令后××日内，如实向本院报告当前以及收到执行通知之日前一年的财产情况。”

助执行通知书（财产给付）、提供证据保全担保通知书、提供财产保全担保通知书、海事法院提供担保通知书、解除冻结存款通知书、责令协助执行单位追回擅自支付款项通知书、责令被执行人交出存单通知、责令金融机构追回被转移冻结款项通知书、责令责任人追回财产通知书、责令交出财物（票证）通知书等。

所谓行为性民事令状，是指纯粹以受送达人之作为与不作为即行为本身作为给付最终客体的民事令状。相较财产性民事令状，行为性民事令状的规模数量更为庞大。在大陆地区，行为性民事令状在“令”、“票”、“书”三大民事令状文体之中均有分布，受送达人不仅可囊括当事人、其他诉讼参加人等“私”主体，甚至还可将负责公力解纷及强制执行的人民法院包括在内。举例来说，我国民事诉讼法执行程序中设置的督促执行令乃为上级法院督办案件所用，是上级法院对下级法院执行监督职能的具体体现，令状内容仅针对下级法院执行质量及执行及时性原则的宏观性指导与整体性监督，并未直接涉及任何具体的财产或物，无论待执行案件中生效法律文书所载明的债务人需向债权人所为的履行义务究竟是给付财产还是给付行为，督促执行令只需概括载明“责令你院在收到本督促执行令之日起立即执行该案，于××××年××月××日前执结，并将执行结果书面报告我院”[1]内容即可，所以，这种纯粹以要求下级法院在限期内作出执行作为以应执行及时原则之需的民事令状，显然应被划归行为性民事令状无疑。而除督促执行令外，在我国民事诉讼领域，行为性民事令状还大致可囊括以下类型：执行令、限制消费令、传票、拘传票、举证通知书、出庭通知书、执行通知书（行为给付）、协助执行通知书（行为给付）、领取裁判文书通知书、人民法院组织证据交换通知书、执行拘留通知书、上级法院通知下

---

〔1〕 鲍雷、刘玉民编：《法院诉讼文书格式样本（最新版）》，人民出版社2009年版，第1103页。

级法院恢复执行通知书、上级法院通知下级法院延长暂缓执行期限通知书、上级法院责令下级法院限期作出不予执行裁定通知书等。

3. 诉前民事令状、诉中民事令状、诉后民事令状

民事诉讼是一个由若干阶段组成的纵向发展的解纷过程，“法律程序是由时间要求和空间要求构成的”[1]，科学的诉讼制度可在正确的节点将整个解纷流程作不同阶段之划分，并分别为其设置具有针对性的过程及机制。对于这一点，德国日耳曼诉讼中对于诉讼阶段的划分可谓大陆法系有效践行上述理念的较早成果，当时“日耳曼法注重规制证据制度而非裁判争论，利用一系列诉讼阶段来完成这项工作”[2]。基于此，其整个诉讼程序通常被划分为各有侧重的诸多独立阶段：确定当事人出庭、确定当事人举证、确定当事人之举证是否已臻证明目的堪称较普遍的诉讼程序之划分方式，法院分别针对以上三大问题作出单独裁决。而针对上述将诉讼程序划分为数个不同阶段以保障审判及执行过程中公正、效率的理念，我国亦概莫能外：通常而言，在两审终审的宏观背景下，以生效法律文书的最终得出为分水岭，仅审理程序就可被划分为通常程序（一审程序、二审程序）和例外程序（再审程序）两个前后不同的逻辑段落。而若再细化研究，将视角置于每个诉讼内部，我们发现：依据当事人向法院提出请求开启争讼程序以及法院向当事人送达裁判文书两个时间点，诉讼还可以被依次截断为诉前程序、诉中程序、诉后程序三个环节。需强调的是，此处“诉前”、“诉中”、“诉后”中的“诉”均特指争讼案件的“起诉”。在我国，“诉”主要指控告、指控，西周《周礼·秋官·大司寇》有云：“以两造禁民诉”；而“讼”则往往做辩驳、争辩之解，东汉《说文解字》记载：“讼，争

---

〔1〕 公丕祥主编：《法理学》，复旦大学出版社2002年版，第219页。

〔2〕 ［美］Rober Wyness Millar：“民事诉讼的构造原则”，田璐、樊星译，载《司法》第4辑，厦门大学出版社2009年版，第382页。

也”；《周易》六十四卦中，讼卦（☰☵）由上乾下坎相叠而成，其上健下陷、上刚下险、天水之情相背、对立矛盾相生的爻辞意指更是与“讼”之争执于是非曲直的理论内核暗合。因此，本文中，作者以当事人启动争讼案件作为第一个界分点，将法院对争讼案件的裁判作为第二个界分点，从而形成了诉前程序、诉中程序、诉后程序三大阶段的理论划分，民事令状亦由此被划分为三类：诉前民事令状、诉中民事令状、诉后民事令状。

诉前民事令状，是指法院在争讼案件立案前向特定主体签发和送达的民事令状的总称。民事权益的保护是一个系统工作，基于诉讼带有极强的事后救济属性，民事纠纷发生之后、当事人启动争讼案件之前的这一段时间更像是公权介入民事权益保护的“真空时期”，由于法院的审判权于实质层面尚无法对民事争议形成完整的覆盖，因此，“诉前偏重于救济的单方性和及时性，而事后则偏重于救济的对等性和弥补性，即追求效率与公正的协调”〔1〕，因此，法院在争讼案件正式启动前制发令状，以责令民事争议争执双方必须为一定行为或者不为一定行为，在通常意义上还不具备充足条件，所以，在我国大陆地区的民事诉讼立法之中，诉前民事令状的类型不可谓十分多元，其适用范围亦不可谓特别普遍。目前而言，除知识产权领域的诉前禁令之外，诉前民事令状主要集中在督促程序以及诉前保全程序之中。其样式主要包括以下类型：支付令、海事强制令（诉前）、海事法院停止放货通知书（诉前）、提供证据保全担保通知书（诉前）、提供财产保全担保通知书（诉前）、海事法院提供担保通知书（诉前）等。

诉中民事令状，是指法院在民事争讼案件立案后以及裁判作出前制发及送达的各式民事令状的总称。更形象的表达方式，诉中程

〔1〕 转引自刘晴辉：“正当程序视野下的诉前禁令制度”，载《清华法学》2008年第4期，第141页。

序大致为审判程序的代称。马克思曾在《马克思恩格斯全集》（中译本）第1卷第178页中形象地写道："审判程序和法律二者之间的联系如此密切，就像植物的外形和植物的联系、动物的外形和血肉的关系一样。""法庭审判的过程是与案情相关的各种信息交流、沟通、碰撞和挑战的过程，也是各方不同的立场、观点之间互动、协商的过程。"[1]案件事实在法庭审理的规则和限制之下逐步还原、渐趋丰满，审判权的约束是保证案情在双方当事人的平等竞技之下维持其客观属性的最大保证，而这一保证得以实现的重要工具即为审判过程中令状的制发，基于程序的公正性、救济的效率性两方面的考虑，法院必须保有在诉讼进行过程中根据具体案情的发展将各式诉讼参与人的违法而动、逆法而行强制导入和回复至公正、效率轨道的"矫正权"，而这一权力在诉讼中得以实现的工具即为诉中民事令状。在我国大陆地区，可以被归为诉中民事令状的令状形式主要包括：拘传票、传票、人民法院组织证据交换通知书、举证通知书、不予准许证人出庭作证申请通知书、不予准许具有专门知识的人员出庭通知书、提供证据保全担保通知书（诉中）、提供财产保全担保通知书（诉中）、海事法院提供担保通知书（诉中）、海事法院停止放货通知书（诉中）、海事强制令（诉中）等。

诉后民事令状，是指法院在民事案件审结之后、执行完结之前制发的各式民事令状的总称。执行过程中的民事令状更多地属于财产性民事令状，是法院的强制执行权对当事人或其他诉讼参与人在行为给付方面的应有之义和具体表现，以保证胜诉方实体权益的真正实现为最终目的。统计我国大陆地区的民事诉讼立法，目前而言，诉后民事令状的规模与数量堪称最为巨大，并且，基于我国目前执行难的普遍现状，新型的诉后民事令状仍在不断创设之中。而今，

[1] 李诗芳："诉讼参与人的情态表达分析及其人际意义"，载《北京理工大学学报（社会科学版）》2010年第2期，第123页。

已经入法的令状样式主要包括以下类型：执行令、督促执行令、报告财产令、限制消费令、搜查令、领取裁判文书通知书、解除冻结存款通知书、责令协助执行单位追回擅自支付款项通知书、责令被执行人交出存单通知书、责令金融机构追回被转移冻结款项通知书、责令责任人追回财产通知书、责令交出财物（票证）通知书、执行拘留通知书、上级法院通知下级法院恢复执行通知书、上级法院通知下级法院延长暂缓执行期限通知书、上级法院责令下级法院限期作出不予执行裁定通知书等。

4. 针对利害关系人的民事令状、针对当事人的民事令状、针对其他诉讼参与人的民事令状

我国大陆地区的民事诉讼立法中，诉讼参加人是一个具有广泛意指的法律概念，其范围通常可以涵盖参与诉讼的一切主体。除履行监督职能的检察机关这一公权机构之外，典型的民事诉讼法律关系呈现为等边三角形的结构，观三角形之“底边”，各方当事人分居两端，矛盾对峙，激烈竞技，彼此对抗；观三角形之“两腰”，中立地位的人民法院居于其共同顶点，人民法院在具体事实中适用法律规范，确定和判断权利义务〔1〕，法院与双方当事人基于公平正义地解决案件这一共同目的而更易取得相互的协作，正由此，当事人之间的天然对抗以及法院与当事人之间的自发协作形成了民事诉讼不可分割的两个侧面〔2〕。包括与案件保有最利害之关系的当事人在内，民事诉讼之中，各式诉讼参与人的角色虽然不同，但却统一对诉讼目的的最终实现具有至关重要的作用：首先，依赖与案情具有直接利害关系的当事人的攻防对抗、举证质证，案件事实才获基本还原；其次，依赖证人、鉴定人等其他诉讼参与人的辅助诉讼之行

---

〔1〕 参见［日］棚濑孝雄：《纠纷的解决与审判制度》，王亚新译，中国政法大学出版社2004年版，第256页。

〔2〕 参见李伟：“论协作型民事诉讼主体关系”，载《山东警察学院学报》2007年第4期，第52页。

为，才能使案件事实逐渐丰满，法官由此在自由心证的前提下适用法律作出最终裁判；最后，到了执行阶段，毋庸置疑，诸如申请执行人以及被申请执行人等直接利害关系人是否会依法履行作为或不作为的行为给付义务，当然对于执行工作实际效果而言至关重要，但以协助执行人、被执行单位主要负责人、影响债务履行的其他直接责任人员等为代表的其他执行参与主体的协助及辅助行为，同样对于权利人被记载在判决等生效法律文书上的书面权利能否转化为实际权利而言作用甚巨。然而，其中，“对个体而言，法律不是他自己能决定甚或影响的东西，而是一种外在事实，即一种他不得不考虑的现实”〔1〕。不同于法院的超然性和中立性，其他各式诉讼参与人在诉讼实践中通常会自动选择分立利益主体两侧，原告以及围绕其侧的诉讼参与人、被告以及围绕其侧的诉讼参与人之间分庭抗礼，这种对抗对于立法所为其要求的必须给付的辅助诉讼之行为的影响，表现为各类诉讼参与人在根据上述诉讼角色权衡利弊之后，往往于司法实践中会作出与立法要求截然相反的选择。此时，参与人的利己性使诉讼总给人这样的感觉：“每个人都能而且总是得其所得，那是不可能的。”〔2〕所以，作为推动、主导、掌控诉讼的法院就必须通过适时签发强制命令以及时纠正各类诉讼参与人的作为与不作为，只有各式诉讼参加人均以实际行为认真遵行法律所设定的诉讼秩序，民事争议的整个法院解纷过程才能够符合程序正义之要求。为了达到这一目的，富有强制性、便捷性、普适性、效率性的民事令状则成为法院的首选。依据送达对象之不同，民事令状可被划分为：针对利害关系人的民事令状、针对当事人的民事令状、针对其他诉讼参加人的民事令状。具体而言：

---

〔1〕［比］马克·范·胡克：《法律的沟通之维》，孙国东译，法律出版社2008年版，第25页。

〔2〕王立峰：《惩罚的哲理》，清华大学出版社2006年版，第290页。

首先，针对利害关系人的民事令状。顾名思义，针对利害关系人的民事令状即法院以案件之利害关系人为制发和送达对象的行为给付书面命令。我国现行《民事诉讼法》第119条对于立案条件仍然坚持了旧法中实体适格原告的立法规范，原告必须为与本案有直接利害关系的公民、法人和其他组织。不难发现，此立法规范中所称的“利害关系人”实为程序法意义上“当事人”的前身，是在争讼案件真正系属于法院之前的时间范围内对于纠纷双方的“别称”，作者在本文中亦取此意。在我国大陆地区，法院针对利害关系人而制发的民事令状相对而言仍为少见，究其原因，诉讼程序尚未开启，法院的司法权力着实欠缺充分的适用空间和足够的适用条件，因此，目前，针对利害关系人的民事令状主要集中在督促程序、诉前保全程序等为数不多的几项诉讼机制中，主要类型涉及海事强制令（诉前）、提供证据保全担保通知书（诉前）、提供财产保全担保通知书（诉前）、海事法院提供担保通知书（诉前）、海事法院停止放货通知书（诉前）等。

其次，针对当事人的民事令状。针对当事人的民事令状即人民法院向案件当事人制发和送达的行为给付书面命令。当事人是实体权利、程序权利的集中享有者，是实体义务、程序义务的终极承担者，在民事诉讼中，其诉讼行为对于事实的查明、法律的适用均具有决定性作用。但也同样基于其首要诉讼主体的诉讼定位，他们在履行诉讼义务时通常抱有过多的利己意识。正基于此，基于公平正义理念的要求，法院作为中立的裁判者及超然的诉讼管理者和指挥者当然应当在规范当事人的诉讼行为、矫正其作为与不作为使其依法完成行为给付以恢复、维持程序正义方面发挥主导作用，对此，面向当事人制发的民事令状成为首选。经作者初步统计，在我国大陆地区，法院面向当事人而制发的民事令状在民事诉讼法典及相关司法解释中占据了较大比例，广泛涉及“令”、“票”、“书”等各式令状文书，主要包括以下样式：“令”体文书中的限制消费令、报告财产令、支付令、海事强制令（诉中）、搜查令等；“票”体文书中的传票、拘传票等；“书”体文书中的领取裁判文书通知书、责令交出财物（票证）通知书、责令被执行人交出存单通知、执行拘留通知书、人民法院组织证据交换通知书、提供证据保全担保通知书（诉中）、提供财产保全担保通知书（诉中）、海事法院提供担保通知书（诉中）、海事法院停止放货通知书（诉中）等。

最后，针对其他诉讼参与人的民事令状。其他诉讼参与人是法院审判和执行工作顺利进行的重要辅助力量，该类主体是否依法而“动”、依法而“行”，亦对整个诉讼体系的协调运转产生直接影响，任何一个环节发生故障，任何一个“角色”逆法而“动”、逆法而“行”，都具有使整个诉讼系统发生瘫痪的可能[1]。在我国大陆地区，其他诉讼参与人的范围十分广泛，涵盖了证人、鉴定人、翻译人、下级法院等多类诉讼主体，因此，针对其他诉讼参与人而制发的民事令状在数量上绝不为少数，于各诉讼环节之中针对各式诉讼参与人交叉适用。经初步统计，类型主要包括执行令、督促执行令、解除冻结存款通知书、责令协助执行单位追回擅自支付款项通知书、责令责任人追回财产通知书、上级法院通知下级法院恢复执行通知书、上级法院通知下级法院延长暂缓执行期限通知书、上级法院责令下级法院限期作出不予执行裁定通知书、不予准许证人出庭作证申请通知书、不予准许具有专门知识的人员出庭通知书、责令金融机构追回被转移冻结款项通知书等多种形式。

〔1〕参见蒋曰宏：“试论诉讼参与人的素质与审判方式改革的关系”，载《山东审判》1996年第8期，第8~9页。

第三章 民事令状价值研究

法律所保障的或值得法律保障的（存在着这种必要性）的价值，我们称之为“法律价值”。[1]

——［日］川岛武宜

一、民事令状秩序价值

秩序，强调自然进程、社会进程中的一致性、连续性和确定性。[2]我国西晋学者陆机较先认识到了文章体式之秩序的价值，并将其记载于《文赋》当中：“谬玄黄之秩叙，故淟涊而不鲜”。至今，各类文书（尤其是公文文书）的秩序价值早已超越了其自身之韵律技巧、结构章法、谋篇布局的狭义范畴，于本体之外规绳矩墨、设范立制、安国宁家等更高层次、更深程度的目标价值日渐凸显出来。正如《周易·说卦》所言：“立天之道，曰阴与阳，立地之道，曰柔与刚。”有了秩序也就有了条理，有了秩序就有了规范，有了秩序也就抵御了混乱。“法律是使人类行为服从于规则之治的事业。”[3]对此，无论是我们深入到法律体系内部探究宪法与其他部门法内在逻辑之时，还是在对包括民事诉讼法在内各个部门法进行个

〔1〕［日］川岛武宜：《现代化与法》，申政武等，中国政法大学出版社 1994 年版，第 246 页。

〔2〕参见［美］E. 博登海默：《法理学——法律哲学与法律方法》，邓正来译，中国政法大学出版社 2004 年版，第 228 页。

〔3〕［美］富勒：《法律的道德性》，郑戈译，商务印书馆 2005 年版，第 106 页。

性分析及交互比较之际，秩序这一人类生活的必然性需求均于法治之内彰显了比其他社会领域更加突出的基础意义。民事诉讼是各式诉讼主体广泛参与、多种实体权利和程序权利交叉互动，旨在平衡分配、深入融合各类利益的解纷程序。从一定角度来说，“当事人永远只站在个体利益的立场上进行诉讼”[1]，而其他诉讼参与人亦有各自之立场并多追随诉讼两造而形成矛盾对立的不同阵营，因此，在法院诉讼领域，程序正义理念对于法治秩序的需求可谓比较迫切，而为了动态还原这一秩序，民事诉讼中能够依据当事人的诉讼竞技和案情变化而随时微调和灵活实现诉讼应有之秩序价值的工具和媒介则非令状莫属。英国学者埃德蒙·伯克曾言：良好的秩序是一切的基础。民事令状作为法院将处于不断变化中的案情与立法者先于诉讼已然预设的立法规范作有效平衡的重要工具，具有保障各式诉讼参与者依法而“行”、守法而“为”，保证民事诉讼程序依公平正义之预设轨道不断前行的时时调控功能。因此，民事令状对于民事诉讼秩序的维护和实现不仅是显而易见的，而且是颇为与众不同的，民事令状由于专门适用于公力救济的解纷程序，其对司法秩序的实现呈现出一种异于其他诉讼文书的动态化、全面型、可预测性的不同态势：

首先，民事令状能够动态地实现诉讼秩序。一方面，民事诉讼源于纷争和冲突，而另一方面，民事诉讼的解纷机理又在于平衡竞技机制——诉讼两造积极对抗、法官居中消极裁判。因此，冲突、争执可谓本就贯穿诉讼程序始终的一种天然属性、附属之物。诉讼以和谐为目的，但却与冲突相伴生，“诉讼一方面讲究秩序，另一方面又带来冲突，形成二律背反的两难矛盾”。[2]正基于此，除人民法院之外，无论具体而言属于何种形式的诉讼参与人，他们在诉讼中

〔1〕何玉波：“小议民事判决与当事人的处分权利”，载《中外法学》1999年第6期，第80页。

〔2〕张志成、周永军：“社会冲突理论之于诉讼秩序建构基于科塞的冲突正功能理论”，载《法律适用》2011年第11期，第34页。

所走出的每一步几乎都是追逐私益的“小我”与追求法律公平正义的“大我”于头脑中不断斗争作出的选择，所以，诉讼应然秩序的维持需要通过在诉讼实践中的时时矫正才得实现。需知，民事诉讼由诉讼主体一系列的动态行为构成〔1〕，诉讼行为是诉讼权利动态化行使的结果，我们无法通过某主体已然成就的某一项与诚实信用原则相合的诉讼行为就断定该诉讼参与人未来于所有的诉讼阶段中均必定会采诚实信用之态度。不仅如此，即便是仅针对诉讼主体已然成就了的此项诉讼行为，也仍旧存在因诉讼主体主观意志发生改变而陡生变化甚至是发生反复的可能；而若任由各类诉讼参与人从利己意愿出发，仅作自身利益考量，无视诉讼诚信原则的要求，拒不履行法定诉讼义务，那么，即使是百分之百有理的当事人也会习惯于做出原本连自己都厌恶的诉讼行为来〔2〕。因此，民事令状可谓动态实现诉讼秩序的极佳选择。究其原因，在动态化实现诉讼秩序方面，其他法院裁判文书与令状相比显然不具优势：判决书具有终局性和被动性，而且，事项的处理以当事人诉讼请求中的实体法律关系为限，因此，难以通过适用判决来时时矫正程序之中随时发生的秩序缺失；而裁定书和决定书虽亦为法院行使诉讼指挥权和管理权的重要工具，对诉讼秩序具有天然的恢复和保障作用，但是，无论是裁定还是决定，都更倾向于对特定事项施以诉讼评价后结论的陈述及宣示，或者针对驳回起诉、不予受理、中止诉讼、终结诉讼的应否作出“裁断”，或者针对当事人的回避申请、期间顺延申请、诉讼费用的减缓免申请给出“决断”，而并不以调整诉讼参加人的作为或不作为的行为给付为己任，而且，陈述与宣示之外相对缺失“强制矫正”之功能也使裁定书与决定书暂不宜担当强力恢复诉讼秩序

〔1〕 参见何德平：“论诉讼指挥权”，载《民事程序法研究》（第2辑），厦门大学出版社2006年版，第145页。

〔2〕 参见蒋惠岭：“和谐司法需要自觉遵循程序理性的当事人”，载《法制日报》2007年1月18日，第3版。

之重任。故此，民事诉讼的顺畅运行尤其需要民事令状在秩序的创造、秩序的维护以及秩序的监督方面发挥作用，诉讼过程中的有序性正是通过法院向诉讼参与人适时发出附带罚则的强制命令才能得到最大化的实现。

其次，民事令状能够全面地实现诉讼秩序。法律秩序的精髓在于保证一切社会成员无阻碍地享受权利以及无例外地履行义务〔1〕，而具体到民事诉讼领域，诉讼秩序则主要表现为各式诉讼参与人之间渐次展开的行动秩序和行为秩序〔2〕，当事人之间的攻防与竞技尤其需要诉讼秩序的保障，否则，法院的公力救济将无异于当事人以强制弱的私力自决。具体来说，诉讼首先需要保障和实现的是诉争双方之间第一位的“内维秩序”。此外，其他诉讼参与人亦为保障裁判的公平正义所无可或缺，因此，民事诉讼对证人、鉴定人员、翻译人员等其他诉讼参与人之依法给付诉讼行为的秩序要求可被称为第二位的“外围秩序”。这里的“第一位”和“第二位”并未涉及孰轻孰重的区分及评价，而更接近于时间上的次序安排，法院先行考量与保障“内维秩序”，毕竟，当事人是实体法律关系的真正争议者，是所有民事案件的必备主体；法院进而考量和保障“外围秩序”，其他诉讼参与人并不在每个案件中必然出现，其与案件的关系也更在于辅助。但可以肯定的是，无论哪种诉讼参与人，只有严格按照法律的预设，通过合法、规范、及时、有序地“交付”自己的作为或者不作为的方式切实回应于法院的权威，才能使案情在诉讼秩序背景下获得最大程度的真实还原，以此为基础，法律适用的正

〔1〕参见［俄］雅维茨：《法的一般理论——社会和哲学问题》，朱景文译，辽宁人民出版社1986年版，第203页。

〔2〕参见［英］弗里德利希·冯·哈耶克：《法律、立法与自由》第1卷，邓正来、张守东、李静冰译，中国大百科全书出版社2000年出版，第158页；李方民：“和谐诉讼秩序的法理分析与实践建构——从理念、制度、行为的角度切入”，载《人民司法》2007年第9期，第15页。

确性也才拥有了最坚实的事实基础和最优化的程序保障。故此，在全面矫正各式诉讼参与人的“违法而动”、“逆法不为”以高效恢复诉讼的内外围秩序方面，形式颇为多元的“票”、“令”、“书”等可广泛针对各类诉讼参与人制发的民事令状无疑拥有优势。而除此之外，相对而言，法院判决、裁定、决定等其他裁判文书则较多地适用并规制于当事人，而对于其他诉讼参与人层面的“外围秩序”则有所忽视。通常意义上，人类为一定行为时的主观意识包括三类：自利主义、利他主义以及受到胁迫。前两者对于行为主体而言具有主动性，而后者则蕴含着显而易见的被动意味。民事令状着眼于民事诉讼中各类诉讼参与人的行为给付，拥有相对更显广泛的全局视野，通过在为各类诉讼参与人明示法定义务以及随案设定诉讼义务的基础上将违反令状的不利后果和相应责任予以宣示的方式时时矫正诉讼秩序，全面维护法院的权威，使各类诉讼参与人更为接近理性主体：更多地选择依“令”行事，诉讼参与人习惯于以合法的积极作为形态合理表达诉求；更少选择逆“令”不为，尽量避免诉讼参与人凭借各类消极不作为的消极违法手段扰乱诉讼秩序的现象出现。正基于此，在受到民事令状所给予的法律责任与不利后果的统一“胁迫”的外在压力后，各类诉讼主体原本于诉讼之中主体一维、点状发展、线形扩展的各类“依法而为”和“守法不为”才面向全局地最终交织融合成了多维的、整体的、全面的诉讼秩序。

最后，民事令状能够可预测性地实现诉讼秩序。“秩序是对于有规则状态的概括，蕴含着稳定性和可预测性。”[1]人类的行为是其自身意志由主观化为客观的结果，因此，诉讼之中，各种行为主体都天然具有对其自身诉讼行为的期待性和预测性，但是，这种可预测和可期待通常具有明显的私益性，相较而言，诉讼秩序要得以实现，更应从中立裁判者的角度预判各式诉讼参与人的将行行为而提前实

〔1〕 赵震江主编：《法律社会学》，北京大学出版社1998年版，第316页。

施规制，“一个不容遮掩的事实是，没有可预期性协作型关系的诉讼行为主体之间的诉讼行为，诉讼行为就会从协作走向对立”。[1]换言之，立法是国家预设的行为准则，法院是国家专设的解纷主体，法院在确保案件的解纷过程符合诉讼秩序理念时所应为的工作不应只是亡羊补牢式的事后修复及补救，同时，亦应注意对诉讼风险的提前控制，“纠纷预防、矛盾疏导应与纠纷解决放在同等重要的位置”[2]。而在这一过程中，相对而言，包括判决、裁定、决定等在内的其他裁判文书的主要功用则至多仅限于对已生诉讼障碍的阻止或清除，而并不具有对诉讼秩序障碍的预先消解功能。相应地，民事令状则可以在这一区域进行“补位”，更适宜用作对各类诉讼参与人可能实施的妨碍诉讼秩序之行为的在先预测和事前预防。以我国大陆地区为范围试举例辨析：诉前阶段的海事强制令、海事法院停止放货通知书使得在当事人启动争讼程序之前的强制放船、强制放单、强制放货、停止放货皆为可能，发挥了将权利秩序和实体正义的恢复提前至争讼阶段正式启动前的功能；诉中阶段以传票、举证通知书、人民法院组织证据交换通知书、提供保全担保通知书等为代表的诸多民事令状则更是在提前预测的基础上得以最大程度地消解当事人之拒不出庭、逾期举证、证据突袭、恶意保全等诉讼行为，以将妨碍诉讼秩序的可能性最大程度地扼杀于潜存状态；不仅如此，当公力解纷行至诉后阶段，直面裁判文书中的书面权利如何转化为实然权利的现实需求时，法院的民事令状又可进一步发挥其强预测性和强制性的突出优势，结合具体的案情及执行现状，提前对本案中可能出现的执行障碍予以预测，在对被执行人所可能实施的逃避执行行为施以全面预判及随案预估的基础上，可以分别施以限制消

---

〔1〕 邓云：“刑事诉讼行为秩序论”，载《中国人民大学学报》2002 年第 3 期，第 97 页。

〔2〕 徐昕：“迈向社会和谐的纠纷解决”，载《司法》第 1 辑，法律出版社 2006 年版，第 65 页。

费令、搜查令、报告财产令、执行通知书、协助执行通知书等民事令状，以最大可能地先于受文主体的违法行为一步，通过令状的预测及警示效用提前掌握和控制被执行人的可执行财产，抑或通过令状所具有的对拒不执行、拒不协助、逃避执行之不利后果的预先宣示而将被执行人等主体欲为以上行为的主观意图提前消弭于行为真实成就之前。

二、民事令状效率价值

效率反映的是成本与收益、投入与产出之间的比例。在实现和保障诉讼具有高效率层面，“令”具有显著优势，在我国较早的“行政令”时期，“天子之言曰令”[1]。“令”具有自上而下无可比拟的效率保障，对此，诸如令出如山、令行禁止、令出惟行、令行如流、令不虚行等如今大家已耳熟能详的成语或典故均可谓对这一时期行政法典意义上的“令”抑或行政公文意义上的“令”之效率属性的最强证成。而在此后的“诉讼令”时期，以“令”为基础渐进演化而来的“令状”，在各式法院文书之中无疑堪称尤具效率属性的一种，诉讼“无论在客观上还是在冲突主体以及统治者的主观认识中，都是一项能够产生一定效果，同时又需要支付一定代价的行为”[2]，对效率价值的追求堪称各类诉讼主体的统一需求。但对于诉讼，毕竟不能全然从经济的角度进行分析，真相的发现、正义的实现才是诉讼最为终极的目标所在[3]。所以，通常而言，诉讼效率在当事人所追求的诉讼目标价值体系中绝无超越公平、正义之可能，亦基由此，人们才极易纠缠于实体正义是否实现而不能自拔，甚至愿意将已然湮没于历史湖底的所有案情的完全复原这一几乎不可能

---

〔1〕（汉）贾谊：《新书．等齐》。

〔2〕柴发邦主编：《体制改革与完善诉讼法制度》，中国人民公安大学出版社 1991 年版，第 72 页。

〔3〕参见熊云辉：“民事诉讼程序在价值反思中前行”，载《法制日报》2012 年 2 月 8 日，第 10 版。

达成的任务作为其全部之追求，诉讼程序遂由此变得无比反复、混乱、拖沓。虽然，“迟来的正义非正义”的道理众所周知，但若完全依靠当事人自身的力量，诉讼中的效率价值实难保障。诉讼两造在纠纷解决过程中的全力竞技更容易出现的结果是：民事诉讼的规则和秩序全然让位于对实体正义的追求，效率仅为诉讼两造的“边缘性”追求。因此，诉讼中的效率保障更需要中立者——法院的强行介入，而制发民事令状则是其最为重要的一条途径。而且，与其他裁判文书相比，民事令状的效率价值还有其特殊之处：

首先，民事令状意在实现“借力型”的诉讼效率。诉讼之中，部分程序及机制仅以法院的单一作用即可推动，裁判者超然中立而不带任何利益的牵绊或感情的牵涉[1]，正基于此，法院对于案件解纷之效率的追求更为不偏不倚，乃职责之所在、制度之所需，如案件的及时调解、案件的及时判决、案件的及时司法确认等。但是，诉讼之中，亦有部分程序或机制是非法院之外的其他诉讼参加人之亲力亲为而不得实现的，此时案件解决过程中的效率价值能否实现无法由法院单独决定，如及时提出证据、按时出庭应诉、依法履行判决、不为妨碍诉讼之行为等。真实的情况是，当事人或其他诉讼参与人通常总与案件存在或直接或间接的利害关系，冲突和对抗使其分立于诉讼的两侧，各执利益的两端，并由此造成了一个有趣的现象：效率价值虽根植于诉讼两造及各式诉讼参与人的内心，但却总在司法实践当中难以实现，以上主体总是不自觉地在真实诉讼中扮演着使出浑身解数以令对方之程序或实体目标逐一落空的“狠角色”。所以，如何调整以上诉讼参加人的诉讼认知、约束其原发性的利己意愿成为一大难题。毕竟，如上文所述，在出庭、举证、履行生效法律文书载明的给付义务等非其本人无法胜任的问题上，仅有

〔1〕 参见陈端洪：“司法与民主：中国司法民主化及其批判”，载《中外法学》1998年第4期，第38页。

法院之积极主动终将无法确保诉讼效率的真正实现。作者主张，各类诉讼参与人均可谓案件得以完满解决的活力要素，当事人是真实案情的行为主角，如果缺乏其配合和协助，法院解纷过程中的效率价值只会在同一事实却相反版本的重复争执中耗费殆尽；其他诉讼参与人是诉讼的重要协作力量，如果缺乏其配合和协助，不仅审理中的案情还原工作会因客观性不足而遭遇挫折，而且，当事人历经艰辛所获得的生效法律文书在执行时也会因其他诉讼参与人或积极或消极地协助败诉方为逃避执行之行为而功败垂成，真若如此，成本与收益的严重失衡将极大助长行为人采取各式手段逃避执行的不良企图〔1〕，最终，诉讼即便获得效率价值也必将随着实体权利的落空而变得毫无价值，因为，从一定意义上说，法的完整实现才是法生命的最终寄望〔2〕。而在这方面，民事令状则堪称解决之道，究其原因，民事令状是法院要求受送达人为协助诉讼之行为的书面命令，其旨在实现的诉讼效率恰好不属于仅通过法院直接作出的职权行为即可实现的领域，而属于必须内化于诉讼参与人的主观意志之中，再借助诉讼参与人的外在客观行为才可实现的“借力型”诉讼效率，法院通过民事令状向各式诉讼参与人宣示其行为给付要求并明示其对违“令”行为所课以的不利后果从而迫使各受送达人选择依“令”而行、依“令”而为，法院正是通过民事令状的上述机制“借力”于各式诉讼参与人而实现了对诉讼效率的全力追寻。

其次，民事令状意在实现“合体性”的诉讼效率。判决、裁定、决定等虽亦以效率为价值目标，但其所实现的效率是“单体性”的，乃通常仅从法院之单一角度出发而对效率价值进行的审视。例如，如果某个案件已然争议良久抑或久调不决甚至出现了反复再审，此

---

〔1〕 参见肖建国：“执行程序修订的价值共识与展望——兼评《民事诉讼法修正案》的相关条款”，载《法律科学》2012 年第 6 期，第 191 页。

〔2〕 参见李彬：“论民事执行程序中自助行为设立的制度功能及其完善”，载《南京社会科学》2008 年第 9 期，第 94 页。

时，要获得诉讼效率，法院仅需通过依法履行职权、调整自身的诉讼行为并及时制发判决即可；如果某个案件中，一方当事人出现了丧失诉讼行为能力而同时又尚未确定法定代理人、一方当事人已然死亡需要等待继承人表明参加诉讼之态度抑或出现了不可抗拒之事由而不能参加诉讼等情形时，要获得理性的诉讼效率，法院也仅需通过及时制发中止诉讼之裁定即可；而若在某个具体案件中，出现了当事人提出相应主体回避之申请、诉讼费用减缓免之申请抑或诉讼期间顺延之申请的，法院要将阻却诉讼进程的事项清除以及时恢复诉讼效率的，亦通常无须以其他诉讼主体的配合或协作为必要，法院及时制发针对性的决定书足以将以上问题作全面之解决。在此方面，民事令状则颇为不同，民事令状从各类诉讼参加人均为法院公力救济之活力要素的角度出发，其实现的是仰仗各类诉讼参与人均依“令”而行、依“令”而为的“合体性”的效率：首先，毋庸置疑，裁判者需率先摆正客观正义与法律正义的关系，认识到组成程序正义的效率价值在实现平等、公正、自由、民主、人权等民事诉讼顶层价值方面的重要意义，诉讼效率应为公平正义的应有之义。“正义的第二种涵义——也许是最普通的涵义——是效率”[1]，以实现法院对效率价值的自我约束。其次，当事人和其他参加人在参与和辅助诉讼的过程中亦理应由民事诉讼诚信原则出发，真正从理念到行动全面践行其“效率的前提之下追求公正”这一法律“理性人”的诉讼理念。诉讼之中，各式诉讼参与人组成了一个统一的生命体，生命体任何部位的不合作均会影响整体的有序运行，最终影响诉讼整体的程序效率。在此领域，民事令状更加注重统一调整和全面矫正各式诉讼参与者的诉讼作为及不作为。以我国大陆立法为例，针对各式诉讼参与人的民事令状不一而足，主要包括：强力制

〔1〕［美］理查德·A. 波斯纳：《法律的经济分析》，蒋兆康译，中国大百科全书出版社 1997 年版，第 31 页。

约当事人的传票、拘传票、支付令；针对其他诉讼参与人签发的责令金融机构追回被转移冻结款项通知书、责令责任人追回财产通知书等；甚至，还拥有针对下级法院等公权力机关签发的督促执行令等令状形式。综上可见，对于诉讼效率实非“个体效率”而应为全部诉讼主体融合协作之“合体效率”的诉讼原理的贯彻，民事令状的践行堪称成功。

最后，民事令状意在实现“体系化”的诉讼效率。民事令状机制发生作用的整个程序流程均践行了诉讼效率的理念。首先，民事令状的制发极具效率性。依据大多数国家的立法例，相较其他法院文书，民事令状的制发程序之中法院的职权意味更强，借助法院命令以尽快恢复民事诉讼之公平正义秩序的效率理念使得法院在确定制发民事令状时不必固守严格证明标准而必然坚持公开审理、直接言词审理或者证据交换、双方质证、交叉辩论等原则的适用，而是更侧重于选用旨在避免诉讼迟延的快捷性的自由证明的标准[1]，绝大部分令状无须待当事人提出申请即可由法院主动启动。按照现代民事诉讼的程序正义理念，我们当然应该充分尊重当事人的处分权利。充分遵循当事人的意思自治，但也并非须由此而坚决杜绝法院职权的科学介入，中立且权威的法院不能因为对私权自治理念的集中强调而甘愿彻底沦为程序的旁观者，当事人选择公力救济解决纷争，也就同时选择了对法院的仰仗和依赖，法院必须担负起有效调控整个诉讼流程的责任，根据真实案件中各类诉讼主体作为与不作为的微观变化和时时转变而积极、主动、快速、及时地调整对策，在这一方面，灵活机动、方便实用的令状显然具有优势。举例说来，在我国大陆地区，包括报告财产令、限制消费令、传票、拘传票、举证通知书、应诉通知书等在内的诸多民事令状均无需当事人的申请和启动即可由法院依职权作出，人民法院有权按照法律统一规定

〔1〕 参见邵明：“论民事诉讼证据裁判原则”，载《清华法学》2009 年第 1 期，第 128~129 页。

的预先规范并参照具体案情而适时制发；而即便是民事令状中非当事人申请不得启动和制发的支付令等令状形式，其制发过程也是力尽迅速。根据现行法律，以支付令为例，督促程序的审查期间仅为15日，在该期间内，人民法院仅需对债权人提供的事实和证据进行形式审查，在查明债权债务关系明确、合法之后，法院即应当发出支付令；否则，人民法院需及时以裁定的方式驳回申请。其次，民事令状的实施亦极具效率性。民事令状是以要求受送达人作出一定行为或者禁止其作出一定行为为核心内容的书面命令。一般说来，法院的这种强制文书通常需明确载明要求受送达人实施相应行为给付的具体期限，从保障诉讼效率的角度考虑，该实施期限往往较为短暂。以我国大陆为例，举证通知书所确立的举证期限虽因适用程序而有所不同，但均是在综合参考诉讼效率与诉讼公正的基础上得出的，适用简易程序案件的举证期限可以由人民法院确定，也可以由当事人协商一致并经人民法院准许，但不得超过15日；小额诉讼案件的举证期限由人民法院确定，也可以由当事人协商一致并经人民法院准许，但一般不超过7日。而人民法院在普通程序中指定的举证期限虽然稍长，但《最高人民法院关于适用〈中华人民共和国民事诉讼法〉的解释》，也只是规定第一审普通程序案件人民法院确定的举证期限不得少于15日，当事人提供新的证据的第二审案件不得少于10日而已。再以报告财产令为例，受送达人必须作出报告财产之行为的令状实施时间则更短暂，虽然目前这一期间尚于法律条款中欠缺强行之规制，但根据司法实务，法院大多将其确定为3～7日〔1〕。可见，法院作为发令者欲通过民事令状迅速清除诉讼妨碍、快速恢复诉讼效率的意图十分明显。最后，民事令状的救济程序同

〔1〕参见《检察日报》2011年9月25日第3版《公告》，载 http://newspaper.jcrb.com/html/2011-09/25/content_82595.htm，2013年1月1日访问；覃玉奇："肇事司机拒执行《报告财产令》显威力"，载 http://wlynews.rednet.cn/Info.aspx? ModelId=1&Id=8643，2013年1月1日访问。

样具有效率性。民事令状是法院于诉讼之中作出的要求受送达人务必为令状所载明的辅助行为或协助行为的命令式文书，其目的在于对诉讼形成一种正向的推动力而非反向的阻碍力，因此，在具体案件中法院制发的民事令状被证明存在瑕疵或存在错误后，其补救及救济程序也势必需与效率价值相统一，对此，以我国大陆民事诉前令状中的支付令为例，人民法院院长对本院已发生法律效力的支付令，只要发现确有错误并认为需要撤销的，应当立即提交审判委员会讨论决定，裁定撤销支付令，终结督促程序。

三、民事令状自由价值

自由，是自然进程和社会进程中客观存在的确定性、一致性和连续性，是人类对于其生存和生活层面自觉性和自愿性的最高层面的尊重。就法律领域而言，自由是法律着意保障和不断追寻的目的性价值；更进一步推演，将自由称为“整个人类世界（包括法的现象）的终极价值”亦不为过。[1]不过，自由虽以特定主体不受其本体外其他任意个体（他人、集体、国家）的妨碍与制约作为目标宗旨，但相对属性仍为自由最为显著的特征。换言之，任何领域对个体利益之“本真”状态的全力争取并非是没有底线、没有界限的。在这一方面，民事诉讼作为已取得普遍认可的依赖国家权力高效解纷的理想范式，虽然，其整体制度、框架及流程已由立法强力规制、硬性预设，但是，其具体案件的操作过程中，也并未放弃对于各类诉讼参与人之行为自由的维护。法院诉讼乃由第三方有效制约之下的公力解纷舞台，故此，参与解纷的各类主体的诉讼自由无疑均需被统辖于法院的权威之内。其中，在结果层面，所有被执行程序牵涉在内的关联主体必须绝对遵从于法院的终局裁判，诉讼参与人过

〔1〕参见林道海：“论法的自由价值”，载《政治与法律》2006年第5期，第48页。

分遵从个体内心之原始意愿的“自由而为”只能起到侵犯权利人权利自由的反面作用，任何缺乏终局止争效力的“泛自由”化的解纷程序最终只会沦为一场耗时费力而又道貌岸然且缺乏实际意义的游戏，因此，主体自由在诉讼结果层面应受约束的理解并没有难度。过程层面，相对于纯粹对结果的服从，各类诉讼主体在审判及执行过程中的行为必然更具能动性。民事诉讼尤为如此，民事实体权利和程序权利具备可处分性，当事人在民事诉讼过程中拥有更广泛的行动自由，例如可以在约定举证期限、适用简易程序、达成诉讼契约等方面实现合意。相比刑事诉讼与行政诉讼，其既更多地享有达成诉讼契约的程序权利，又可以保有各自独立实施己方诉讼行为的选择权和自治空间。但是，诉讼毕竟是旨在解决人与人之间的现实矛盾、恢复人与人之间的应然关系的一个“以人为本”的通过诉讼对抗争夺讼争利益的竞技过程，因此，人这一社会动物潜存于本能中的纵意而为、避苦求乐、脱天漏网、贪功起衅的不羁之民的潜意识总会不自觉地借助其诉讼行为显现出来，极富对抗性的诉讼参与人本就各具立场，他们在诉讼中公然“越位”或者消极“缺位”，并以此来无视和违反他人诉讼利益的行为并不鲜见，此时其所仰仗的名义和秉持的幌子往往皆为自由。举例分析，目前司法实践中较为多见的逾期举证、恶意诉讼、恣意高消费、转移被执行财产以及拒不出庭、拒绝领取裁判文书、拒绝协助执行等或积极或消极的“泛自由”化的逆法行为大多源自对诉讼自由的任意化解读。而针对该问题的解决，民事令状可谓“良解”，法院通过民事令状的及时制发以适时矫正程序正义、时时规范主体自由，民事令状在衡量、协调诉讼自由方面有着天然的制度优势和适用空间。

首先，民事令状所实现的诉讼自由是“被监督”的自由。法院是民事诉讼终局裁判的作出者和具体程序的主持者。各式诉讼主体均需在它的监督下参与诉讼，法院中立的地位和国家所赋予的司法权威都使其成为了诉讼参与人跨越“合理自由”疆界时能够对其

“伪自由”施以强势监督和令行禁止的最佳选择和最优主体。①法院是当事人自由竞技、诉讼参与人自由参诉的“观察者”。为了最大程度地保证事实认定和法律适用方面的准确性，根据民事诉讼“等腰三角形”的诉讼架构，法院与双方当事人以及其他诉讼参与人之间设置有合理的距离，法院具有对诉讼主体究竟是否在被法律所约束的自由之路上进行的作为或者不作为进行评价时的最客观和最全面的视野。②法院是当事人自由竞技、诉讼参与人自由参诉的“判断者”。诉讼从来就不是各主体统一协调、和谐一致的过程，诉讼虽旨在解纷却亦与矛盾相伴生，冲突是诉讼的本质，而在冲突的形成过程中，自由既为原因亦为结果：民事纠纷之所以产生，权利人无法自由地行使其权利为主要原因，而民事纠纷之所以最终获得解决，义务人尊重了权利人行使权利的自由乃其核心所在。真实的案件之中，基于利己的自然属性，诉讼主体原则上只会沿着足以令案情向己方有利的方向变化的路径抉择自己的诉讼作为与不作为，在这一方面，“自由的身影有点像是‘锯齿’——找一张纸，随手由中间一撕，分开成两半，两个半张纸的边缘，通常不是整齐划一”〔1〕，正基于此，超越诉讼自由、滥用诉讼权利已成为目前司法实践中当事人及其他诉讼参与人为获取对己有利的诉讼结果所惯常适用的诉讼策略，此时，依靠当事人或其他诉讼参与人本人的自律已难以对其自身行为究竟是源于合法的自由处分还是违法的滥用权利作出判断，对此，超然于利害关系的当事人之外，最恰当的判断者应为法院。③法院是当事人自由竞技、诉讼参与人自由参诉的“监督者”。面对诉讼主体的恣意而为或者逆法不作为，法院在依据程序管理权进行观察、记录、评析、判断、处罚之后，还应根据程序指挥权施加监督、施以矫正，命其修正，责其改正，其中，面对目前真实诉讼实务之中当事人“随时”、“随性”时时而为的妨碍诉讼效率、毁损诉讼秩序的作为与不作

---

〔1〕（台）熊秉元：“自由的身影”，载《法制资讯》2012年第8期，第26页。

为，相对于传统样式的法院文书（判决、裁定、决定），法院通过适用民事令状对诉讼自由施以监督并进而矫正无疑更为适合：法院判决通常只在本级审理全部结束之时才可适用，显然并不完全适合于时时监督、修正诉讼自由；而裁定与决定又多不具有“矫正”功能，仅在于陈述结果和宣示结论，因此，亦不适合于强力监督和及时修正诉讼自由。故此，在这样的前提下，只有借助民事令状这种极具针对性的法院强制命令的矫正、监督功能才能使诉讼在每次因当事人的力量不均而欲发生逆于程序正义的背反与转向时均可被迅速拉回到各诉讼参与人应有的理性诉讼自由的框架之内。

其次，民事令状所实现的诉讼自由是“被矫正”的自由。关于这一点，作者在上文之中论述法院理应通过民事令状来实现对诉讼自由的监督时已作涉及，因此，以下阐述更多的是立于实务的角度。诉讼主体基于各式原因在真实诉讼过程中作出侵害他人自由、滥用诉讼权利的行为之后，确实存在行为主体主动改正的可能。但是，诉讼主体的自利特色及诉讼流程的效率要求都迫使我们不该过分依赖当事人或其他诉讼参与人的“自省”，因此，针对诉讼主体过度自由的作为与不作为，通过法院进行“主动矫正”应为主流，而如前所述，法院为达此目的所应适用的工具理应为令状。具体说来，以我国大陆为例：①审判阶段，面对应当到庭但以消极不作为的方式拒不履行到庭义务的被告，法院可以在两次传票传唤之后签发拘传票，将其强制到庭；而即使是在面对尚未实际成形于现实的当事人可能为逾期举证、证据突袭之行为的潜存威胁时，法院亦可以通过主动适用举证通知书这类民事令状以最大化地对诉讼主体意欲突破程序自由主义合理界限的内心谋划作预先之警告以及化解。②执行阶段亦为如此。面对被申请执行人拒不提供财产清单、拒不执行生效法律文书的行为，法院不仅可以通过制发附带罚款、拘留等强制措施以及限制消费自由等法律后果的报告财产令、限制消费令的形式间接迫使被执行人自动报告财产状况、自动履行生效法律文书，而且，更可以进一步主动出击，通过签发搜查令来对被执行人的人身和住所进行全面的、直接的清查，以最大程度地掌握被执行人可供执行的财产。综上可见，民事诉讼乃于当事人双方自由博弈的基础上由权威第三方实施客观中立之裁判的过程，尔后，事关民事权利具体实现的执行过程亦隶属于广义民事诉讼之中。在以上过程中，法院通过适用“抑强扶弱”的民事令状方能相较成功地实现对于适度且合法之诉讼自由的准确拿捏：针对诉讼主体过分膨胀的“自由”，法院可向其制发责令追回财产通知书、责令被执行人交出存单通知书、限制消费令等民事令状以完成相应的限制和约束；针对诉讼主体过分消极的不作为“自由”，法院则可根据案情之不同选择制发拘传票、执行通知书、协助执行通知书、搜查令等民事令状以施以相应的纠偏和补正。正因如此，法院通过民事令状的时时矫正功能而使各类诉讼主体最大化地回归到了“有边界”的诉讼自由之中。

四、民事令状正义价值

正义，是法律价值体系中的绝对统帅，“正义是社会制度的首要价值”〔1〕，“正义是法律的内质，法律是正义的载体”〔2〕。司法中的正义是一个综合体：平等的竞技、中立的裁判、安定的程序、正确的法律适用等个体要素共同形成了程序正义的完整内涵；司法中的正义又是一个复合体，能够将程序正义与实体正义、形式正义与实质正义完整地包容在内。通常说来，当事人求助于司法，其目的更在于获得公正的裁判结果，但随着始于英国而繁盛于美国的“现代程序正义观”逐渐多元及丰满〔3〕，获得裁判结果的诉讼过程是否

---

〔1〕［美］约翰·罗尔斯：《正义论》，何怀宏等译，中国社会科学出版社1998年版，第1页。

〔2〕汪习根主编：《司法权论——当代中国司法权运行的目标模式、方法与技巧》，武汉大学出版社2006年版，第232页。

〔3〕参见贲国栋：“论司法公正价值的整合”，载《南京社会科学》2007年第3期，第108页。

正义、纯粹程序法意义上的正义理念有否达到也越来越成为正义观的另一个关键内核。具体到民事诉讼中，以当事人的起诉为始点、以法院判决的得出为基本终点的整个诉讼流程之内，法院必须保证对诉讼程序中间正义及结果正义的双重强调才可谓真正实现了公正的完整内涵，而为了臻于这一目标，切实保障法院解纷过程的时时正义，使诉讼主体享受到程序正义与实体正义、过程正义与结果正义、形式正义与实质正义等多重正义观复合之后的完整正义，法院作为超然中立的裁判者和诉讼程序的管理者无疑应当挺身而出，而其所仰仗的利器则非民事令状莫属。

首先，民事令状实现的是时时的正义。民事诉讼是一个由诉前、诉中、诉后多个阶段共同组成的纵向发展的过程，因此，法院解纷更接近于立法者依照民事诉讼时间先后而预先安排的工作步骤，是一种“按照一定的顺序、程式和步骤制作法律决定的过程”〔1〕，各式诉讼参加人必须通过其各自的依法参诉行为来彰显其对正义理念的真实践行。民事诉讼由开启、进行、终结等一系列环节组成，亦基于此，它更像是生产公平正义的机器和流程，而非产品或结论本身〔2〕；但是，为了获得正义这一最终产品及结果，作为生产该产品的机器或母体的民事诉讼则需首先在其自身的各个部件之上、各个环节之中率先践行起公平正义的核心理念。司法实践之中，各类诉讼主体的主观意志具有稳定性，诉讼态度和诉讼策略与其角色和地位之间具有坚实的匹配性，双方当事人为了在诉讼中赢取胜利、避免失利而不遗余力地展开竞技，两造在“自利”因素的召唤之下所欲实施以及已然实施的对于其行为给付义务的“消极逃避”抑或“公然违抗”总能体现出火烧不尽的野草般的“生命力”，甚至可以

---

〔1〕 陈瑞华：“程序正义论纲”，载《诉讼法论丛》（第1卷），法律出版社1998年版，第18页。

〔2〕 See Klaus R. Scherer, *Justice: Interdisciplinary Perspective*, Cambridge Univ. Press, 1992, pp. 123 ~ 135.

说，总能以其顽强的“斗志”将其足迹踏遍诉讼的每个节点，渗透到每个时点，且通常能引发“多米诺骨牌”式的引致效应：在法院审理开始之前，当事人为了己方利益，通常采取的诉讼策略包括拒绝交换证据、隐藏证据、逾期举证等；进入法院审理阶段，为了继续扩大己方的诉讼优势，持续给对方造成诉讼阻碍，当事人则多持消极不合作的态度，由此，无正当理由拒不出庭以及采取各种措施阻止对方证人出庭作证等行为成为多数当事人会实际考量的对策；再者，案件进入法院执行阶段后，当事人为了实施“最后一搏”而选择适用的规避执行之行为则更为多元，转移财产、虚假报告和拒不报告财产、拒不迁出土地或房屋等与立法所预设的公平正义理念向左的作为或不作为不一而足。其他诉讼参与人虽并非实体争议的真实利害关系人，但通常而言，亦总会在两造之中找到适合自己的“阵营”，从而为自己冠以某一方之同盟军的头衔，所以，其他诉讼参与人以积极作为或者消极不作为的形式对抗或者逃避立法为其预设的诉讼义务的情况亦为常见，而且，在诉讼的各个阶段均有不断衍生和突然爆发的可能。显然，面对以上涵盖诉讼全程且遍及各式诉讼参与人的诉讼正义的缺失，利用传统意义上的其他法院文书进行规制均不具完整的契合性：判决，通常在案件全部审理终结时才能作出，其对于案件审理之内的各诉讼主体之行为的越界或缺失必然无法实现覆盖全程的时时规制，而对于案件执行阶段的各式诉讼参与人的违法行为的调整则就更属判决之力所不能及了；法院裁定之力重在“裁”，强调的是对正误的判断和是非的界定，而决定则更接近于法院对于妨碍诉讼之事项如何处理的具体主张，因此，不难发现，裁定和决定同样更倾向于结果正义，无法实现对中间程序的时时矫正；不仅如此，裁定和决定通常均有着较为定型和固化的法定适用范围，因此，其对于正义的恢复和实现作用虽然巨大，但是，却始终无法如令状那样在时时矫正诉讼发展方向的动态层面有更大作为。

其次，民事令状实现的是复合的正义。正义是程序正义与实体正义的合体。首先，司法权是一种程序运行的控制权，表现为法院对于公力救济中间过程的推动和掌控，在这一过程中，程序与过程的公平与正义等工具性的价值需求成为民事诉讼正义的应有之义，而正基于此，民事令状则凭借着其中立的制作主体、完善的类型设置、严格的适用条件、独立的救济方式成为法院保证程序正义及时实现的重要媒介。程序正义的实现是一个通过具有操作性的规范而将正义具化于具体流程之中并将其从理论形态转化为现实形态的动态过程〔1〕，“程序是法治的核心，是法治从法律形态到现实形态的必不可少的环节”〔2〕，因此，各类诉讼主体公然对抗或拒绝履行立法为其预设的程序方面的行为给付义务时，不仅会使诉讼程序本身失去平衡，丧失立法为其预设的公平正义之制度框架，并终因诉讼参与人的恣意而为而使原本的公力救济沦落为一场随欲而为的自由搏击，而且还会直接影响到民事诉讼终局层面结果正义、实质正义、实体正义的最终实现。而在这方面，民事令状则显然具有及时矫正诉讼参与人的作为和不作为以快速恢复程序之应然状态的内在优势。以《日本民事诉讼法》为例，针对诉讼参与人的拒不出庭行为，该法第94条设置呼出状进行专门规制；针对当事人或诉讼以外的第三人虽持有文书但无正当理由拒绝提供的诉讼行为，该法第220条则通过设置提供担保命令来进行强行矫正。其次，司法权亦以实体权利的真正实现作为终极目标，是一种由法院享有的，对当事人提请其解决涉及当事人人身及财产法益的纠纷作出裁断以对法律进行释义并宣告的终局权〔3〕，因此，实体的公平与正义、结果的公平与正义等目的性、终局性的价值需求亦为民事诉讼正义价值的必然之义。

---

〔1〕参见龚祥瑞、罗豪才、吴撷英：《西方国家司法制度》，北京大学出版社1980年版，第153~154页。

〔2〕［美］罗斯科·庞德：《通过法律的社会控制》，商务印书馆1984年版，第22页。

〔3〕See Bryan A. Garner, *Black's Law Dictionary* (*9th ed.*), West, a Thomson Reuters business, 2009, pp. 761~762.

而在究竟如何实现实体正义层面，则亦需要在以判决的方式宣示了实体权利之应然分配后，尤为仰仗执行令状强制矫正被执行人规避履行义务之作为与不作为的方式，才能真正将实体权利和实体正义的分配落到实处。以澳大利亚为例，作者在查询澳大利亚联邦各级法院规则、昆士兰州《统一民事诉讼规则》（1999）及新南威尔士州《统一民事诉讼规则》（2005）等法律法规后发现〔1〕：截至目前，澳大利亚执行令状亦可谓洋洋大观，其执行令状不仅在整个民事令状体系中就比重而言占据绝对优势，而且，具体的类型样式更是形式众多、不一而足〔2〕。因此，窥豹一斑，先从旨在实现权利人之实体权益的执行令状的类型设置及规模数量的周延度和广泛度的角度出发，我们已可大致发现该国民事令状在实现实体正义方面所具有的核心理念。故此，民事令状正是凭借其对程序正义和实体正义的双重推动作用终将这一“复合”的正义价值推向了民事令状价值体系的至高点。

---

〔1〕 昆士兰州“统一民事诉讼规则”，载 http：//www. legislation. qld. gov. au/LEGISLTN/CURRENT/S/SuprCrtQUCPRu99. pdf；新南威尔士州“统一民事诉讼规则”，载 http：//www. austlii. edu. au/au/legis/nsw/consol_ reg/ucpr2005305/；“首都特区法院规则”，载 http：//www. legislation. act. gov. au/sl/2006 – 29/default. asp；“塔斯马尼亚州最高法院规则”，载 http：//www. thelaw. tas. gov. au/tocview/index. w3p；cond =；doc _ id =% 2B8%2B2000%2BAT%40EN%2B20121213000000；histon =；prompt =；rec =；term =；“北领地最高法院规则”，载 http：//www. austlii. edu. au/au/legis/nt/consol_ reg/scr232/，2012 年 12 月 12 日访问。

〔2〕 通过作者对澳大利亚上述民事诉讼规则的查询，民事令状之中，执行令状占据优势（11 种）：扣押债务人财产令状（Writ of Fieri Facias）、售卖令状（Writ of Venditioni Exponas）、扣押财产令状（Writ for levy of Property）、暂时扣押令状（Writ of Sequestration）、评定损害赔偿数额调查令状（Writ of Inquiry）、强制到庭扣押令状（Writ of Distringas）、押收令状（Writ of Attachment）、管有令状（Writ of Possession）、交付令状（Writ of Delivery）、复还令状（Writ of Restitution）、职务执行令状（Writ of Mandamus）；其他类型的民事令状有 6 种：人身保护令状（Writ of Habeas Corpus）、拘捕令状（Writ of Capias）、调卷令状（Writ of Certiorari）、制止令状（Writ of Injunction）、传讯令状（Writ of Summons）、审理案件令状（Writ of Trial）。

第四章 民事令状比较研究

比较是一切理解和思维的基础，我们正是通过比较来了解世界上的一切的。[1]

——［俄］乌申斯基

比较的重心在于解构，概念的明晰在于比较，人们针对多个相似概念进行时间纵向上以及空间横向上的统一切割，再于所得的同一截面进行同位比较和甄别梳理的研究方法，才能最终使极具相似性的概念对象获得真正清晰的理论边界。基于科学的比较研究，相异的多个概念的真正面貌、本质属性、专属特征才能从纷繁复杂的表象下渐次清晰地浮现出来，也正是从该角度出发，“一切认识、知识均可渊源于比较”。[2]故此，法学领域，选择民事诉讼领域令状概念并深入其制度内部以展开多层级、全系统的比较研究同样具有紧迫性和必要性：首先，“对不同地区的法制进行比较研究，其历史同法学本身同样古老。”[3]现代意义上的令状（Writ）通常被认为源自欧洲，起源于英美法系，同源于冰岛语 Rit，然而，在更为久远的古

〔1〕 转引自莫岳云：“在中国革命史教学中如何进行爱国主义教育”，载《广西大学学报（哲学社会科学版）》1990 年第 6 期，第 16 页。

〔2〕 转引自高学强：“试论比较法在《外国法制史》学习中的运用”，载《湖北广播电视大学学报》2009 年第 11 期，第 111 页。

〔3〕 法国著名法学家勒内·达维德观点。转引自赵永红：《刑事程序性裁判研究》，中国人民公安大学出版社 2005 年版，第 46 页。

罗马时期，大陆法系中也曾产生过另一版本的“令状”（Interdictum）概念。由此，两大法系中，令状的相异源起使人们在每言及令状概念时皆必于以下问题上思忖反复：两大法系民事令状制度虽形式上起源不同，但于实质层面是否为本质上的“共相”关系？两大法系民事令状制度于历史和现实的双重层面究竟拥有何种具体差异？如何区分和辨析不同法系民事令状制度的基本模式才更具科学性？综上可见，两大法系内民事令状的比较研究实属必要。其次，我国民事裁判领域，判决、裁定、决定“三元”划分的传统由来已久，然而，以上三者所围拢的客观范畴却并未与民事裁判的全部“疆域”精确相合，“令”、“票”、“书”等广义裁判文书仍长期游离于传统视野之外，至今，我国范围内仍鲜有针对性、体系化、专属型的比较研究成果。实证主义、经验主义是比较法学最佳的培养基〔1〕，基于我国不同历史时期曾一度出现的法治缺失所带来的消极影响，我们不得不认可，比较基础上对于西方法律的移植或借鉴将在未来一段时间内成为我国法律科学成熟发展的必由之路，亦基于此，近年来，我国司法实践领域才陆续出现了一系列以人身保护令、证据调查令、执行催告令、探视令、敦促执行令、督促履行令、禁止规避执行通知书等为代表的借鉴自国外成熟民事令状经验的积极试点。然而，在我国民事令状立法经验及理论研究均甚为缺乏的背景下，我们一方面欣喜于上述民事令状的大胆探寻，民事令状在快速实现当事人权益、强力纠正各式诉讼主体违法行为、尽力恢复公力救济的应然秩序等方面作用巨大；另一方面，我国目前民事令状领域立法大幅滞后于实践、实务显著先行于理论的现状也确实令人忧虑：判决、裁定、决定之外，大规模设置民事令状的契机是否恰当？民事诉讼之中，判决、裁定、决定、令状究竟应作何种界分才可使其

---

〔1〕 参见［美］波洛克：“比较法学的历史”，张小平译，载《比较法研究》2011年第5期，第152页。

上位概念“民事裁判”更具理论的周延性和实际的操作性？“如果没有方法的指导，即使是最值得称道的好奇在通向科学的结果方面的进展是何等可怜”[1]，显然，以上诸多疑问的解答若非适用比较研究进行类型化、系统性、全方位的民事令状对比分析终将无法实现，旧有裁判形式与新型民事令状的边界若非一次针对性的比较勘正也终将令相关牵连性研究也全然归作毫无根据的臆想。正是基于这样的思路，作者分别选择历史比较和同类比较的二元研究方法对民事令状进行深入分析，相应的研究成果便顺次形成了本章下文中分别以法系和民事诉讼为维度进行的对比分析的两大部分。

一、民事令状比较研究（一）——以两大法系为角度

（一）英美法系民事令状

统揽而言，民事令状在英美法系中的涵义大体呈现为二元划分，它既可以用于特指发源于英国中世纪而与启动诉讼息息相关的以“无令状即无诉权”为主要内容的中央司法机关制发的原始令状（Original Writ），即启诉令状，也可以在更广泛的意义上被用于代指现代诉讼中法院为了保障民事诉讼审判和执行程序的公正、秩序、效率运行而针对各类诉讼参与人广泛制发的以行为给付为主要内容的书面义务指令。虽然，目前观之，民事令状上述两重含义在所处的历史时期、所载的具体内容、所具的功能效用等方面皆具显著差别，似并不具备起承转合的内在联系和一脉相承的显著标志，然而，就其本质而言，两重涵义存在一定视阈之内较为突出的前后相接、先后相连的紧密联系：前者，中世纪民事令状制度的关注点更倾向于诉前阶段，当事人获得令状后，法院即必须为相应的受理行为，基于此，取得令状一方当事人的诉权在获取令状之时同步获得了彰

---

〔1〕［美］波洛克：“比较法学的历史”，张小平译，载《比较法研究》2011年第5期，第147页。

显；而后者，现代英美法系行为给付强制命令层面的民事令状制度的关切点则更倾向于诉中阶段和诉后阶段，作为受送达人的各类诉讼主体必须毫无二致地依令完成令状所要求的作为及不作为的诉讼义务，以切实助力于诉讼能够在程序正义的理念下持续运行，也正是得益于令状的上述强制矫正功能，法院的司法权由于获得了其下各式诉讼参与人依法、依“令”履行其行为给付义务的全面配合而同步获得了完整遵从和真正践行。故此，直面民事令状二元涵义在英美法系中的实质联系与形式分野之间的矛盾，本书在拟对英美法系民事令状展开严谨、深入研究时，有必要先将此两段历史稍作完整、全面之还原，而后，再以作者对于现代程序法令状行为给付命令的界定作为本书的理论重心展开英美法系内部两大令状时期的前后“轻重有别”的理论探讨，针对启诉令时期令状、民事令状的制度探寻，能够为后续在法院向各式诉讼参与人制发的以行为给付为主要内容的法院书面义务在指令层面展开两大法系间民事令状的对比研究奠定理论的前提及基础。

首先，英美法系早期的民事令状制度。多数观点认为，英美法系民事令状源起于英国，不过，最严格说来，令状及民事令状其实并非原生根植于英国本土的法律制度，而是外族入侵推动法律文明发展的衍生品。公元 43 年，罗马皇帝克劳狄实现了对不列颠的征服，此后 4 个世纪之中，不列颠均作为罗马的一个行省而存在，但是，相较懵懂初开、文明初曙的不列颠文明，罗马社会当时的法律、经济、政治、文化等上层建筑要领先后者千余年，从而成为当时不列颠无福消受的奢侈品〔1〕。甚至可以说，除了建筑、道路、雕塑外，“罗马的语言、法律和制度，却没有留下什么痕迹”〔2〕，故此，

〔1〕 参见李中元：“英国法律文化的历史解读——以令状制度为对象的考察”，载《唐都学刊》2012 年第 1 期，第 44 页。

〔2〕［英］温斯顿·丘吉尔：《英语民族史略》（上卷），薛力敏、林林译，新华出版社 1985 年版，第 6 页。

可以想象，当时罗马法律中属“细枝末节”的“令状”（Interdictum）制度亦不可能于此地有所建树。实际上，英美法系中令状（Writ）是英国在诺曼征服之后改革盎格鲁·诺曼本族语令状（Gewrit）的成果〔1〕。在这一时期，令状的演进和发展主要以由原发的、体现国王专横的国家行政意义上的执行令状向新型的、旨在启动国王法院诉讼的司法意义上的原始令状（Original Writ）的功能转变为演进线索〔2〕，正是“从行政命令的令状发展为司法意义的令状的过程中，我们发现这种制度不断地被改进、被修补，一步步地向着正义之门迈进”〔3〕。经历了诉讼体制的修正和转换，英格兰司法机构逐渐演化为世俗法院、神职法院二元并存：世俗法院，主要包括百户邑法庭、封地法庭、郡法院、地方法院、中央法院（王室法院、财税法院、高等法院民事审判庭）；神职法院，则主要指教会法院。在略显繁复的法院体系之中，中央法院“在性质上更像是一个封建法院，它由国王以及国王自己的直属封臣组成，处理发生在他们之间的各种纠纷”〔4〕。通常而言，中央法院并不向所有主体、所有案件无条件开放。国家的统一、中央的集权是世界各国、历朝历代必然的发展趋势，因此，当时的英国统治者也在世俗法院内部如何实现中央司法权对地方司法权的有效约束和渗透方面具有深层渴求，故此，巡回法院（法庭）这一新型的司法机关诞生，中央政府在设

---

〔1〕 令状是诺曼人带入英国的一种制度。这是历史上最好的一个解释。实际上，诺曼人曾受法兰克人某种程度的影响，而法兰克人，如同伦巴德人一样，又曾受过一种与令状相类的制度（叫做“指令”或“命令”（Praeceptiones））的影响。参见［美］阿瑟·库恩：《英美法原理》，陈朝璧译，法律出版社2002年版，第50页。

〔2〕 参见陈敬刚：“英国普通法的形成：一个初步的分析”，中国政法大学2004年博士学位论文，第42页。

〔3〕 张敏：“令状与陪审：程序正义在中世纪英国的制度设计”，载《理论界》2005年第8期，第75页。

〔4〕 陈敬刚：“英国普通法的形成：一个初步的分析”，中国政法大学2004年博士学位论文，第12页。

置巡回法院（法庭）之后将定期派出巡回法官逐郡巡视，巡回法官的主要任务在于为保护国王的利益提起公诉以及处理特定的民事诉讼，正基于此，巡回法院（法庭）逐步发展成为“民事诉讼最早作为日常事务提交王室法院的地方”[1]。正所谓“法律是人类文明抑或野蛮的标尺”[2]，而无论这一标尺实质上是否野蛮或文明，其形式上的稳定性乃法律的必然要求，英国中央集权的司法成果迫切需要以常态化的法律制度加以固定，因此，为了使普通民众之间的民事诉讼能够在王室法院被系属成为常态而彻底摆脱“国王的恩惠”这一命运，迫切需要立法者构建一种能够将普通民事诉讼成功纳入中央司法机关管辖的固化的司法媒介，而关乎这一媒介的司法选择，立法者首先考虑的就是当时已然在英国国家行政领域较为成熟的国王指令制度。根据历史考证[3]，以上这一时期大致包括以下具体史实：公元9世纪后期，阿尔弗烈德大帝统治时期，当时英国就已然存在着与后来的王室令状非常相似的书面性国王指令制度。据记载，公元995年，当时的国王埃塞尔雷德二世就曾发给坎特伯雷大主教艾尔弗里克一个“令状与他的印章”（Gewrit and His Insegl）。此后，直至公元11世纪，以诺曼人对英国的征服为重要转折，令状司法化的发展进程被大大推进，一方面，令状逐渐抛弃了其原本称谓中Gewrit的表述方式而选择了英文单词Writ这一外在形式，并成为了文秘署（Chancery）以国王名义面向郡长、政府官员、法庭所签发的要求接收人务必遵令给予作为或者不作为的命令的专称[4]；另一方面，在北爱尔兰地区，令状还一度被作为由文秘署或总督向选举监

---

〔1〕［英］S. F. C. 密尔松：《普通法的历史基础》，李显冬等译，中国大百科全书出版社1999年版，第20页。

〔2〕李贵连：“二十世纪的中国法学”，载《中外法学》1997年第2期，第2页。

〔3〕参见陈敬刚：《英国普通法的形成：一个初步的分析》，中国政法大学2004年博士学位论文，第87页。

〔4〕参见薛波主编：《元照英美法词典》，法律出版社2003年版，第1425页。

察官签发的指示其主持选举以选出能够代表该选区的议会议员的书面文件进行使用[1]。不过，这一时期，令状最重大的发展当属其司法化的典型转型，即令状被统一作为诉讼领域与诉权相关的启诉机制使用，从而成就了原始令状（启诉令状）作为开启民事案件中央司法管辖之前提的重要历史时期。当时，英国民众若直接向巡回法院（法庭）提出申诉以要求其受理，必须先行取得国王令状的正式授权。根据当时的制度设计，所有的世俗问题均应是根据国王的命令才得在中央司法系统获得处理的，据考证，现存最早的启诉令状正式文本可以追溯到英格兰最后一位韦塞克斯王系国王忏悔者爱德华时期（1042～1066）[2]。此后，伴随巡回法院（法庭）的逐渐衰落，常设的中央法院建立起来，基于中央司法权急需常态化司法保障的需要，此前司法实践中适用成功的令状加速成为有效调整中央司法管辖权与地方司法管辖权之间关系的稳定与固化的利器。但是，在进入 19 世纪后，随着英国法律改革运动的开展，简单的、统一的诉状格式逐渐取消了不同类型诉讼需要对应不同样式的令状以获启动的复杂定制，原始令状（启诉令状）时代在英国正式终结，这种启诉意义上的国王授权机制也终难在其他国家的现代立法中留下相似之制度。[3]不过，需要强调的是，该历史时期令状的启诉功能与其下一个历史阶段中令状的行为给付指令的功能并不是截然断开、毫无渊源的。原始令状（Original Writ，亦即启诉令状）的以下五大历史发展阶段中均隐含了后续向行为给付义务指令的方向进化发展的些许线索，因此，基于对本文民事令状为民事诉讼中法院发出的行为给付书面命令这一核心意旨作最完全意义的整体理解，在此，

〔1〕 参见薛波主编：《元照英美法词典》，法律出版社 2003 年版，第 1425 页。

〔2〕 See R. C. VAN. Caenegem, *Royal writs in England from the Conquest to Glanvill*, London: Selden Society, 1958, p. 114.

〔3〕 参见［美］阿瑟·库恩：《英美法原理》，陈朝璧译，法律出版社 2002 年版，第 50～65 页。

确有必要将其理论的源头稍作简单回顾[1]：

第一阶段，令状萌芽时期，即公元9世纪～1154年。通说认为，令状（Writ）诞生于公元9世纪英国的盎格鲁·撒克逊时期[2]，经历了从盎格鲁·撒克逊人本族语令状逐渐向行政化及司法化方向陆续发展的渐进转折，基于中央集权的扩大等诸多背景因素，令状这一指令文书首先成为国王对地方行政进行强制管理及强力干预的重要工具[3]。如前述，当时，令状之作用主要为命令地方长官或者封建贵族制止某种不法行为或者授予某人可以为某项行为的权利或权力。虽然，这一时期，令状在司法领域的适用范围尚不可谓广泛，令状的类型和数量也尚不丰富，但是，其作为一种可以购买的王权恩惠而于普通法法院（法庭）开启案件的审理程序的“启诉”功能已然逐渐浮现。对于这一点，下文中，1108年，亨利一世签发的以下令状即为令状开启相应诉讼功能的形象化佐证：“自今以后，一切涉及土地分配以及土地侵夺的纠纷，如果它们发生在我的直属封臣之间，将由我（国王）的法庭负责审理；如果这一纠纷发生在我的封臣的封臣之间，将由他们共同的领主的法庭负责审理；如果纠纷发生在不同领主的封臣之间，将由郡法院负责审理。”[4]简言之，在王室法院进行诉讼的起点就是令状。不过，除启动诉讼外，这一时期的民事令状还具有一定现代民事令状中传唤令状所具有的保证被告出庭的部分功能，即民事令状获国王签发后，对于各类诉讼主体

---

〔1〕参见郑云瑞：“英国普通法的令状制度”，载《中外法学》1992年第6期，第69～71页；周自痕：“英国普通法上的令状制度及其意义”，载 http://jyw.znufe.edu.cn/flsxsw/articleshow.asp? id = 1312，2012年10月14日访问。

〔2〕参见屈文生：“试论普通法令状的起源及其嬗变”，载《东方法学》2009年第5期，第135页。

〔3〕See Frederic William Maitland, *Equity*: *A Course of Lecture*, *Cambridge*, 1909. p. 298.

〔4〕John Hudson, *The Formation of the English Common Law*, Singapore, 1996, p. 24.

分别具有以下法律效力：要求原告保证坚持其主张、指定被告为应诉行为时所对应的法院以及命令郡长带被告出庭答辩等内容。

第二阶段，令状繁荣时期，即1154年~1189年。经过多年发展，令状于12世纪中后期已然成为了堪与密封函令、宪章、专门许可证等公文样式相并列的英王行政的核心渠道，但也正是自该历史时期开始，令状原本的核心功能与效用终由行政功能与司法化功能向司法功能彻底转型，可以说，亨利二世在针对令状制度进行了大幅改革后，严格意义上的司法令状才终得出现，包括民事诉讼在内的司法领域超越了行政领域进而升级为令状新的中心舞台。有学者指出："亨利二世所创新的是把陪审调查团的使用与他的新的'司法化的'令状制结合起来。"[1]原先行政特色浓郁的执行性令状被改造成诉讼领域程序正义理念突出的回呈性令状，并逐渐成为民事诉讼（尤其是涉及自由土地的诉讼）的一项先决程序，回呈令状（Returnable Writ）由国王签发，以郡长为受送达人，其内容主要为要求令状的受送达人将特定案件的被告及确认案件事实的自由人传唤至国王的法院，并在将所有被传唤主体的名字均刻于令状上之后将该令状交还给王室法院的法官。[2]不难发现，当时，回呈令状就已然体现了部分现代令状在行为给付书面命令方面的理论意蕴。不过，更为重要的是，令状所具有的启诉意义正是在该时期统一从一种例外机制演变成了常规性的固化机制和恒定制度，制发令状甚至一度越位为国王的日常工作。[3]此处，启诉机制的实现主要包括两种途径：亨利二世不仅通过托特令状（Writ of Tolt）和旁恩令状（Writ of

〔1〕［美］哈罗德·J. 伯尔曼：《法律与革命——西方法律传统的形成》，中国大百科全书出版社1996年版，第533页。

〔2〕参见陈敬刚："英国普通法的形成：一个初步的分析"，中国政法大学2004年博士学位论文，第43、91页。

〔3〕参见郑云瑞："英国普通法的令状制度"，载《中外法学》1992年第6期。

Pone）将案件“辗转置于”王室法院的管辖之下[1]、通过纠错令状（Writs of Error）或误判令（Writ of False Judgment）将地方法庭审理的不公案件“间接引致”于国王法庭以期发回重审或直接改判[2]，而且还创设了前文已曾述及的原始令状、指令令状以直接赋予自由民以系属于国王法院的司法救济，详研布莱克顿（Bracton）等人的著作后，我们发现，当时，令状已然成为王室法院诉讼的正式始点，“民事诉讼中需要有一个令状作为法院受权审理案件的依据”[3]，这一做法已经从例外成为原则。由此，国王的令状逐渐变成主要为司法目的而签发，自由人如果要在王室法庭而非地方领主法庭寻求案件之管辖，就必须先到秘书处购买国王令状。不仅如此，依照“有不法行为便有救济”的朴素程序法理，每当欠缺与此类性质的案件相似的令状可以适用时，王室法院大法官就会为此另行设计一种新的令状。不过，因为同一类令状的原告在申请过程中的控告内容非常相似甚至几乎雷同，令状文本得以迅速标准化，因此，不久之后，国王秘书处所要做的工作也不过是完成诉讼格式，即在相应的令状上填上当事人的姓名、地址而已[4]。亦由此，王室法院的职能一度从主要为地方法院的普通民事案件提供补救和监督演变成为了诉前制发民事令状、诉中审理民事案件。自此之后，越来越多的民事案件开始借令状之力涌入王室法院，原先的封建领主法庭所适用的地

---

〔1〕“除非你从事司法，否则，我的法官将从事，以免我听到更多的有关司法缺乏的抱怨”。这一威胁性的条款，表明只有领主在其法院处理封臣之间的权利问题时失败于从事司法活动，国王才能应当事人的请求通过托特令状将土地诉讼从领主法庭移至郡法庭，再通过旁恩令状从郡法庭最终移至国王法院。参见陈敬刚：“英国普通法的形成：一个初步的分析”，中国政法大学2004年博士学位论文，第44页。

〔2〕参见程汉大主编：《英国法制史》，齐鲁书社2001年版，第57页。

〔3〕［英］S. F. C. 密尔松：《普通法的历史基础》，李显冬等译，中国大百科全书出版社1999年版，第26页。

〔4〕参见［德］K. 茨威格特、H. 克茨：《比较法总论》，潘汉典等译，法律出版社2003年版，第276页。

方习惯法以及社区司法因被大量地吸收到普通法当中而逐渐萎缩。[1]

第三阶段，令状的转折时期，即1189年~1272年。这一宏观阶段又可被划分为两个不同的历史时期：前一时期，新型令状的颁布数量和频率堪称历史之最，专门用于记载令状名目的首部著作《令状汇编》出现。且于12世纪后期，随着格兰威尔（Glanvill）较早进行了民事诉讼和刑事诉讼的程序法划分，与之对应，刑事和民事司法令状的类型化与体系性也有进一步的提升。虽然，当时的民事诉讼和刑事诉讼的划分方法与现代程序法有着根本的差异，民事诉讼更侧重于与土地有关的诉讼和对人诉讼部分，而刑事诉讼则更多地特指广泛意义上有关过错行为的诉讼，然而，令状的专业化程度毕竟得到了进一步提升。民事令状拥有了更为明确的边界和更加精确的内涵。而后一阶段，新型令状大幅攀升后，令状的大量颁布很大程度上侵犯了封建领主的利益，随着大量案件涌入了王室法院，与之相伴的是大量的诉讼费用也被中央财政所尽数收取，这一情形在13世纪达到顶峰[2]，爱德华一世时的令状数量达到500多个，相比亨利三世时约50个的数量和规模已快速增长了10倍，也正是基于司法实务中如此热度的频繁实践，学理及立法层面各种关于令状格式的资料介绍、理论书籍陆续出现，"其中有很多像那本《令状汇编》一样，被人们认为是'一种'书，并最终以《新陈述格式集》为名进行了印刷"[3]。然而，盈则必亏、全则必缺，令状规模

---

〔1〕 See S. F. C. Milsom, *Historical Foundations of the Common Law*, 2nd ed., London: Butterworths, 1981, Introduction I, p. 160.

〔2〕 13世纪时，大概是受古罗马中"诉讼"种类的影响，英国普通法对诉讼请求的种类也有具体明确的规定。任何诉讼必须以已经存在的法院启动诉讼的令状（启诉令）为前提，如索求赔偿令状、转交财产令状、收回地籍令状等。参见何家弘主编：《当代美国法律》，社会科学文献出版社2011年版，第5页。

〔3〕 ［英］S. F. C. 密尔松：《普通法的历史基础》，李显冬等译，中国大百科全书出版社1999年版，第35页。

的大幅扩张同时意味着中央审判权的急速扩张和地方审判权的快速缩减，这一现象最终引发了封建领主和贵族的极度不满，由此，在1258年，亨利三世迫于封建领主等多方压力颁布了《牛津条例》（Provision of Oxford）。条例明确指出：除了当然令状（Writs of Course），国王未经谘议会议（King's Council）同意不得再颁布新的令状。显然，实质上，令状的创制权已然受限并发生了转移。除去功能的转化，令状适用的时间范围也正在微调转换之中，基于令状的诉前启诉功能备受限制，与之对应，令状制度其实也在"适用域"方面谋求向立案之后的审判阶段和执行阶段的扩张，意欲承担起更多的责令受送达人进行行为给付的责任以实践其本身附随的恢复诉讼秩序、实现诉讼正义的司法功能。不过，13世纪前，原始令状与上文所述的纯粹行为给付书面命令意义上司法令状（Judicial Writ）的涵义并没有被明晰地区分开来，"起始令状仅作为司法令状的一部分，至少在12世纪是这样的"〔1〕，直到"13世纪之后，起始令状和司法令状才被切实区分开来。更通俗地讲，起始令状是诉讼的开启，而司法令状则是负责处理诉讼过程中一些微观问题，诉讼过程中涉及的传讯、参加、检查、扣押、逮捕、实施判决等都由司法令状来处理"。〔2〕可见，在这一阶段，与诉权紧密捆绑于一处的起始令状已然开始与另一层面法院行为给付的书面命令层面的司法令状相伴生。

第四阶段，令状的定型阶段，即1272年～1307年。这一时期，英国的中央集权在一定程度上得以恢复，王室法院成为有权受理所有重要民事案件的"全权法院"：一方面，既存的令状形式已然能够基本涵盖全部类型的民事案件；另一方面，除与旧有令状所规范的

〔1〕 See T. F. T Plucknett, *A Concise History of the Common Law*, London: Butterworth&co. ltd, 1982, p. 408.

〔2〕 R. C. VAN. Caenegem, *Royal writs in England from the Conquest to Glanvill*. London: Selden Society, 1958, p. 113.

案件完全不同的新型案件的令状的创设必须征得国会同意外，国王秘书处仍保有在与旧有令状所规范的相似案件上加发新令状的基本权力。换言之，这一时期时堪称起始令状发展过程的全盛时期。

第五阶段，令状的衰退阶段，即1307年~1875年。这一阶段，起始令状日渐势微，裁判官更趋保守，很少再开展新型令状的创制工作，相应地，他们的主要任务已从创立和设计新型令状变成了总结和整理既存令状，不仅如此，随着时间的进一步推进，即便是旧有令状的命运也变得多舛起来，“到中世纪后期，法官日趋保守，他们可能会撤销与法律相违背的令状”〔1〕。进而，进入19世纪之后，随着英国法律改革运动的开展，简单、统一的诉状格式逐渐取消了不同诉讼需要分别为之设计不同令状而与其对应的旧制：1832年颁布的《统一程序法》将对人诉讼的各种令状加以废除，普通法法院需统一适用新的传唤令状程序，然而，此处的传唤令状与现代意义上的传唤令状不同，该传唤令状机制更“是一种诉讼请求，其中要求原告用非技术性的语言阐述他的请求根据和实质内容，原告提出传唤令状时，无需选定某种特殊的请求形式”〔2〕。不过，虽是如此，行为给付命令层面司法令状的含义毕竟在令状的完整涵义中日益凸显出来。1833年，《不动产实效法》废除了大部分不动产令状。此后，1852~1860年的《普通法诉讼条例》、1873~1875年的《司法条例》对令状制度进行了更进一步的深入清理，其中，普通法与衡平法二者终获合并。自此开始，一切诉讼均需以当事人诉状的形式而非再以国王令状的形式开启，英美法系早期与诉权紧密捆绑在一起的具有典型启诉意味的原始令状、启诉令状、起始令状制度终被废除。不过，统揽这一历史时期的发展脉络，民事令状在启诉环节

〔1〕郑云瑞：“英国普通法的令状制度”，载《中外法学》1992年第6期。

〔2〕毛玲：“论英国民事诉讼的演进与发展”，中国政法大学2004年博士学位论文，第140页。

意在将案件系属于法院审理的启动功能虽日渐衰微，但同时，令状所具有的包括纠正错案在内的诸多司法令状层面的功能却在增加，启诉令状的渐趋势微与司法令状的愈发突出几为同步，积极作为义务、消极不作为义务的恪尽遵行、务必遵照日渐成为民事令状这一法院行为给付义务指令的核心内容。举例来说：进入14世纪，司法令状中的调卷令状（Writ of Certiorari）被注入了新的内容，“增加了当事人指控判决错误的内容”以区别于之前的错误判决令状[1]。至19世纪，这种新型的调卷令状逐渐发展成诉讼行为法院给付命令式的“纠错令”，并与“异议令状”一起构成了普通法之法定上诉的具体形式。

其次，英美法系现代的民事令状制度。英国民事令状“启诉令”时代正式终结后，基本与这一历史进程衔接，更具现代意味的司法令状时期才得全面开启。因此，如果说令状从最先由上级行政主体签发、面向下级行政主体送达的行政性命令向司法领域启诉机制的转化乃为令状的第一次转型的话，那么，令状再由更为关注诉前启诉机制向更为倾向于现代意义上司法令状的方向转化可谓令状发展史上的第二次转型。因为，自此之后，民事令状的制发主体将不再是国王秘书处抑或国会，而变成了具体的审案法官；民事令状的适用领域也不再仅被局限于立案之前，而是延伸到了起诉之后的审判阶段和执行阶段；民事令状的功能作用亦不再仅止步于诉讼的启始，而是更为关注诉讼已然被启动之后的程序的平稳运行、权利的真实实现、秩序的完整还原。除此之外，民事令状也变得更加具有微观

〔1〕 错误判决令状，是调卷令状的前身，是为那些认为自己遭到了郡、百户邑或领主个人法院的不公正判决的诉讼当事人提供的一种救济措施，是在所有政府机关都具有司法职能的时代惟一可能采取的形式。它是对作出不公正判决的法院进行的诉讼，或者更确切地说，是对那个法院所管辖的社区进行的诉讼。诉讼必须在王室法院，而不是上层地方法院或者领主个人的法院进行审理。参见［英］S. F. C. 密尔松：《普通法的历史基础》，李显冬等译，中国大百科全书出版社1999年版，第52页。

意义和个案价值，虽不再对于案件是否可被系属于中央司法权具有宏观的决定意义和全局的统领力，但是，却更加深入地渗透到了案件的审理和执行的各个环节之内。如果说原始令状、启诉令状总是以居于诉讼之外的角度更为关切案件系属于法院的公力救济如何才能获得开启，那么，纯粹与判决、裁定、决定相并列的诉讼文书意义上的司法令状则更倾向于以诉讼之中的视野关注具体案件的审理及执行过程中法院的权威是否得到尊重、当事人的权利是否实现、诉讼的流程是否正处于运行之中等更具微观意义的问题，因此，进入司法令状时期之后，民事令状直面当事人及其他诉讼参与人的行为给付这一内容，直指民事诉讼中各类诉讼主体潜在的自利属性，强力矫正各式诉讼主体在诉讼中已然为之的违法作为与不作为，最终凭借法院所拥有的诉讼管理权及指挥权成为足以强制各式诉讼参与人依法完成其作为或者不作为诉讼义务，以实现诉讼所应有的秩序、效率、公正、自由价值的有效途径。其中，作为英美法系中令状机制的发源地，英国令状制度的发展现状对于令状机制未来在世界范围内的传承和发展都具有重要的启示意义。虽然令状目前于该国通常已不再具有开启诉讼的起始功能，但是，令状在强制受送达人履行行为给付义务以协助与配合法院的审理与执行程序这方面的高效“矫正”功能却日益获得普遍认可，法律的先进性会自然而然地引发其他国家或地区对其施以主动借鉴，但同时这样的主动借鉴并不皆为全貌，某些特定情形下，被动式移植亦会有客观意义上的进步作用，这一辩证思维在我们所论述的令状领域亦可适用，现代令状由其源发地英国向其他国家或地区的延展历程绝不仅仅表现为其他国家或地区对于英国先进法律文化的积极借鉴与主动移植，除此之外，英帝国主义特定时期的殖民扩张所同步伴生的法律文化的强行推动作用与强势配置效力亦为其现代令状于世界范围内逐步推进的重要助力因素：以印度为例，1600 年，英国东印度公司成立，自此之后，英国针对印度的殖民扩张日益加剧，当然，这种扩张为全方面的，绝不仅局限于经济领域，而且，也在法律等其他领域日渐明显。继1773年《规范法案》（Regulating Act）之后，1774年3月26日，《皇家宪章》（Royal Charter）颁布，该宪章第21条可谓英国令状制度首度“登陆”印度的始点。需要强调的是，参考当时的历史进程，当时这一法条所涉及的令状已然不再属于原始令状，不再仅具有启动诉讼的意义，而主要以司法令状的表现形式存在，所涉及的类型十分多样，以下样式为当时的历史阶段所涉及的主要类型：调卷令状（Writ of Certiorari）、纠正错误令状（Writ of Error）、职务执行令状（Writ of Mandamus）等〔1〕。再以美国为例，英美法系之中，有观点称，现代令状虽源于英国但繁盛于美国，根据统计，在去往美国的早期移民之中，仅英格兰人就占九成之多，因此，显而易见，英国的法律文化传统在“新大陆”的社会发展进程中必然占据主导地位〔2〕，在众多的法律文化中，英国诉讼法领域的令状制度当然赫然在列。统计这一阶段的众多史实，我们发现，当时，英国统治者为了有效打击北美日益猖獗的走私活动，就曾通过适用“全权式”的给予援助令状（Writ of Assistance）以赋予执法官员对有可能藏匿走私物品的可疑地点实施搜查等强制措施的广泛的自由裁量权〔3〕。1776年，北美殖民地脱离英国的统治，考证发现，这一时期，美国的普通法法院从英国的令状制度中主要吸纳了以下五种特别令状：禁止令状、强制执行令状、移送令状、权限调查令状、人身保护令状。其中，无一例外，以上诸多令状形式均在强令受送达人提供作为或不作为的行为给付以保障和实现当事人合法权益方面存在较为独特之意旨。举例说来：人身保护令状旨在保护被限制自由主体的自由权，保障当事人合法权益的核心意旨自不待言。而

〔1〕 See C. K. Thakker, *law of writs*, Eastern Book Co., 1993, p. 8.

〔2〕 何家弘主编：《当代美国法律》，社会科学文献出版社2011年版，第1页。

〔3〕 参见丹尼尔·J. 凯普罗、吴宏耀评论：《美国联邦宪法第四修正案：令状原则的例外》，吴宏耀等译，中国人民公安大学出版社2010年版，第7页。

即便以禁止令状为例，我们发现，该令状以保障当事人获得适格法院的管辖和纠正法院的程序违法为目的，为下级法院或司法法庭的越权行为设置了有效的救济方式，其在保障当事人程序权益方面的作用亦甚为明显。而若再以强制执行令状为例，该类令状显然更侧重对于保障和实现当事人实体权益的实际强调，实际上，执行令状作为一个囊括了诸多旨在切实实现权利人权益的执行阶段令状的集合概念，其实，是为被执行人以及包括政府官员、社团领导甚至是下级法院在内的诸多主体设置的一种要求相应主体给付积极之作为抑或消极之不作为方面的“不容考虑的义务”〔1〕，令状之行为给付书面命令的核心意蕴十分明显。最后，需要补充强调的是，在以上谈及的特别令状中，人身保护令状（Writ of Habeas Corpus）更是成为英国殖民者带至美国的普通法令状之中唯一具有《美国联邦宪法》立法品格的令状形式〔2〕，由此，对于当事人权益的保护及实现，司法令状的重要意义可见一斑。同时，更为有趣的是，民事令状制度虽源于英国，但却同样较早在美国拥有了成文性十分完备的立法规制。《美国联邦民事诉讼规则》于1938年9月16日颁布实施，时至今日，该法依然是美国围绕民事令状的集中式法律规范的主要立法渊源。〔3〕其中，“Writ 本族”民事令状主要涉及该法的第60条、第69条、第70条、第81条等条款，类型样式主要包括：押收令状（Writ of Attachment）、给予援助令状（Writ of Assistant）、事后申请令状（Writ of Audita Querela）、本院误审令状（Writ of Coram No-

---

〔1〕［美］米尔顿·德·格林：《美国民事诉讼程序概论》，上海大学文学院法律系译，法律出版社1988年版，第207页。

〔2〕“The Constitution of the United States of America”, Article 1, Section 9: “…… The privilege of the writ of habeas corpus shall not be suspended, unless when in cases of rebellion or invasion the public safety may require it.”，载 http://www.law.cornell.edu/constitution，2015年8月17日访问。

〔3〕“Federal Rules of Civil Procedure”，载 http://www.law.cornell.edu/rules/frcp，2015年8月17日访问。

bis)、他院误审令状（Writ of Coram Vobis)、执行令状（Writ of Execution)、职务执行令状（Writ of Mandamus)、告知令状（Writ of Scire Facias)、暂时扣押令状（Writ of Sequestration)、执行令状（Writ of Execution）等；“Writ 本族”令状之外，“Warrant 族”民事令状则主要分布在该法第 14 条及附则（Supplemental Rules for Admiralty or Maritime Claims and Asset Forfeiture Actions）中，样式主要涉及普遍意义上的扣押令（Warrant of Arrest）以及扣押船舶、货物、其他财产令（Warrant of Arrest of the Vessel, Cargo, or Other Property）等；除此之外，“Injunction 族”民事令状的形式也极为多元，主要表现为该法第 52 条所设置的中间禁止令（Interlocutory Injunction)、第 62 条所设置的待上诉中的禁止令（Injunction Pending an Appeal）以及第 65 条所设置的临时禁制令（Preliminary Injunction）等[1]；而“Summon 族”民事令状则主要包括该法第 83 条设置的最初诉答传票（Summons for an Initial Pleading）以及附录（Appendix of Forms）第 4 部分所设置的第三当事人的起诉传唤状（Summons on a Third – Party Complaint)；最后，除了上述典型的传统令状形式外，广义而言，该法第 81 条所规范的确认权利令状（Quo Warranto)、临时禁止令（Temporary Restraining Order）等由法院制发的行为给付义务指令通常也可被划归广义民事令状的范畴。综览上述各式令状的类型设置，英美法系国家中的民事令状显然更加侧重于从当事人的角度考虑其程序权利和实体权利如何实现，更在于“护权”，而非只从法院的角度考虑如何保证当事人或其他诉讼参与人在各式程序中服从于法院的权威、如何强制以上主体严格依法作为或者不作为以切实实现程序的顺畅运行，换句话说，其不再仅仅浅层地强调令状的“程序辅助意义”。而对于这一点，除美国联邦立法之外，各州民事诉讼的相

[1] 参见《美国联邦民事诉讼规则证据规则》，白绿铉、卞建林译，中国法制出版社 2000 年版，第 177、184 页。

关立法及司法实践也作出了类似选择，以加利福尼亚为例，Michael S. Sorgen 等所编著的 *California Civil Writ Practice* 一书是将美国各州之内民事令状作为专门选题进行体系研究的具有代表意义的一部学术著作，该书共28 章，其第一章专设一节对于该州最高法院可适用的民事令状进行了集中式的全面总结[1]。其中，仅对民事令状中“Writ 本族”部分所进行的类型统计就已然能够将该州以当事人权益的保障和实现作为其令状的核心创设理念的专属特色彰显无遗，该州通过责令义务人履行行为给付之义务以实现权利人之权益的“护权”型民事令状几乎占据了该族整个民事令状的“半壁江山”，“Writ 本族”民事令状集中式地分布于案件执行阶段，以强制受送达人必须为相应的行为给付以使权利人的债权得以实现为主要内容，主要类型包括：拍卖令状（Writ of Sale）、管有令状（Writ of Possession）、执行令状（Writ of Execution）、强制令状（Writ of Mandate）、禁止令状（Writ of Prohibition）以及中止执行令状（Writ of Supersedeas）等。

（二）大陆法系民事令状

大陆法系中，民事令状也大多同样经历了由行政领域适用逐步演化到司法领域专属适用的令状司法化的过程。下文中，作者将首选古罗马进行历史回溯，而后，以加拿大、德国、日本等大陆法系代表国家首度尝试民事令状的情形进行国别分析。

大陆法系以古罗马法律为其主要历史渊源，若以时代因素进行界分，大致说来，罗马法渐次经历了以下纵向演进、相互影响的三大历史时期：罗马公民法律诉讼时期（Per Legis Actiones）、程式诉讼时期（Formula）以及非常诉讼时期（Extraordiniara Actiones）[2]。其中，公

---

〔1〕 See Michael S. Sorgen, *California Civil Writ Practice*, Continuing Education of the Bar, 1996, pp. 1 ~65.

〔2〕 参见江平、米健：《罗马法基础》，中国政法大学出版社2004 年版，第435 ~453 页。

元前130年~公元294年为其程式诉讼时期，这一阶段的历史特点为民选法官依据裁判官制发的书状承审案件，而这里的“书状”在多数情况下指的就是“令状”。在程式诉讼时期，除了传统意义上的裁判，裁判官就案件相关问题所发布的极具针对性的指令也具有一定的解纷功能，诸如“我禁止……，你要……”的原本零散式的指令逐渐从“裁判官之非常处置”逐步演化成为了相对固定的“裁判官保护方法”〔1〕。而后，基于大量个案积累，且经历了较长时间司法实务方面的经验总结及系统化的理论升华，古罗马时期“令状”制度遂成定制〔2〕。在这一时期，民事令状作为民事诉讼中由裁判官颁发的一种命令或禁令〔3〕，并非仅着眼于具体的案件审理，仅限于微观价值，而是有效发挥了凭借具体民事案件中的适用旨在完成公共利益的伸张以及公共秩序的实现的功能和作用，恢复水源、保护地上权、防止暴力等皆可通过以令状制发的形式强令义务人完整交付其作为或不作为以将此类颇具公共利益及秩序的事项予以伸张〔4〕，因此，换言之，这一时期古罗马民事令状已然具有一项完整法律制度的外在形式，拥有了法律制度所应有的多元样式的集群效应。古罗马程式诉讼时期诞生的“令状”概念有其自身特点，乃拉丁文Interdictum（亦可写作Interduos）的中文译法，指示的是“大法官凭借其统治权依当事人一方申请向对方当事人下达的作为和不作为的命令”。〔5〕显然，接近于我们通常所言的来源于英美法系的现

---

〔1〕陈朝壁：《罗马法原理》，法律出版社2006年版，第570页。

〔2〕参见江平、米健：《罗马法基础》，中国政法大学出版社2004年版，第449页。

〔3〕参见陈朝壁：《罗马法原理》，法律出版社2006年版，第350页。

〔4〕例如：恢复水源令状（Interdictum de fonte reficiendo）、捡拾果实令状（Interdictum de glande legenda）、修复水道令状（Interdictum de rivo reficiendo）、保护地上权令状（Interdictum de superficiebus）、拆除施工令状（Interdictum demolitorium）、防止暴力令状（Interdictum de vi）等。

〔5〕曾庆敏主编：《法学大辞典》，上海辞书出版社1998年版，第268页。

代令状，此处“令状”同样以要求受送达人给付相应的作为抑或不作为为主要内容，亦正基于积极行为给付书面命令与消极行为给付书面命令所环绕的古罗马令状与现代诉讼中司法令状的中心涵义极为相近，故此，多数情况下，我国学者亦选择将其不加区分地直译作“令状”。但是，这一时期的“令状”毕竟与现代意义上的司法令状不完全相同，具体而言，该类令状的制发主体为古罗马之裁判官（Praetor，亦被译为执法官、大法官、最高裁判官等），乃裁判官作出的用以命令某人做某事以及禁止某人做某事的固定程式和套语的集合，因此，拥有较为浓郁的行政特色。不仅如此，“令状”（Interdictum）的适用范围通常集中，主要涉及的是针对物的占有以及针对权利的准占有的临时性处置。正如德国学者萨维尼在其名著《论占有》中的观点：罗马这一时期所有的占有之诉均是通过令状的形式进行处理的，但实际上，我们必须承认，罗马法对占有的保护途径既包括令状又包括诉讼，只不过“直到帝政时期之前诉讼对占有的保护只具有补充性，所以占有令状的保护方法显得更有普遍性和重要性”〔1〕。因此，并不似现代令状着眼于诉讼过程中的内置视角，古罗马这一时期的“令状”（Interdictum）所拥有的是与诉讼相并列的平行视角。经初步统计，这一历史时期的令状规模已相当庞大，因此，基于当时令状在占有保护及其他领域的重要价值，法学界已然依照不同的划分标准对其进行过相对周延的个性梳理及类型化研究：根据法学家盖尤斯公元161年完成的《法学阶梯》第四卷第161～170段，针对“令状”，基本可作如下的“三元化”划分〔2〕：依据功能之不同，令状可被细化为禁止性令状、出示性令状

〔1〕 杨佳红：“罗马法上占有保护的理论重构”，载《内蒙古社会科学（汉文版）》2006年第4期。

〔2〕 参见宋飞：“盖尤斯法学思想解读”，载 http://www.legalinfo.gov.cn/zhuanti/content/2009-03/24/content_1058708.htm，2012年10月13日访问。

和返还性令状[1]；依据目的之不同，令状可被划分为取得占有令状、恢复占有令状、维护占有令状和两地占有令状；以受送达人的地位是否在诉讼过程中基于反诉等发生互换或合并为标准进行划分，令状则主要由简单令状（单令状）和双重令状（复令状）组成。当然，科学理论从不欠缺针对新观点的包容性，除上文的界分方式外，针对“令状”亦不乏其他分类方法，例如：依据具体内容不同，“令状”还可作神事令状和世俗令状、公益令状和私益令状、有期令状和无期令状、转移令状和不转移令状的类型划分。但是，法律概念的类型样式若愈发呈现繁荣的多“相”之态，就特定角度而言，其涵义的本质可能愈发模糊不清。统揽来说，于最核心的本质层面，这一时期的“令状”应被划归为一种以保护公共利益及维护公共秩序为目的的临时性处置和实时性命令更为适宜。基于此，学界多数观点已然将该历史阶段的“令状”全然定性为一种行政措施的学术观点才具备其合理性，具体原因为：裁判官在制作和签发令状时并不是以司法机关的身份，裁判官在作出令状之际也尚未向具体案件指派任何审判人员，其制发令状的直接目的在于将法定利益的应然所在在诉讼之外向争议的双方进行预先的明析和宣示，裁判官只在请求保护之事实显而易见（或被其本人推定存在）以及有获得救济的紧急需要情况下才会发布令状[2]，裁判官的“令状”发布之后，

〔1〕 禁止性令状，是用来禁止做某事的令状，类似于现代的保全制度，是裁判官为暂时维持现有状态而发出的禁止某人实施某种行为的命令，例如对无瑕疵占有人之暴力的令状，或对有权在埋葬死者的地方埋葬死者的人的暴力的令状，或就在圣地为建筑的令状，或对在公共河流及其河岸做某种妨碍航行之事的令状；恢复性令状，是用以命令返还某物的令状，例如命令某人把作为继承人或作为占有人占有的遗产物中的财产之占有返还给遗产占有人的情况，或命令返还占有给被以暴力赶出土地之占有者的情况；出示性令状，是用以命令作出出示的令状，例如出示其自由权有争议的人的令状，或出示恩主命令其提供劳务的解放自由人的令状，或应尊亲的申请出示处于其权力下的子女的令状。参见徐国栋：《优士丁尼〈法学阶梯〉评注》，北京大学出版社2005年版，第559～565页。

〔2〕 参见黄风：《罗马私法导论》，中国政法大学出版社2003年版，第35页。

如果双方当事人接受并履行“令状”，则案件自然被宣告终结；相反，如果一方当事人对“令状”表示不服抑或提出抗辩，则裁判官还需继续履行其职责进而指派审判员对案件进行审理〔1〕。显然，此时的“令状”除了跨越了具体案件而更具保护公共利益及维护公共秩序的意味之外，其由裁判官“毋需经过证讼程序”即可作出的“临时性司法处置”的定位和性质使其难与判决书、裁定书、决定书、现代令状等常态性的由法院所制发的诉讼文书比肩〔2〕。公元294年，程式诉讼被废除，与之相对应的“令状”制度也逐渐走向消亡。

此后，“令状”作为行政命令使用以及逐渐司法化的时代宣告终结，大陆法系各国开始逐渐深入到三大诉讼具体案件的审理和执行层面深层探寻未来民事令状发展的可能方向和具体路径，司法令状的时代渐次开启。但是，与英美法系中民事司法令状的后续发展呈现出以英国为中心的“环形”扩散不同，大陆法系国家的民事司法令状的演化过程更多呈现出的是“各自为政”的点状发展及线型扩散的特点，相异国家之间，彼此民事司法令状的学习和交流也多为“点对点”的单线型传播程式。究其原因，大陆法系国家之间彼此语言的融通性不及英美法系国家可谓其首要原因。大陆法系不同国家对于民事令状的概念表述、类型设置、体系架构等问题的规制都不尽相同且存较大差异，这不仅造成各国在立法层面借鉴彼此立法例时确存较大难度，而且，即使只是在科学研究的纯理论层面也已然造成我们在对大陆法系各国民事令状进行国别或地区间的比较分析时难以找到极为严谨的同位类比项；但毋庸置疑的是，大陆法系各国民事令状制度必然以法院所制发的行为给付命令为其共同意旨，

---

〔1〕 参见唐晓晴：“现代占有制度赖以构建的原始要素”，载 http：//www.civillaw.com.cn/wqf/weizhang.asp？id=29895，2012年10月13日访问。

〔2〕 参见徐国栋：《优士丁尼〈法学阶梯〉评注》，北京大学出版社2005年版，第559页。

统一关注诉讼的顺畅运行，共同选择实现当事人的实体权利及程序权利为其立法目标。质言之，通过强制受送达人依“令”不为以抑制当事人及其他诉讼参与人的“过分之举”、催促当事人及其他诉讼参与人依法作为以弥补自己行为中的“不足之处”是大陆法系各国所共同追求的价值目标。考诸文献，目前，大陆法系大多国家及地区的民事诉讼中均普遍设置了隶属于其自身的具有鲜明国别差异的个性化的民事令状系统，作者试举几例：

首先，大陆法系国家或地区中亦有通用英语的范例，该类地区相较而言更易受到英美法系庞大令状机制的同化或影响。加拿大魁北克省被认为具有大陆法系的立法渊源及特色，该地区通用法语和英语，曾先后于17、18世纪成为法国和英国的殖民地，但具化到民事令状领域，相较大陆法系专属的令状源起——Interdictum，可以说，其实，该地区民事令状制度更大意义上受到了英美法系令状（Writ）的影响。鉴于其特定的历史背景，大陆法系与英美法系的法制特色在该地区混合杂糅，不过，不得不承认，依据其现行《民事诉讼法典》[1]，目前，该省所适用的民事令状类型似与英美法系国家更为接近，主要类型包括：查封令状（Writ of Seizure）、执行令状（Writ of Execution）、传讯令状（Writ of Summons）、传召出庭令状（Writ of Subpoena）、驱逐令状（Writ of Expulsion）及人身保护令状（Writ of Habeas Corpus）等。

其次，跳脱英语语系，再以大陆法系中不以英语为其通行或官方语言的国家和地区为例，其民事令状制度则更多呈现为具有浓郁的个性特征及地方特色：首先，以德国为例，依据现行《德意志联

〔1〕“加拿大魁北克省民事诉讼法典”，载 http：//www2. publicationsduquebec. gouv. qc. ca/dynamicSearch/telecharge. php？type = 2&file =/C_ 25/C25_ A. HTM，2012 年 12 月 13 日访问。

邦共和国民事诉讼法》[1]，我们发现，民事令状的重点类型主要适用于审判程序中证据的提供环节以及执行程序中权利的实现环节，各式诉讼参与人务必依“令”、遵“令”真实给付诉讼行为，以积极作为或消极不作为协力于诉讼的顺畅运行成为其民事令状的主要意旨。经作者初步统计，目前，其民事诉讼法典中，民事令状的分布相较分散，现存典型令状形式主要涉及但并不限于以下类型：当事人亲自到场命令（第140条）、提出文书命令（第142条）、提供担保命令（第349条）、举证人制作嘱托书并协力完成嘱托事项命令（第364条）、拘传命令（第372条）、拘留命令（第390条）、责令对方当事人提出证书命令（第425条）、宣誓命令（第454条）、假扣押命令（第545条）、假处分命令（第545条）、暂时命令（第572条）、执行命令（第589条）、支付命令（第688条）、保护命令（第713条）、清偿命令（第814条）、转付命令（第849条）、管理命令（第858条）、提存命令（第858条）、起诉命令（第926条）[2]、禁止支付命令（第1119条）等。其次，再以日本为例，由于日本民事诉讼的民事保全与强制执行两部分内容均被单独立法，采取《民事诉讼法》之外的外置式立法模式，因此，日本的民事令状制度也就自然而然地被分化为相对独立的三大“集群”，法典令状、保全令状、执行令状的“三元并置”成为日本民事令状的主要特色：①日本现行《民事诉讼法》借鉴自德国，是“日本政府（明治政府）为实现日本近代化而火速制定的一系列基本法典之一”[3]。该法于明治24年（1891年）1月1日实施，历经1926年、1948年、

[1] 参见《德意志联邦共和国民事诉讼法》，谢怀栻译，中国法制出版社2001年版，第10~310页。

[2] “本案尚未系属时，假扣押法院应依申请，不经言词辩论，命令申请发假扣押命令的当事人在规定期间内起诉。不遵从此项命令时，应依申请以终局判决宣布撤销假扣押。”参见《德意志联邦共和国民事诉讼法》，谢怀栻译，中国法制出版社2001年版，第10~310页。

[3] [日]竹下守夫：“日本民事诉讼法的修订经过与法制审议会的作用”，载《清华法学》2009年第6期，第6页。

1996年、2003年、2007年等多次修改与修订，目前，最新版本的日本《民事诉讼法》颁布于平成8年（1996年）6月26日，并于平成19年（2007年）9月30日最终修改施行，该法共8编405条，统揽而言，具有典型的职权主义属性、大陆法系特色[1]。具体到民事令状层面，日本《民事诉讼法》虽在民事令状的规模数量及类型设置两方面的立法设计上并不具突出之处，其典型的民事令状样式大致为以下4类：提供担保命令（第75条）、呼出状（第94条）、诉讼续行命令（第129条）以及文书提出命令（第221条）。但是，分析之后，我们发现，以上令状无一例外地与大陆法系职权主义模式下"程序辅助型"的令状制定模式更为符合，其设立主旨被统一设置为倾向于通过责令受送达人为一定行为或者不为一定行为以辅佐并协助于司法机关审判权和执行权的顺利行使。相较而言，更重程序辅助而非权利实现乃大陆法系民事令状设计的独有特色，更倾向于采法院之视角而非当事人之视角强令受送达人给付作为与不作为以协力于程序的秩序价值与公正价值、辅助诉讼向程序正义特定要求的回归是其民事令状的显著特色，上述民事令状之中，担保提供命令、诉讼续行命令以及文书提出命令的程序辅助意味已较为明显，自无须多言；而关于呼出状，日本《民事诉讼法》之中，呼出状主要被设置于第一编总则部分的第五章（诉讼程序）第三节（期日及期间），其主旨与我国的传票、出庭通知书以及英美法系国家所普遍适用的传讯令状相对接近，是一种由法院向负有出庭义务的诉讼参加人签发的要求其按时出庭的书面命令[2]。可见，在我们将形式层面理解域外法律名词概念时的语言藩篱真正卸除后，该令状作为命令

〔1〕参见白迎春："论中国民事诉讼模式——以中日比较为视角"，载《太平洋学报》2009年第7期，第34~44页；王韶华："试析民事诉讼中超职权主义现象"，载《中外法学》1991年第2期，第17~20页。

〔2〕参见日本《民事诉讼法》（Code of Civil Procedure），载 http://www.cas.go.jp/jp/seisaku/hourei/data/ccp_2.pdf，2012年11月6日访问。

受送达人务必协力于法院进行积极行为给付的"程序辅助型"令状的大陆法系民事令状的本质属性也得到了同步的全面彰显。②日本现行《民事保全法》颁布于平成元年（1989年）12月20日，该法中所设置的民事令状主要着意于防止当事人的合法权益因法院诉讼隶属事后救济的自然属性而遭难以弥补之损害，由此，该法所设置的民事令状主要以约束性令状为主，限制受送达人作出某一诉讼行为的消极民事令状为其主要形式。当然，亦有旨在作出保全行为要求受送达人提供保全财产的积极性民事令状，该法典中主要典型民事令状包括假扣押命令（第20条）及假处分命令（第23条）。前者是指法院向当事人签发的要求其提供特定财产以便法院实施保全的书面命令；后者则是法院向当事人签发的要求其停止作出变更系争物现状之行为的书面命令。[1]③日本现行《民事执行法》颁布于昭和54年（1979年）3月30日，相较而言，不同于《民事诉讼法》及《民事保全法》中诉中及诉前程序中更为多见的"程序辅助型"令状，《民事执行法》所设置的民事令状相较在权利的实现领域更为侧重。初步统计，该领域所涵盖的民事令状主要包括下列类型：担保命令（第15条），即法院向申请执行人发出的要求其向令状制发法院或者执行法院所在地的地方法院履行相应额度的金钱或者有价证券的提存行为的书面命令；假执行宣告的督促支付令（第22条），即法院向已被法院作出假执行宣告后的债务人或者第三债务人发出的督促其履行交付行为的书面命令的总称；交付命令（第83条），即法院依照买受人的申请而向债务人或者其他不动产占有

---

〔1〕 参见日本《民事保全法》(1991年1月1日实施)：载 http：//law. e－gov. go. jp/cgi－bin/idxselect. cgi? IDX_ OPT＝1&H_ NAME＝%96% af% 8e% 96&H_ NAME_ YOMI＝%82% a0&H_ NO_ GENGO＝H&H_ NO_ YEAR＝&H_ NO_ TYPE＝2&H_ NO_ NO＝&H_ FILE_ NAME＝H01HO091&H_ RYAKU＝1&H_ CTG＝1&H_ YOMI_ GUN＝1&H_ CTG_ GUN＝1，2013年1月18日访问；白绿铉编译：《日本新民事诉讼法》，中国法制出版社2000年版，第210～284页。

人发出的要求其将不动产交付买受人的书面命令；在申请船舶执行前船舶国籍证书的交付命令（第115条），即法院为了保障案件的顺利执行，而在执行申请之前，依照债权人的要求，向债务人发出的命令其将船舶国籍证书递交执行官的书面命令；扣押物的交付命令（第127条），即法院依照扣押债权人之申请向占有扣押物的第三人发出的要求其将该物交付执行官的书面命令；扣押命令（第145条），即法院向债务人以及第三债务人发出禁止债务人为收取债权之行为、禁止第三债务人向债务人为债务偿还之行为的书面命令；转付命令（第159条），即法院依照扣押债权人的申请向债务人以及第三债务人发出的要求其将被法院扣押的金钱债权以券面额代替支付的书面命令；让渡命令（第161条），即法院向债务人以及第三债务人发出的要求其将因附有条件或附有期限而使债权人难以收取的被扣押债权直接让渡给债权人从而代替支付的书面命令；管理命令（第161条），即法院向执行官发出的要求其依法选任财产管理人对因附有条件或附有期限而致使债权人目前难以为收取之行为的被扣押债权实施管理的书面命令；卖出命令（第165条），即法院向执行官发出的要求其按照执行法院所决定的方式将因附有条件或附有期限而致使债权人目前难以实际收取的被扣押债权直接进行卖出的书面命令；拍卖命令（第166条），即法院向执行官发出的要求其按照执行法院决定的方式将因附有条件或附有期限而致使债权人目前难以实际收取的被扣押债权进行拍卖的书面命令。〔1〕

〔1〕参见“日本民事执行法”（1980年10月1日实施），载 http://law.e-gov.go.jp/cgi-bin/idxselect.cgi? IDX_OPT=1&H_NAME=%96%af%8e%96&H_NAME_YOMI=%82%a0&H_NO_GENGO=H&H_NO_YEAR=&H_NO_TYPE=2&H_NO_NO=&H_FILE_NAME=S54HO004&H_RYAKU=1&H_CTG=1&H_YOMI_GUN=1&H_CTG_GUN=1，2013年1月18日访问；白绿铉编译：《日本新民事诉讼法》，中国法制出版社2000年版，第210~284页。

（三）两大法系民事令状比较分析

比较乃思维之基础，两大法系中，民事令状制度不仅在横向比较时会呈现出巨大的地缘差异——不同国家和地区的民事令状制度迥然不同、特点鲜明，而且，在进行纵向层面的历史发展进程的对比时，同一法系内部围绕民事令状统一客体的学说流派亦为多元。首先，通过对相异法系不同国家民事令状各个历史时期发展特点和演化趋势所进行的比较研究与鉴别研究，我们发现，两大法系各自民事令状之独立演进的个体属性十分明显，即便是仅作同一法系同一国家或同一地区之内力尽纯粹的单一分析时，仅时间节点上的微小差异也极有可能导致所探讨的民事令状概念大相径庭。可见，民事令状的基本含义无论是于宏观的两大法系还是在微观层面法系之内的国别比较时均显露出众多差异。现代司法令状视阈下，民事令状作为一个“多型”、“多相”的集合式概念，在两大法系内凭借其强力矫正各类诉讼参加人诉讼中的逆法作为以及不作为，切实保障当事人权益实现的综合优势“错位竞争”于其他法院文书独显其价值。可比性以概念的趋近性为基础，此前提下，“不同法律制度的规定，无论在形式意义还是在实质意义上，都可以不加直接的历史批判而进行比较”〔1〕。针对每言及民事令状总难以彻底抛却普通法启诉令状思维的学术研究惯性，我们只有分别于两大法系中“逆流而上”统一回溯到民事令状的创设之初并“居高临下”、“统揽全局”地将其各自司法令状部分的发展脉络进行重点撷取并加以条分缕析，由此获得的两大法系民事令状的比较研究成果才堪称具有历史的厚重性与理论的科学性。“文字并不总是单义的、字面上的含义”〔2〕，虽然是在统一探讨民事令状这一课题，而且，民事令状这一法律文

---

〔1〕 英国法学家梅因观点。转引自［美］波洛克：“比较法学的历史”，张小平译，载《比较法研究》2011年第5期，第150页。

〔2〕［英］马丁·洛克林：《剑与天平——法律与政治关系的省察》，高秦伟译，北京大学出版社2011年版，第99页。

书在各国的冠名方式已然趋同，但这未必全然引致其具体涵义的各个层面均为统一。实际上，两大法系内，其各自民事令状的基本概念在发展历程、历史源起、个性特征、本质属性等诸方面皆存迥异之处。虽然，就目前而言，无论隶属法系为何，世界各国民事令状已然相较统一地共同指向判决、裁定、决定之外民事诉讼中由法院或法官向各式诉讼参与人签发的要求其务必进行某一行为之给付的书面命令。但是，如今获得的共识并非“自始如是”，更大层面上，令状概念的力尽统一是行政令状时期及司法化令状时期结束、司法令状阶段开启以及民事诉讼、刑事诉讼、行政诉讼“三元分化”的现代程序法理念日益国际化合力的结果，在更为早期的两大法系，情况并非如此。例如，若仅讨论英美法系内部，我们便发现，谈及民事令状的确切所指时，必须与该词汇特定的使用语境结合起来才能获得准确阐释。不同历史及语境之中，民事令状的概念迥异，民事令状既可被用于特指以国王的名义制发的旨在启动王室法院诉讼的原始令状和启诉令状，又可被用于指示诉讼开启之后法院向各式诉讼参与人送达的要求其必须为相应作为或不作为之给付的书面命令。因此，一时间，对两大法系为民事令状之对比研究时，我们究竟应以哪个时代的法律为标准，从法律的哪个部分、哪个角度来切入，这些都成为不容易解决的问题〔1〕。因为，若欠缺统一的理论切口，看似严谨的针对形式同一的“民事令状”的比较研究也会沦为本质相左的理论探讨。不过，令人欣慰的是，在本章的开篇已然分别针对两大法系民事令状的行政令状时期、司法化令状时期、司法令状时期进行了较为充足的基础性分析，基于此，我们才对下文中开展两大法系视阈下民事令状的体系性对比研究拥有了些许自信。需再度强调，本书以下进行民事令状比较研究时仅采令状作为法院制发的行为给付书面命令层面的理论涵义，以动态强力矫正各式诉

---

〔1〕 参见杨兆龙：《大陆法与英美法的区别》，北京大学出版社2009年版，第39页。

讼主体的作为与不作为的诉讼文书作为民事令状对比分析的概念连接点。

两大法系中，民事令状之间拥有诸多共性，不仅民事令状在含义、要件、进程等多方面基本共通，强制优势、便捷优势、附随优势亦颇为相似。而且，受送达人的“必为义务”引致出法院的积极令状、受送达人的“禁为义务”对应着法院的消极令状的诉讼法理更是几无二致，但相对共性而言，两大法系民事令状的“殊相”才是主流，具体而言：

首先，两大法系的民事令状制度存在诸多共性：

（1）涵义相同。无论是英美法系还是大陆法系，无论是以当事人主义诉讼模式为主流的国家和地区还是以职权主义诉讼模式为主流的国家和地区，其诉讼理念均无一例外地强调法院的终局裁判地位，重视各类诉讼参与人在民事诉讼案情终获查明以及公正裁判终于得出过程中的关键作用。就本质而言，民事案件的诉讼解纷过程即为法院与当事人及其他诉讼参与人共同致力于为获得本案公平正义裁判结果而务必协调合作的过程。只是，“正义本身就是一个冲突的概念，或者说，正义这一概念本身就处于复杂的社会冲突之中”[1]，因此，在诉讼的实际进行过程中，各类诉讼主体的矛盾对抗总呈无法避免之态，正是矛盾引发了诉讼，而诉讼的解纷过程亦与矛盾相伴生，正因如此，在审理过程中，法院的中立属性和超然地位必然要求其务必坚定地担当起公正有力地维护和执行立法所预设的诉讼规则和诉讼秩序的重任，因此，我们必须赋予其享有命令各式诉讼参加人务必依“令”而行、依法而“动”以切实实现对公正、秩序、效率的诉讼程序及诉讼规则之恪守的强制命令权，而这一权力的具体载体即为法院制发的民事令状。在执行过程中，面对

〔1〕 宋显忠：“程序正义及其局限性”，载《中国诉讼法学精萃》，高等教育出版社2005年版，第10页。

当事人的拒不清偿行为，法院的强制属性不仅要求其采取有效方式责令败诉当事人践行生效法律文书为其设置的履行义务，而且还要求法院采取有效方式命令协助执行人等其他类型的诉讼参与人真正承担起协助履行生效法律文书的行为给付义务，否则，法院将对上述违法主体实施罚款、拘留等惩罚。科学的惩罚会使人认识到自身行为中的错误，以使其“不仅把既定的规范看作一个存在的事实，而且作为自己行动的标准以及评判他人行为的标准”。[1]由此，为有效完成对于上述诉讼主体诉讼行为的切实约束和真正规范，两大法系的立法者均将目光统一投向了民事令状。究其原因：其一，作为一种由法院灵活制发的行为给付方面的书面命令，民事令状不具有终局性，可以由法院依据具体案情依照法律规定适时制发，其制发数量通常不受限制；其二，民事令状亦不具有阶段性，可以在诉前、诉中、诉后各个环节广泛适用；其三，民事令状在送达对象上也不具有严格的限定性，送达范围可以涉及广泛意义上的各式诉讼参与人。因此，可以说，民事令状在两大法系之中具有相同的理论内核，统一用于指示法院向各式诉讼参与人广泛制发的要求其必须履行积极之作为义务抑或消极之不作为义务的书面性强制命令，且统一具备以下优势：该类法院文书极富强制优势，作为受送达人可被约束的主观范围十分广泛，各式诉讼参与人的违法作为及不作为均需被及时矫正；该类法律文书具有附随优势，其制发通常并不与判决那样与程序的终局性相关联，而是随附于诉讼程序的各个环节适用；该类法律文书具备便捷优势，属于可依照案情随案适时制发的文书类型，制发频率、制发数量均未有限定，皆参考具体案情而定，极利于法院对各式诉讼参与人时时而为的逆法作为及不作为进行纠偏。

（2）要件相同。“法律以人的义务为出发点和重心”[2]，而义

---

〔1〕 张文显：《西方法哲学》，法律出版社2011年版，第342页。

〔2〕 舒国滢：《法哲学沉思录》，北京大学出版社2010年版，第308页。

务又多源于固化规则并由此具有最大程度的可遵从度和可接受性，诉讼义务亦为如此，综观两大法系，各国民事程序法针对各类诉讼参与人在民事诉讼中所应为的作为及不作为均预设了严格的法律规范。其中，积极的作为义务我们称为“必为性义务”，例如按时出庭、及时举证、依法履行生效法律文书等；消极的不作为义务我们则称为“禁为性义务”，例如禁止逃避执行、禁止实施特定消费、禁止虚假报告财产状况、禁止执行法院超期执行等。诸多作为义务抑或不作为义务被立法者以法典及司法解释的形式所预设而在理论上皆需要相对应的各式诉讼参与人所力尽遵守。然而，在真实案件的诉讼进程中，实际情况却总与立法预设相左，相应的诉讼主体针对其行为义务总会找到这样或者那样的原因而在切实履行其作为或者不作为义务时有所折扣，因此，经常有人会说，令状的发出不过是在强制实现一项“早已明确”的法律义务而已〔1〕。故此，基于以上所分析的特定主体在诉讼中所对应的“必为性义务”如若缺失履行将引发法院的积极性民事令状、诉讼主体的“禁为性义务”“如若缺失履行将对应引发消极性民事令状的诸多理论共识，两大法系才对于各自之民事令状制度提出了近乎相同的要件要求：主体须特定，民事令状必须由法院签发，而向已有诉讼义务履行缺失的实际行为或如此行为之可能的诉讼参与人进行送达；内容须特定，民事令状必须以要求受送达人为特定的行为或者限制受送达人为特定的行为为内容；形式须特定，因民事令状乃法院行为给付书面命令的总称，所以，书面形式为必备要件。

（3）发展及演进过程大致相通。两大法系中，虽然民事令状的源起不同，但从萌芽到成熟，其发展历程均大致经历了由行政属性到司法属性的转型，统一完成了由保障王权到捍卫人权的功能过渡。

---

〔1〕参见［美］杰克·H. 弗兰德泰尔、玛丽·凯·凯恩、阿瑟·R. 米勒：《民事诉讼法》，夏登峻等译，中国政法大学出版社2003年版，第599页。

具体说来，英美法系中，令状的最初定位为国王颁发的行政命令，“在12世纪初期以前，无论从内容还是用语方面，令状都反映了统治者的权威及命令式的口吻”[1]。其中，“英国国王政府颁发令状一般是作为行政管理的手段……只偶尔颁发司法令状”[2]。此后，行政命令（Administrative Orders）逐渐向司法化演进并越来越多地被司法活动所借鉴而转化为主要用于决定案件是否可被王室法院受理的原始令状（Original Writs）[3]。原始令状成为普通法形成过程中的一项重要制度，伴随令状由行政令状阶段、司法化令状阶段、司法令状阶段的渐次演进，在与王室法院管辖权及公民诉权紧密捆绑于一处的原始令状、启诉令状意义之余，令状还进一步衍生出了纯粹行为给付意义上广义司法令状方面的内涵，并由此成就了目前令状行为给付法院书面命令的现实面目，不过令状的功能效用在任何历史阶段并非是完全一维的，即便是令状已然主要在司法领域适用之后，在中世纪后期的整个欧洲，也仍存在相类似的命令文件始终被应用于政府行政[4]。而大陆法系，早期而言，与英美法系相似，其令状制度的初步萌芽也同样具有较为浓厚的行政特色。当时，令状的功用通常仅为“针对紧急情况而做出的临时性司法措施”[5]，其制发主体通常为裁判官，为裁判官作出的用以命令某人做某事以及禁止某人做某事的固定程式和套语的集合，古罗马的令状制度更多地是在裁判官角色积极、法官角色消极的程式诉讼时期一度盛行[6]。裁判

---

〔1〕 李红海：“译者序——司法地解读普通法”，载［英］R.C. 范·卡内冈：《英国普通法的诞生》，李红海译，中国政法大学出版社2003年版，第10页。

〔2〕《北京大学法学百科全书》编委会：《北京大学法学百科全书》，北京大学出版社2000年版，第488页。

〔3〕 参见汤维建：《美国民事司法制度与民事诉讼程序》，中国法制出版社2001年版，第257页。

〔4〕 参见［美］杰弗里·C. 哈泽德、米歇尔·塔鲁伊：《美国民事诉讼法导论》，张茂译，中国政法大学出版社1998年版，第10页。

〔5〕 费安玲主编：《罗马私法学》，中国政法大学出版社2009年版，第149页。

〔6〕 参见徐国栋：《优士丁尼〈法学阶梯〉评注》，北京大学出版社2005年版，第565页。

官在制作和签发令状时并不是以司法者的身份，其制发“令状”的直接目的在于将法定利益的应然所在向争议的双方进行预先的明析和宣示，裁判官只在请求保护之事实显而易见（或被其本人推定存在）以及有获得救济的紧急需要时才会发布令状〔1〕，如果双方当事人接受并履行“令状”，则案件自然被宣告终结；相反，如果一方当事人对“令状”表示不服抑或提出抗辩，则裁判官还需继续履行其职责进而指派审判员来对案件进行审理〔2〕。显然，此时的“令状”由裁判官“毋需经过证讼程序”即可作出的“临时性司法处置”的定位和性质使其难以与判决书、裁定书、决定书相比肩〔3〕。公元294年，程式诉讼被废除，其所对应的“令状”制度遂走向灭亡。因此，总揽而言，两大法系的民事令状依次共同经历了行政令状时期、司法化令状时期以及司法令状时期三大历史阶段，而后，英美法系中，民事令状终于从长期与诉权捆绑于一处的历史窠穴中挣脱出来，不再继续通过陈述一种违反社会安宁的过错而阐发中央司法权足以管辖的深层意蕴，从而构成开启国王法院审判程序的依据〔4〕。而大陆法系之中，民事令状也终于从被刑事令状强行挤压所形成的狭窄生存空间当中跳将出来。因此，经历了以上两大法系中民事令状的机能转变和功能转型，旨在强行规制各式诉讼参与人行为给付义务的新型令状概念最终形成，对应三大诉讼法，民事令状、刑事令状、行政令状三者比肩而立，共同组成了现代意义上司法令状的完整体系。

其次，共性之外，两大法系民事令状制度亦存在诸多不同，而

〔1〕参见黄风：《罗马私法导论》，中国政法大学出版社2003年版，第35页。

〔2〕参见唐晓晴：“现代占有制度赖以构建的原始要素”，载 http：//www.civillaw.com.cn/wqf/weizhang.asp？id=29895，2012年10月13日访问。

〔3〕参见徐国栋：《优士丁尼〈法学阶梯〉评注》，北京大学出版社2005年版，第559页。

〔4〕参见［美］杰弗里·C. 哈泽德、密歇尔·塔鲁伊：《美国民事诉讼法导论》，张茂译，中国政法大学出版社1998年版，第10页。

且，客观而言，其“殊相”远胜于“共相”，个性更盛于共性。具体而言，两大法系民事令状之间的对比研究表明，其间至少保有以下几点不同：

（1）渊源不同。大致说来，英美法系，民事令状制度肇始于公元9世纪英国盎格鲁·撒克逊时期的本族语令状“Gewrit”；大陆法系，民事令状的历史源起则更为久远，可以追溯至公元前2世纪开始的古罗马程式诉讼时期的裁判官令状“Interdictum”。

（2）模式不同。两大法系中“民事诉讼法的趋同化或统一化并非消除了各国或两大法系民事诉讼法之间的区别”[1]。民事令状层面，我们发现，英美法系的民事令状多为“护权型”，普遍适用的是“权利实现模式”。而大陆法系的民事令状则更多具有程序矫正意味，通行的是“程序辅助模式”。所谓权利实现模式，是指立法者在配置民事令状体系时更多地从如何保障和实现权利人实体权益和程序权益的角度出发来设置令状类型，并由此形成民事令状体系之最终构架的民事令状创设及运行过程中最基本特征的综合表述。所谓程序辅助模式，则是指立法者在配置民事令状体系时更多地从切实保障诉讼参与人及其他主体务必服从于法院审判与执行之权威并诚信辅助于诉讼发展的角度出发设置令状类型，并由此成就民事令状之最终构架的民事令状创设及运行过程中最基本特征的综合表述。英美法系国家之所以选择在民事令状领域适用“权利实现模式”，更倾向于从当事人的视野统览民事令状全局，将及时实现和全面维护权利人实体权利与程序权利作为制度的设计重心，更倾向于创设快速实现和全面维护权利人之合法权益的民事令状类型，民事令状领域显而易见的“当事人视野”其实是与英美法系整体而言的当事人主义诉讼模式相适应的。英美法系国家更加注重当事人在诉讼中的主体地位，程序的启动、运行、终结等各个环节均更依赖于当事人的自

〔1〕邵明：“民事诉讼法的发展趋势”，载《法学杂志》2003年第2期，第21页。

主推动而非法院的职权。证据的收集、提出和证明等诉讼义务亦由此更多地要由案件中的当事人等主体担当，因此，当事人主义诉讼模式对于当事人必须在整个诉讼过程中占据绝对之主体地位、具有绝对之主导作用的抽象与宏观意义上的强调，必然在微观层面对于包括民事令状机制在内的各式诉讼机制中均有影响。从某种角度上来说，"当事人主义诉讼中的裁判方，从诉讼的一开始，就注定要甘当默默无闻的配角"[1]，因此，鉴于当事人已成为毫无疑问的"主角"，顺理成章地，当事人主义诉讼模式下民事令状的设计理念也就被更多地融进了确保当事人权益如何真正实现的要素，故此，以执行令状为代表的"护权型"民事令状即占据了更大比例，这种更倾向于由当事人视野而非法院视野来设计和配置民事令状的理念其实恰好佐证了英美法系宏观意义上普遍采用的当事人主义诉讼模式。此外，虽然在形式层面，外在表象之上，英美法系民事令状同样展现为一种责令受送达人必为一定行为或者禁为一定行为的法院书面命令，同样以对司法权的强制属性及法院的权威属性的强力遵从为"第一要务"，但是，在实质层面，绝大多数英美法系民事令状却几无例外地兼具通过为受送达人设置强制性的行为指令以最终实现当事人程序层面抑或实体层面合法权益的深层意蕴。换言之，英美法系民事令状的权利实现属性相对而言更属其本质特征，而程序辅助属性则相形之下只占从属地位。以英美法系国家最为普遍设置的一种民事令状——传讯令状（Writ of Summons）为例，与大陆法系国家（包括我国）普遍设置的仅具宣示出庭义务、告知出庭时间及地点以确保诉讼参与人按时出庭的更具过程意味的"程序辅助型"民事令状不同，传讯令状要求必须通过请求背书的形式明确记载原告的请求[2]，因此，除了与大陆法系的出庭通知具有同样的协助诉讼

[1] 姚莉："论当事人主义审判模式"，载《法学家》1998年第6期，第30页。

[2] 参见汤维建、单国军：《香港民事诉讼法》，河南人民出版社1997年版，第58页。

续行的功能与效用之外，英美法系的传讯令状通常还具有另外两大功能[1]：通知被告填妥送达收据并将其退回法院办公室；通知被告如果他既不满足原告的诉讼请求又不在规定期间内退回送达收据，则法院有权作出对其不利的不应诉判决。显然，英美法系中的传讯令状绝不与大陆法系只通过矫正诉讼参与人的行为以恢复法庭审理之“中间秩序”的出庭通知相同。可以说，在英美法系，传讯令状与强制答辩制度互相配合，二者共同发挥了通过不应诉判决以快速实现权利人实体权益以及案件分流的结果效用。而另一方面，大陆法系国家的民事令状制度之所以最终选择适用“程序辅助模式”，更倾向于以法院的司法权作为民事令状构建的重心，并由此从强调当事人及其他诉讼主体需对法院为积极配合的角度创设更为大量的旨在保证各式诉讼参与人真正协同于法院权威而务必履行其“应为”或“禁为”义务的“程序辅助型”民事令状，大陆法系国家所普遍适用的职权主义诉讼模式为重要原因。“大陆法系一般从诉讼促进的立场出发，强调法官在程序合成过程中居于主导和指挥者的地位”[2]，因此，大陆法系国家更注重权力机关法院在民事诉讼中的核心地位，鉴于法院与法官被置于民事令状体系预设的思维中心，顺理成章，各国立法者遂更多地强调切实履行当事人和其他诉讼参与人对法院的积极配合义务以确保整个诉讼程序在公平正义的理念下持续运行。既然在宏观意义上大陆法系选择了以法院的司法权作为其诉讼制度构建的绝对重心和必然中心，那么，这一理念必然也同样在微观意义上渗透到各类诉讼机制的内部，其中，民事令状领域亦概莫能外。在大陆法系国家的民事诉讼中，法院往往无可动摇地被视为程序的主推者和控制者，占据了绝对的诉讼指挥者地位，

---

〔1〕 参见沈达明编著：《比较民事诉讼法初论》（上册），中信出版社 1991 年版，第 34 页。

〔2〕 肖建国：“香港民事司法救济法论——以比较法为视角的研究”，载《北京科技大学学报（社会科学版）》2000 年第 2 期，第 73 页。

然而，无法否认，“利己性”通常为诉讼之中除法院之外的其他主体的第一属性，因此，为了获得利己判决，“双方当事人热衷于……以非程序化、非正当的方式影响法官对案件的公正判断”[1]，诉讼两造及其他参加人这种纯粹私益角度的“无规则竞技”势必将对程序的公平正义产生影响。真实的诉讼中，上述主体究竟是否切实依法履行其诉讼作为或不作为义务将拥有牵掣程序正义理念实现与否的直接“制约效果”，“程序正义的根据不是单方面的主观意愿而是外在的规则”[2]，而一旦这种外在规则得不到纠纷当事人以及相关诉讼主体的切实遵从，法院所实施的公力解纷也必将因此丧失其应有的秩序性而最终沦落为一场空洞的自欺欺人的“闹剧”，所以，基于上述综合因素，大陆法系在配置其民事令状时往往更加注重通过责令受送达人务必依法给付“必为行为”或者“禁为行为”的方式以使各类诉讼主体尽可能达到从主观思维到客观行为的真正协同，和谐地集聚于法院权威之下，恪守法律之要求，践行其“当为”和“应为”义务，从而保障民事纠纷的解纷过程确实在正当程序的理念下富有规则和秩序地顺畅运行。以我国大陆地区民事诉讼中的“票”体令状为例，与前述英美法系的传讯令状不同，我国大陆地区“票”体民事令状通常被视为仅具程序意义上的宣示和强制作用，属于典型的“辅助型”令状而非英美法系的“护权型”令状：传票只负责将开庭时间、开庭地点告知案件当事人，被告是否作出答辩属于其可以自由处分的程序权利，而双方当事人究竟是否能够按时出庭通常并不会对其实体权利的得失造成决定性影响。原则上，被告拒不出庭，即便属无正当理由，一般也仅对法院的诉讼管理权及诉讼指挥权形成挑战，法院需作出拘传之行为或者于缺席审判之下“秉公”

---

〔1〕 张卫平：“民事诉讼基本模式：转换与选择之根据”，载《现代法学》1996年第6期，第16页。

〔2〕 宋显忠：“程序正义及其局限性”，载《中国诉讼法学精萃》，高等教育出版社2005年版，第6页。

裁断，可见，“票”体令状并未如传讯令状那样令法院拥有仅凭被告拒绝履行令状之行为给付即可直接以不应诉判决的形式快速实现对方权利之申索的“护权”功能。显然，通过比较英美法系中的传讯令状与大陆法系中的传票与拘传票，两组概念虽共同承担了部分相似的诉讼功能，但是，英美法系的传讯令状显然具有更大量的当事人主义要素，其创设理念中包含了快速实现当事人权益的深层意指，为“权利实现模式”的典型范例；而大陆法系的传票、拘传票则明显涵盖了较多的职权主义要素，即便对于追索赡养费、扶养费、抚育费、劳动报酬案件和婚姻案件等必须到庭的被告，也只保有在经过两次法院传票传唤仍无正当理由拒不到庭的情况下制发拘传票以将其强制到庭的权力，而不可像英美法系传讯令状规定的那样具有仅凭被告违反传讯令状之行为即直接适用不应诉判决而实现对方权利的权利实现功能。可见，不同于英美法系，大陆法系上述民事令状的创设目的更直接地指向维护法院的权威及保障诉讼程序的顺畅运行，属于典型的“程序辅助模式”。

（3）主要适用阶段不同。“诉讼的过程也是案件被符号化的过程”[1]，诉前、诉中、诉后等不同的阶段依次组成了民事诉讼阶段化演进的整个过程：诉前阶段，考虑民事诉讼乃事后救济的本质属性，立法必须将如何尽力避免当事人合法权益因救济后置而遭受无法弥补之损害加以充分考量，由此，“护权型”的诉前禁令等民事令状成为践行上述理念的代表性符号；诉中阶段，案情的还原和法律的适用成为各类诉讼主体诉讼行为的统一指向，争议发生之后即成为历史，任何人都无法回溯历史而将案情进行百分之百的还原，因此，确保法院的解纷过程完全践行过程正义、程序正义、法律正义成为诉中审判的首要任务，我们只能最大程度地接近真相而无法完

〔1〕 宋显忠：“程序正义及其局限性”，载《中国诉讼法学精萃》，高等教育出版社2005年版，第9页。

全掌握和澄清真相，因此，在这一阶段，旨在将各式诉讼主体的作为与不作为完全矫正于立法的预设框架之中的程序辅助型的民事令状更为多见；诉后阶段，通常而言，即执行阶段，鉴于该案各个审级均已告终结，本案结果正义、实体正义、实质正义可谓已现，则接下来的诉讼任务便是如何将已然明确记载于生效法律文书之上的书面权利切实转化为实然权利了，这一阶段的民事令状将更多地以权利实现型令状为主，由此，以执行令状为代表的大量诉后民事令状即成为这一诉讼阶段当事人实体权利会否实现的切实仰仗及典型符号。以两大法系为视角剖析其各自民事令状适用的主要阶段，我们发现：英美法系的民事令状遵从的是“权利实现模式”，因此，大量民事令状与实体权利及实体义务间具有更为紧密的联系，“实体型”令状于数量上远超“程序型”令状，亦正基于此，英美法系之中，民事令状的主要适用域为诉前阶段、诉后阶段，而多不以诉中的审理阶段为主。首先，以英国为例，1999 年 4 月 26 日，英国《民事诉讼规则》开始施行〔1〕，其第四部分对于法院表格进行了专项规制，根据该部分的诉讼指引（Practice Direction），目前，英国所适用的“Writ 本族”民事令状绝大多数为“权利实现模式”，民事令状广泛分布于诉讼各环节，诉前民事令状、诉中民事令状、诉后民事令状的使用各有集中，但相较而言，除审判程序之外的诉前及诉后两大阶段中民事令状似呈现为更为集中的聚集，“Writ 本族”民事令状之中除三种人身保护令状（Writ of Habeas Corpus）外〔2〕，余者基本上全部只针对诉后执行领域适用，例如：扣押债务人财产令状

〔1〕 英国《民事诉讼规则》（Civil Procedure Rules）和《诉讼指引》（Directions），载 http：//www. justice. gov. uk/courts/procedure – rules/civil/rules，2013 年 1 月 20 日访问。

〔2〕 英国的人身保护令状包括：解交被拘押者并说明其拘押日期及原因令状（Writ of Habeas Corpus ad subjiciendum）、责令被监禁犯人出庭作证的令状（Writ of Habeas Corpus ad testificandum）、责令下级法院将监禁的犯人移送至其他法院进行审理或起诉的令状（Writ of Habeas Corpus ad respondendum）。

(Writ of Fieri Facias)[1]、交付令状（Writ of Delivery）、管有令状（Writ of Possession）、占有并扣押财物令申请令状（Writ of Possession and Fieri Facias Combined）、复还令状（Writ of Restitution）、暂时扣押令状（Writ of Sequestration）、给予援助令状（Writ of Assistance）等；再以新加坡为例，新加坡具有典型的英美法系特征，经过笔者对其民事诉讼程序“Writ 本族”民事令状的初步查询[2]，其诉中审判阶段亦非其民事令状的主适阶段，而诉前阶段及诉后阶段则相对更为集中，该国民事诉讼中诉中阶段适用的“Writ 本族”典型令状大致仅为传讯令状（Writ of Summons）的一种，而诉前阶段与诉后阶段所适用的令状样式却是类型丰富、十分广泛，仅执行阶段的执行民事令状就包括了查封令状（Writ of Seizure）、变卖令状（Writ of Sale）、交付令状（Writ of Delivery）和扣押令状（Writ of Distress）等多种形式。而大陆法系的民事令状制度由于遵从的是“程序辅助模式”，因此，绝大多数的民事令状与程序权利、程序义务具有更为密切的关系，其中，“程序型”民事令状的规模大大超过了“实体型”民事令状，亦由此，比较传统的观点认为，相对而言，大陆法系国家的民事令状更为集中的适用领域为民事诉讼的诉前阶段或诉中阶段，而不以诉后的执行阶段为典型适用域。以我国为例，除香港地区之外，我国澳门、台湾、大陆地区的民事诉讼更具大陆法系特色，故此，关于民事令状的主要适用域更趋于具有一体的共通属

---

〔1〕 扣押债务人财产令状包括：基于诉讼费用命令的扣押债务人财产令状（Writ of Fieri Facias on Order for Costs）、扣押部分财物之后的扣押债务人财产令状（Writ of Fieri Facias after Levy of Part）、对遗产管理人的扣押债务人财产令状（Writ of Fieri Facias against Personal Representatives）、对教会财产的扣押债务人财产令状（Writ of Fieri Facias de bonis ecclesiasticis）、执行北爱尔兰或苏格兰判决的扣押债务人财产令状（Writ of Fieri Facias to Enforce Northern Irish or Scottish Judgment）、执行外国登记判决的扣押债务人财产令状（Writ of Fieri Facias to Enforce Foreign Registered Judgment）等。

〔2〕 “新加坡民事诉讼程序”，载 http：//www. singaporelaw. sg/sglaw/laws－of－singapore/overview/chapter－2，2015 年 8 月 16 日访问。

性：在澳门地区，澳门《民事诉讼法典》之中诸如第116条、第126条、第137条、第138条、第823条等大量法条均为针对诉前和诉中的法院命令状所进行的针对性规制，而与之相较，初步统计的结果显示，其执行阶段民事令状的类型及规模则相形见绌，典型的诉后执行令状主要为第935条所规范的勒迁命令状以及第936条所规范的停止执行命令状两大类；在台湾地区，根据前文统计，其所适用的典型民事令状更是全然与传统的诉后执行程序无关，台湾“民事诉讼法”第508~521条所规制的支付命令及第566、567条等所规范的禁止支付命令分别隶属于传统争讼程序前的督促程序和公示催告程序两类非讼程序，前者是指法院面向债务人签发的督促其给付金钱、其他代替物或者有价证券的书面命令；后者则是在公示催告程序宣告无记名证券无效之后法院向证券发行人签发的禁止其为支付之行为的书面命令；而再换之以我国大陆地区的视角，专门适用于诉中民事审判程序的民事令状样式也是异常丰富，“票”体令状（传票、拘传票）全然只适用于诉中审判阶段，“书”体令状中，专门针对诉中阶段设置的旨在规范诉讼参与人给付作为或不作为的法院行为给付性通知书也占据了近乎“半壁江山”，例如：出庭通知书、举证通知书、人民法院组织证据交换通知书、不予准许证人出庭作证申请通知书、不予准许具有专门知识的人员出庭通知书、海事法院停止放货通知书（诉中）、提供证据保全担保通知书（诉中）、提供财产保全担保通知书（诉中）、海事法院提供担保通知书（诉中）等，而即便是我国大陆地区民事令状中“令”体文书开始侧重执行程序适用也只是民事诉讼法自2007年首度修改后才获日渐明朗的立法趋势，而在此前，诉前阶段的诉讼“令”（支付令、海事强制令）与诉后阶段的诉讼“令”（搜查令、执行令）可谓在规模数量上各居一半、不偏不倚，属平分秋色；而在修法之后，借鉴自英美法系民事令状“权利实现模式”的成功经验，并考虑我国司法实践中近年普遍出现且呈愈演愈烈势态的“执行难”之现实压力，报告财产令、督促执行令等一系列专门适用于诉后阶段的执行令状才得陆续增设，可见，回顾我国两岸四地的不同法域，上述澳门地区、台湾地区及我国大陆地区各自所属的民事令状机制均更多地适用于执行程序外的诉前及诉中阶段的现状，已比较充分地对大陆法系民事令状的主要适用领域为诉前及诉中阶段而非诉后阶段的结论进行了阐释，诉中及诉前民事令状因更具程序辅助意味而与其职权主义的诉讼模式及程序辅助的令状模式相吻合。而除此之外，我国另一法域——香港地区的民事令状则恰恰相反，较为集中地被设置于执行领域，同一国家不同法域迥然相异的民事令状的区分设置现象倒是从另外一个角度提供了英美法系和大陆法系的民事令状本就具有不同的集中适用阶段的反证：一国两制之下，香港地区与我国澳门、台湾及大陆地区皆不同，其法律保有典型的英美法系特征，当事人主义的诉讼模式及权利实现的令状模式突出，因此，综览其民事令状的整体布局，诉后执行阶段"护权型"民事令状无疑占据着绝对优势，对于这一点，仅作"Writ 本族"范围内的类型统计即已能充分证明，除传讯令状（Writ of Summons）、传召出庭令状（Writ of Subpoena）和解交被拘押者并说明其拘押日期及原因令状（Writ of Habeas Corpus ad subjiciendum）之外，其余6种令状几乎无一例外地只适用于执行阶段，主要包括：管有令状（Writ of Possession）、交付令状（Writ of Delivery）、扣押债务人财产令状（Writ of Fieri Facias）、暂时扣押令状（Writ of Sequestration）、给予援助令状（Writ of Assistance）以及复还令状（Writ of Restitution）。

（4）适用的主要对象不同。民事诉讼"等腰三角形"的基本构架中，统辖于法院这一担当审判职能及执行职能的权力主体之下，各类诉讼参与人围拢于一处，凭借其各自的诉讼行为共同致力于取得案件的公平正义之解决。其中，诉讼两造矛盾对立，从截然相反的立场和态度出发，通过给付举证、质证、辩论之行为最大幅度地照亮整个案情。在此前提下，其他诉讼参与人通过自己的作为和不作为将案情的还原工作进一步进行深入补充和持续完善，至此，法院才可谓真正拥有了较为客观和完整的裁判前提，法院在此基础上所作的裁判才可谓符合公平正义的价值理念。因此，在整个解纷过程中，因为各类诉讼主体的角色和定位具有显著不同，其应如何作为或者不作为的诉讼义务也迥然相异。以是否与案件存在真正的利害关系为标准，法院之外，各式诉讼参与人大致可被划分为两大类，即利害关系人与非利害关系人。前者，主要指的是争讼案件的当事人以及争讼程序立案之前的诉前保全阶段或者督促程序等非讼程序中的申请人与被申请人。此类诉讼主体与本案多存实际之利害关系，以自己的名义进行诉讼，其参加诉讼的目的通常在于保护自身的合法权益，享有更多的实体权利和程序权利，因此，该类主体对于整个诉讼的进程有着极为重大的促进作用，主要为“因自己权利受到侵害或与他人发生争议而提起诉讼的人及其相对方”[1]，因此，其主动的诉讼立场和积极的行为态度使其在争议的诉讼解纷中更加类似于两军交战时当然的“先锋”。后者，则主要指证人、鉴定人、勘验人、翻译人、协助执行人等其他诉讼参加人。此类诉讼主体与案件并不存在实体权利义务的实际利害关系，其“参加诉讼的目的在于协助司法机关解决诉讼案件或者维护他人利益”[2]，因此，相较而言，立法对于这类诉讼参加人的角色和定位就显得要相对消极化和边缘化一些，其他诉讼参加人并不应过多地牵扯于争议案件的实体法律关系中。通常而言，只是在解纷过程中享有程序权利、履行程序义务，亦由此，更形象地说，非利害关系人在诉讼解纷过程中所担当的鉴定、勘验、作证、翻译、协助等角色及功能效用使其更类似于交战两军的“侧辅”。在理论层面，无论是诉讼过程中的利害

〔1〕 肖建华：“寻求独立的诉讼主体地位——当事人概念的再认识”，载《现代法学》2000年第2期，第47页。

〔2〕 刘后务：“诉讼主体新议”，载《广西社会科学》2003年第4期，第84页。

关系人还是非利害关系人，两类主体共同协力于法院这一裁判主体的权威指引之下，统一致力于案情的完整还原、法律的正确适用，而理应对自己的诉讼行为进行严格的自律，恪守其法定的作为或不作为义务。然而，司法实践中，无论是当事人还是其他诉讼参加人，他们首先是作为矛盾的相对方抑或矛盾相对方的各自追随者而存在的，然后才是作为解纷过程中“志同道合”的合作者以及协同者的角色而发挥效用。“利己性”是除法院之外的各式诉讼主体最为突出的内在特征及自然属性，因此，超然中立的法院作为程序的“指挥者”和“掌控者”必须承担起找寻适宜诉讼机制将各式诉讼参与人在真实解纷过程中广泛出现的各类“逾越之举”或“消极对抗”及时消弭的矫正任务，并由此进一步实现通过责令当事人及其他诉讼参与人依法作为或不作为而将整个诉讼程序重新拉回立法之预设框架或者强行导入公平正义之应有范式的目的，而完成以上任务及目的的有效方式和适宜途径则非司法令状莫属。但是，对比两大法系之民事令状，由于对诉讼中各类主体的诉讼功用认知有差别，其各自主要面向的适用对象的确存在细微的不同之处：英美法系中，基于当事人主义诉讼模式下的“权利意识”，各类诉讼主体的诉讼功用皆为突出，且均对于案件的公平正义之解决具有能动性的直接影响，因此，面向涉及实体权利义务关系的利害关系人及当事人而制发的民事令状以及面向辅助于诉讼运行的其他参与人而制发的民事令状在规模数量上大致无差；其民事令状的受送达人可谓广泛，既可以向涉及实体权利义务关系的矛盾对立的利害关系人制发，也可以向辅助程序之运行的其他诉讼参与人制发。甚至，面向诉讼中与该案本不具实体权利义务争议的直接利害关系人之外的其他诉讼参与人所设置的强令其务必为诉讼行为之配合的令状类型还似“更胜一筹”。经初步统计：英美法系中，针对案件直接利害关系人而制发的民事令状在整个诉讼进程各环节均有适用，可谓规模庞大、数量众多，在本书前文所作的25种“Writ本族”令状的类型考证中，面向利害关系人制发的民事令状大致为5例，不仅包括诉前阶段和诉中阶段所适用的制止令状（Writ of Injunction）、传讯令状（Writ of Summon）、强制出庭令状（Writ of Arrest）、传召出庭令状（Writ of Subpoena）等类型样式，还包括在诉后执行阶段适用的禁止离境令状（Writ of Ne Exeat）等令状形式，而另一方面，针对与案件本不具直接利害关系的其他诉讼参与人所设置的民事令状可谓类型众多、形式多元，甚至，可以说，该类令状拥有更广阔的适用空间，针对非利害关系主体所设置的民事令状在本书前文所作的25种"Writ本族"令状的类型统计中即已占20例，既可涵盖面向执行法院和执行法官而签发的执行令状（Writ of Execution），如押收令状（Writ of Attachment）、管有令状（Writ of Possession）、复还令状（Writ of Restitution）、交付令状（Writ of Delivery）、具体交付令状（Writ of Specific Delivery）、中止执行令状（Writ of Supersedeas）、给予协助令状（Writ of Assistant）、估价执行令状（Writ of Extent）、扣押债务人财产令状（Writ of Fieri Facias）等，又包括针对下级法院签发的调卷令状（Writ of Certiorari）、复审令状（Writ of Review）、发还审理令状（Writ of Procedendo）、禁止令状（Writ of Prohibition）、强制令状（Writ of Mandate）以及案件审理令状（Writ of Trial）等。除此之外，还包括面向拘押主体签发的人身保护令状（Writ of Habeas Corpus）、面向暂时扣押人签发的暂时扣押令状（Writ of Sequestration）、面向第三人签发的扣押债务人在第三人手中之财产令状（Writ of Garnishment）以及面向司法行政官签发的评定损害赔偿数额调查令状（Writ of Inquiry）等形式。对比之下，大陆法系中，基于职权主义诉讼模式的影响，法院对于利害关系人之外的其他诉讼参与人所设置的民事令状则显然弱于针对纠纷直接利害关系人所设置的民事令状。大陆法系中，民事令状的制发对象虽然亦普遍适用于案件的利害关系人和非利害关系人，但是，相较而言，针对辅助诉讼进行的其他诉讼参加人而设置的令状类型无论是从可量化的规模数量角度还是从难以量化的重要性角度分析，都与针对案件直接利害关系人而设置的民事令状的规模数量和重要程度具有距离。以我国大陆为例，在民事诉讼法所规范的6种“令”体令状中，面向其他诉讼参与人制发的民事令状仅为2例，包括执行令和督促执行令。而面向与案件存有直接利害关系的诉讼主体设置的民事令状则大抵为4例：搜查令、支付令、财产报告令、限制消费令。此外，在民事诉讼法规范的两类“票”体令状中，传票、拘传票全部只适用于案件当事人。在民事诉讼法所设置的规模最巨的“书”体令状中，这一倾向虽并不如以上两类令状明显，但也确实存在，在纳入本书第二章统计的“书”体令状之中，面向利害关系人之外的其他诉讼参加人所设置的民事令状类型大体为11种，主要适用于案件执行阶段，具体类型包括：协助执行通知书、责令金融机构追回被转移冻结款项通知书、责令协助执行单位追回擅自支付款项通知书、责令金融机构追回被转移冻结款项通知书、责令责任人追回财产通知书、解除冻结存款通知书、上级法院通知下级法院恢复执行通知书、上级法院通知下级法院延长暂缓执行期限通知书、上级法院责令下级法院限期作出不予执行裁定通知书、不予准许证人出庭作证申请通知书、不予准许具有专门知识的人员出庭通知书；而直接面向利害关系人制发的民事令状则规模相对更大，达到了12种，且在司法实践中获得切实适用的使用频率也会更高。此外，直接面向利害关系人制发的民事令状还相对更易跳出执行阶段而拥有更加广阔的适用空间，其样式主要涉及举证通知书、出庭通知书、领取裁判文书通知书、执行通知书、责令被执行人交出存单通知书、责令交出财物（票证）通知书、执行拘留通知书、提供证据保全担保通知书、提供财产保全担保通知书、海事法院提供担保通知书、海事法院停止放货通知书、人民法院组织证据交换通知书等。

二、民事令状比较研究（二）——以民事诉讼为角度

广义而言，判决书、裁定书、决定书、法院令状均属法院裁判〔1〕。其中，判决书、裁定书、决定书 的“三元”划分在我国民事裁判文书领域的适用可谓由来已久，但三者围拢出的客观范畴并未与民事裁判的全部“疆域”精确契合，“令”、“票”、“书”等其他广义上的法院裁判长期游离于传统样式之外，民事裁判文书的类型化研究在我国鲜有系统性的周延探析，至今仍欠缺以法院所制发的强制诉讼参与人为相应行为之给付的民事令状为集合范畴的整体梳理，因此，以民事令状为中心视阈的民事裁判文书的比较研究尤为必需且亟待进行。

传统视阈下，“裁”居前，为“判”之因；“判”居后，为“裁”之果。据《辞源》解：“裁”原意为将物以刀施以二分，后渐于法律层面引申为“决断也，谓分别是非曲直”；“判”之义亦近于“裁”，《说文解字》谓之：“判，分也”，但其核心意蕴更近乎断决，“断狱之文曰判”，“判”必须建立在审判者对诉讼事件的实质性审理与判断的基础之上，为审判机构强令当事人务必承受判文之实体拘束的权威性判定。因此，传统视野下，两者实为前后以继、纵行有序的关系：“裁”重于析事，“判”意在明理；“裁”已现方能为之“判”，“裁”已明才可保“判”之正；“裁”之主旨更接近“明是非”与“别异同”，而“判”之主旨则更多地被拓展于“决嫌疑”与“定胜负”。

现代视阈下，裁判多合并为一个法律词汇使用，裁判是法院意思表示的外在形式〔2〕。在民事诉讼中，法院基于事实与法律的综合

---

〔1〕 法院的裁判行为可分为判决、裁定、决定等，是法院在审判程序中，根据审查核实的结果，依法作出是否同意或许可的行为。参见邵明：“民事诉讼行为要论”，载《中国人民大学学报》2002 年第 2 期，第 102 页。

〔2〕 参见［日］土本武司：《日本刑事诉讼法要义》，董璠舆、宋英辉译，五南图书出版公司 1997 年版，第 272 页。

判断而续行之诉讼行为为法院裁判，乃法院或审判官针对诉讼关系人在诉讼中所为之行为进行判断并作出相应的意思表示的行为（亦属诉讼行为）[1]，为审判机构就事实判断或法律适用之实体问题或者程序问题所作的对相应诉讼参与人产生法律拘束力的权威性判定，通常建立在对诉讼事件已有终局判断的基础上。不过，广义的裁判在内涵和外延层面均具开放性，可以适用裁判的客观事项甚为宽泛，诉讼费用如何确定、法官是否应予回避、如何确定指定管辖等诉讼程序之附随事项以及执行过程中作出扣押之命令、拍卖之许可、转付之命令等执行处分是否已为切实之必须等事项原则上均可适用裁判，[2]而且，裁判“通常对于当事人为之，然有时对于第三人为之，亦仍不失为裁判”。[3]

目前，世界范围内，各国对于法院裁判文书之下更为细致的二级概念的界定不可能完全一致，主要表现为：一方面，判决、裁定、决定、令状等法院文书样式的划分未必在各个国家全然相同，例如，日本对法院的裁判采取了“多元化”的划分方法，囊括判决、决定、裁定、命令等多种类型，而同属大陆法系的其他国家，如德国和法国的裁判文书则通常以三元划分法为主，划分后的类型设置也不尽相同，德国法院的裁判文书通常由判决（Urteil）、裁定（Beschluβ）和命令（Verfügung）构成，而法国法院的裁判文书则通常包含判决（Le jugement）、裁定（L'ordonnance）和决定（dé cisions）[4]。另一方面，法院文书即便在某些国家或地区的确存在被一致划定为判决、裁定、决定、令状等完全相同类型归属的可能，但是，即使其名称

---

〔1〕 参见黄东熊、吴景芳：《刑事诉讼法论》，三民书局2002年版，第447页。

〔2〕 参见刘青峰：《司法判决效力研究》，法律出版社2006年版，第20页。

〔3〕 邵勋、邵锋：《中国民事诉讼法论》（下），中国方正出版社2005年版，第592页。

〔4〕 参见［德］奥特马·尧厄尼希：《民事诉讼法》，周翠译，法律出版社2003年版，第299页。

虽同，其所指未必相通。因此，此处需特别强调的是，本书下文以民事令状为中心视阈与其他三类传统民事诉讼司法文书的比较研究，若无特殊说明，暂以我国大陆地区民事诉讼法对于法院裁判的立法预设为前提，其他国家或地区民事判决、民事裁定、民事决定、民事令状的对比分析则须另择角度单独撰文才为准确。

（一）考辨一：民事令状与民事判决

民事判决，是在案件审理结束之后，法官根据查明的案件事实和法律法规而对双方当事人争议的民事法律关系以及申请人所提出的具体申请所进行的强制性决断。法官为“判”，诉告乃终，民事判决历来为民事裁判的基础类型，我国唐宋以来，科举择人之“四法”皆在“身言书判”，其中，“判”者，意在析事，更重明理。民事判决，聚终局性、权威性、一元性、书面性等法律属性于一身，集执行力、确定力、形成力、既判力等法律效力于一体。相形之下，民事判决、民事令状虽同为司法文书、共由法院制发，具有明显的共通性，不仅首部、正文、尾部的形式构造十分相近，而且统一以程序正义与实体正义的实现为主旨。然而，两者之间的差异更为主流：以历史角度观之，两者分属原生与舶来；再以现实的视角考量，两者虽均助力于诉讼向正义理念的不断趋近，但形式及实质差异仍颇为明显。对于这一点，下文中，笔者作尝试性分析：

1. 民事判决具有终局性，民事令状则不以终局性为必需

民事判决的终局性，是指司法机关在作出裁判之后，该案即退出该法院之系属、本级审判即告终结的自然属性。对于这一点，罗马法谚有云：“判决一旦作成，法官就不再是法官。”法官因作出了判决而用尽了他的权力，“判决是诉讼程序运行终了的标志”[1]，案件的审理就此成就了一种经历了正义的解纷程序之后“被过程确定

〔1〕何玉波：“小议民事判决与当事人的处分权利”，载《中外法学》1999年第6期，第80页。

了结果的事实状态"[1]，被程序正义包裹着的实体正义直接对接其终局效力。此时，诉讼标的就本级审理而言的状态应被视作已然审理终结。因此，通常说来，一个民事案件在同一审级之中应当只存在一个判决，判决一经作出，案件审理即告结束。同时，案件事实和诉讼请求也应自动退出法院的审理范围，其在该审级中的审理状态遂被视作已然彻底终结。然而，民事令状的制发却并不以程序的彻底终局为必要，究其原因，法院可以针对各式诉讼参与人随案制发要求其务必为相应之行为给付的强制性书面命令，民事令状或被用作消极令状以禁止受送达人恣意而为，缚其不当作为以为约束；又或者被用作积极令状以责令受送达人务必依“令”而行，促其依法作为以助力于诉讼公平正义的解决。但无论作积极抑或消极民事令状之用，其于诉讼全程的动态随案制发均意在及时促进程序正义的快速复原，唯有如此，基于过程正义理念而制发的民事令状所固有的矫正机能才能使法院之公力救济在真实的诉讼过程中由于随案的不断获调整而持续因循公平正义的理念公正运行至实体权利被强制实现的终点，故此，民事令状拥有广泛的适用域，相异于判决，并不以审理之终结为唯一的“出生”节点。民事令状作出之前，法院需对是否制发令状依法实施预判，法院的主观愿望是使各类诉讼参与人各安其位、各守其职、各司其事，从而确保案件的审判程序和执行程序能够在兼具整体秩序及个体自由的前提下最大程度地顺畅运行，此时，案件的终局尚不在法院签发令状的考量之内。民事令状制发之中，通常亦无需过多涉及法院针对案件的实体审查，亦并不以已然完成诉讼两造的质证与论辩为必要，因此，基于民事诉讼的基本法理推演，未曾经历诉讼两造的举证、质证、辩论，由此获得的民事令状也断然不该具有终局案件公力解纷的原因力。民事

---

〔1〕 何玉波：“小议民事判决与当事人的处分权利”，载《中外法学》1999年第6期，第80页。

令状作出之后，受送达人必须依“令”行事，如果令状的受送达人拒不履行令状义务，则法院有权在后续的诉讼过程中对其课以相应的不利后果（包括使其承担相应的法律责任）。可见，民事令状的内容实现与否、目标达到与否绝不是其制发主体一己之力即可完成的，受送达人是否遵从法院的权威而给付相应的作为或不作为才具关键意蕴，因此，民事令状之功能效用的附条件属性亦进一步为其不应被赋予终局效力提供了有效的证据予以印证。

2. 民事判决具有实体性，而民事令状则不限于实体性

德国学者拉贝尔认为“有法律而无相关判决，犹如仅有骨骼而无肌肉”[1]。民事判决的实体属性，是指判决须以民事实体权利或民事实体法律关系作为其裁判的对象。由此可见，判决之实体性乃从判决所针对的客体及对象的角度衍生而来的法律概念：对于争讼案件，民事判决是裁判主体实施国家所赋予的民事审判权而对具体的民事冲突所作的实体之处分，而对于非讼案件，民事判决则多体现为对法律事实或民事权益是否存在的实体判断。民事判决所具有的原发性的实体属性仅于国内外诸学者对其概念所作的虽形式各异但本质基本相同的多元解读之中已然可见一斑，例如：“判决是指法院在民事案件和非讼案件审理程序终结时，对案件的实体问题作出的权威性判定”[2]；或者，判决是“法院基于审判权而对特定的社会冲突作出实体决定以使该冲突得以解决而在诉讼法律关系的互动的行为系统中居于核心地位的法律行为”。[3]然而，在这一方面，民事令状所针对的客体及对象却较判决而言具有不同，并不局限于仅

〔1〕 德国比较法权威学者拉贝尔（Rabel）观点。转引自王泽鉴：“比较法与法律之解释适用”，载《民法学说与判例研究》（第2册），中国政法大学出版社1996年版，第43页。

〔2〕 江伟主编：《民事诉讼法》，中国人民大学出版社2008年版，第310页。

〔3〕 李琦、郭振忠：“作为法律行为的判决——判决的法理学分析之一”，载《法律科学（西北政法学院学报）》1999年第1期，第47页。

具有实体性，针对这一问题，笔者发现，我国学者在阐发法院所作的行为给付义务指令这一核心意旨时虽未必全然能够做到统一使用“令状”这一恒定称谓，然而，客观分析其本质涵义之后，我们发现：多数观点均认可民事令状的裁判对象不应仅包括实体问题，而且还应涵盖程序问题，例如江伟教授就曾择“命令”以作本文部分民事令状之代称，并进而阐发了该类法律文书实体与程序二元化客观对象兼具这一问题：“命令是指在民事诉讼程序中，人民法院对于程序进行的事项或者某些事实问题的确认，依法发出的指令、通知”〔1〕。民事令状所处置的客观对象并不限于具有实体性，相对而言，诉前和诉后令状更倾向于解决实体问题，而诉中令状则更重在解决程序问题。诉前令状关注如何在诉前即避免“无法弥补之损害”以及当事人之合法权益如何在争讼程序开启之前即于非讼程序中获得及时简捷之救济的问题，实体意味突出。例如：我国大陆地区民事诉讼中所适用的支付令和海事强制令、台湾地区适用的支付命令和禁止支付命令以及日本民事诉讼之中的假扣押命令和假处分命令等诉前令状均意在强调当事人的正当权益如何在诉争程序开启之前即获得最为便捷、最为及时之救济或者如何避免遭受无法弥补之损害的问题，以上令状或者要求债务人直接依“令”向债权人清偿债务以在争讼程序开启之前即将民事争议进行消解，或者要求法院通过财产和行为保全的适用以直接取得临时性救济并进而间接达到保证案件在终结之时、执行之际仍保有可执行之利益的诉讼目的。可见，其所处置的客观对象及行为给付均包含有明显的实体属性。而除诉前令状之外，诉后民事令状则更为明显地与实体法律关系及实体权利息息相关，诉后令状通常为实体令状，普遍关注的是民事权益如何从“纸面权利”转化为现实中的实然权利的关键问题，因此，无论是我国大陆地区以执行通知、协助执行通知等为代表的宣示性

〔1〕 江伟主编：《民事诉讼法》，中国人民大学出版社2008年版，第310页。

更强的执行令状，港澳台地区以扣押债务人财产令状、暂时扣押令状、管有令状等为代表的控制性更重的执行令状，还是以台湾地区民事诉讼中卖出命令、拍卖命令、转付命令、让渡命令、管理命令以及美国民事诉讼中拍卖令状、押收令状、管有令状、强制令状等为代表的变价功能和偿付功能更为突出的执行令状，皆毫无二致地以胜诉当事人的实体权利实现为统一目的，以败诉当事人实体义务的切实给付为统一目标，亦基于此，诉后执行令状实体性突出，当被划归法院所作的广义实体性裁判无疑。而与上文讨论的诉前令状、诉后令状不同，民事诉讼中，诉中审判阶段所产生的民事令状更接近于中间程序令状〔1〕，从性质上说，隶属于主要为实现程序的及时推动、审判的平稳运行、秩序的快速恢复而由法院制发的强制性书面命令，因此，诉中令状所裁判的对象多为程序问题。对于这一点，以我国为例，无论是大陆地区《民事诉讼法》及相关司法解释中以传票、拘传票、出庭通知书、举证通知书、提供证据保全担保通知书、提供财产保全担保通知书等为代表的已具法定地位的令状类型，还是尚且处于司法实务试点之中的人身保护令、证据调查令等探索型民事令状形式，抑或是香港地区极具英美法系特色的传讯令状、传召出庭令状、解交被拘押者并说明其拘押日期及原因令状等诉中令状，它们均意在解决各类诉讼参加人程序性给付行为义务缺失履行时的切实仰仗，为程序性民事令状的典型例证。若再将视角拓展于我国之外，其他国家或地区旨在确保民事诉讼程序之动态矫正，维护民事审判程序之平稳运行的诉中程序性民事令状亦数量广泛、不一而足，而且，初步分析便不难发现，这些诉中程序的令状样式均统一无关于当事人的实体性权利或实体性义务，而通常仅具备程

〔1〕 中间程序令状，即 Writ of Mesne Process，多指在诉讼开始之后以法官名义签发的，旨在保证诉讼能够顺利进行的命令。参见屈文生："令状制度研究"，华东政法大学 2009 年博士学位论文，第 113 页；赖勇龙："法律语言技术化与法的现代性问题"，载《河北法学》2010 年第 8 期，第 44 页。

序意味，主要类型为：日本的呼出状、文书提出命令、诉讼续行命令、提供担保命令等；澳大利亚的调卷令状、拘捕令状、传讯令状、审理案件令状等；德国的拘传命令、宣誓命令、提出文书命令、提供担保命令、当事人亲自到场命令、责令对方当事人提出证书命令、举证人制作嘱托书并协力完成该嘱托事项命令等。

3. 民事判决具有一元性，而民事令状则具有多元性

日本学者棚濑孝雄认为："判决一般被看做将当事者所提出并以证据证明了的事实和法律要件相对照，通过三段论法的逻辑推出结论的过程。"[1]而作为以上过程推演的最终成果，民事判决必须具有一元性。基于司法的权威性，一个案件或一项诉讼程序通常只产生一项判决。从内容上看，判决更重结果；从时间上看，判决主要诞生于诉讼终结之时；从作用对象上看，判决主要对案件的利害关系人及当事人产生终局约束。而令状则与判决不同。从内容上看，其更重过程，是对各式诉讼主体行为给付的强制调整；从时间上看，其在诉讼的各个阶段均可适用；从作用对象上看，其效力更是几乎遍及全部类型的诉讼参与人。综上，其对于受送达人及诉讼程序的约束力通常不具有终局的结束效力。需要强调的是，民事诉讼之中，无论是判决的"一元性"还是令状的"多元性"均具双重涵义：首先，判决之一元性，既包括适用对象之"一元"，也包括规模数量之"一元"。所谓适用对象上的"一元"，是指判决的制发对象具有针对性与特定性，"有诉必有判，判与诉相对应"[2]，判决只能针对争讼案件的当事人或非讼案件的申请人作出；所谓规模数量上的"一元"，则是肇因程序安定性的要求，通常表现为一个诉讼只对应一项判决，正义的程序具有天然的安定性、不可逆转性及公正性要求，

---

〔1〕［日］棚濑孝雄：《纠纷的解决与审判制度》，王亚新译，中国政法大学出版社1994年版，第131页。

〔2〕杨临宏、黄金泉主编：《中国行政诉讼的制度缺失及完善问题研究》，云南大学出版社2010年版，第199页。

即便是在设置有中间判决和部分判决诉讼制度的国家或地区，已然被中间判决和部分判决主文“覆盖”的那一部分案件事实和诉讼请求亦应被视为已然审理终结。换句话说，双重裁判或者多重裁判并不可行，因判决属于“在诉讼法律关系的互动的行为系统中居于核心地位的法律行为”[1]，故此，判决应具有典型的一元性，“在一个民事诉讼程序中，只能作出一个判决”[2]。其次，民事令状的多元性，同样也包含适用对象之“多元”以及规模数量之“多元”两个方面。所谓民事令状适用对象上的“多元”，是指民事令状可由法院根据立法预设并结合具体案情针对各类对于诉讼之进行具有辅助义务的主体随案制发，范围不仅遍及利害关系人和当事人，还包括证人、鉴定人、翻译人、勘验人甚至是执行法院（法官），也正是从这个意义上说，民事令状更接近于命令裁判，“命为命令一定之人作为不作为之裁判也。此种裁判，不但对于诉讼当事人为之，有时对于第三人为之者（例如命令证人到场之裁定），亦有对于下级机关为之者”[3]；所谓民事令状规模数量上的“多元”，则是指在一个民事案件的整个诉讼过程始终，法院可以制发多个民事令状，该类法院文书在制作频率及制发数量双方面均具有显而易见的开放意味。究其原因，法院判决审查的是原告诉讼请求的合法性与合理性，强调“法院基于审判权而对特定的社会冲突作出实体决定以使该冲突得以解决”[4]，而令状则为法院针对案件的具体诉讼流程以及特定诉讼参与人的诉讼作为及不作为的正当性予以动态审查后作出的时时矫正和拾遗补缺，显然，法院针对各式诉讼参与人所广泛制发的贯穿诉讼始终的行为给付命令并不像判决那样具有一旦作出即终结诉讼

〔1〕 章剑生主编：《行政诉讼判决研究》，浙江大学出版社 2010 年版，第 349 页。

〔2〕 江伟主编：《民事诉讼法》，中国人民大学出版社 2008 年版，第 312 页。

〔3〕 邵勋、邵锋：《中国民事诉讼法论》（下），中国方正出版社 2005 年版，第 593 页。

〔4〕 章剑生主编：《行政诉讼判决研究》，浙江大学出版社 2010 年版，第 349 页。

的终局意义，亦基于此，民事令状也就无需再坚守种类上的一元性和数量上的唯一性，放眼两大法系，各个国家或地区的民事诉讼立法均于诉讼之前、诉讼之中抑或诉讼之后设置了多种多样的民事令状，其规模均堪称“洋洋大观”，诉讼各阶段民事令状均呈“复数”形态，而不似判决那样非受“一元性”之限制。因此，综合以上两大原因，异于法院判决的一元性，民事令状具有显著的多元属性。

4. 民事判决的权力基础是法院裁判权，而民事令状的权力基础则是法院的诉讼指挥权[1]

法院裁判权是法院审判权中最核心和最基本的内容，以对案件实体问题进行审理及作出判决为主要表现形式。民事判决的权力基础为法院之裁判权：抽象层面，法院审理作为在事实判断基础上进行法律适用的司法过程，记载这一过程最终结果的判决显然也无法脱离开超然中立的法官对于案件事实的基础判断，案件事实是司法理性的客观基础和直接对象，“事实判断是关于对象‘是’或‘不是’的认识”[2]，因此，通常而言，承办法官需首先针对不同当事人所述案情的真假作出甄别，而后，再以此为基础，重构诉讼两造之间实体法律关系的应然状态，最终再对矛盾双方之间实体权利的应然归属作出裁决。也正是基于这一角度分析，我们认为，法院裁判权的适用基础首先为司法判断权，对于这一点，美国学者汉密尔顿就曾宣称：“司法部门既无强制、又无意志，而只有判断”[3]。除

---

〔1〕 德国法学家绍尔（Sauer）曾言：“诉讼行为之概念乃为诉讼法之中心。”其中，法院的诉讼行为又因其裁判者的地位而显得尤为重要。按照“二分法”的观点，法院之诉讼行为包括两类：一类为裁判行为，源于法院的裁判权；另一类为诉讼指挥、送达、文书制作、诉讼资料的收集等非裁判行为，依赖的则是法院的诉讼指挥权。参见廖永安：“法院诉讼行为要论”，载《法学家》2003 年第 2 期，第 48 页。

〔2〕 任强：“判决如何作出——以判断类型为视角”，载《中国社会科学》2007 年第 3 期，第 115 页。

〔3〕［美］汉密尔顿、杰伊、麦迪逊：《联邦党人文集》，程逢如等译，商务印书馆 1980 年版，第 391 页。

此之外，法国学者托克维尔也曾得出相似结论：司法权乃判断权，司法的职能就是专司判断。[1]不过，以现代法律的视角考量，法院裁判权在司法判断权之余，还必须有依照法律对行使判断权所获得的自然事实进行法律适用的权力因素作补充，才能整体还原“裁判”的完整涵义。而在微观层面，在具体案件的审理过程中，以裁判者得出裁判结果的真实心证过程为参考，我们同样发现，民事判决必须以法院之裁判权为权力基础，判决务必依赖法院裁判权的行使才能终获“出世”的生长历程实为显而易见：裁判权是法官在对裁判事项已然完成“是”与“不是”的司法认知之后公正适用法律的一种处分权，法官在审理过程中竭力维持诉讼环境的中立及公正，根据当事人的质证与辩论将纠纷作最大程度的回溯，法官在此基础上所形成的与法律正义相合的心证谓之“判”，而后，客观事实已然获得，裁判者不再纠结于事实真相及证据的合法性的追究，而是集中精力于法律的适用及诉讼之裁量，而后，事实判断基础上的法律之“决”方为呈现。案件进入最后的裁判阶段时，法官的任务已不再是挖掘与探寻案件事实抑或是纠结于证据是否具有合法性、关联性、真实性，而只需“运用法律和已经认定的证据作出一个裁决”。[2]但相异于民事判决，民事令状的权力基础并非法院裁判权，究其原因，民事令状的形成机理虽也离不开法院对各式诉讼参与人之行为义务是否已然践行的是非判断（例如：若法院判断诉讼主体欠缺诉讼行为属“应为而不为”，则应由法院于后续过程中制发积极民事令状以命其给付相应之积极作为），而若法院判断当事人等诉讼主体行为目前正为或已为的诉讼行为属“过激”的“逾越之举”，则应由法院制发消极民事令状以命其约束己方的行为自由。然而，民事令状制

---

〔1〕 参见［法］托克维尔：《论美国的民主》（上卷），董国良译，商务印书馆1993年版，第110页。

〔2〕 任强：“判决如何作出——以判断类型为视角”，载《中国社会科学》2007年第3期，第121页。

发过程中所涉及的上述判断多为法院针对诉讼流程是否依然保有正义、公平、自由、秩序之价值的判断，而多与法院对实体权利、实体法律关系施以判断的法院裁判权无关，与组织、管理、协调、监督等程序层面的诉讼指挥权更为相近。正基于此，民事令状的权力基础应为诉讼指挥权而非法院之裁判权。诉讼指挥权，是指“法院在监督诉讼程序合法进行，谋求完全、迅速审理，尽快解决纠纷的条件下所进行的活动及其权能的总称”。[1]民事诉讼之所以需要法院的适时矫正和整体指挥，一方面，是因为民事诉讼这一公力救济本身具有公法性质，属于本质上有待两造之外的第三方主体进行居中裁判的一种解纷程序，民事纠纷即使在始点上还是纯粹的私人之间的事务，但一旦交给法院则就变成了公共事务[2]，因此，权力主体的管理和指挥应属当然之义；另一方面，则是因为民事诉讼中双方当事人之间的强弱有差距总为常态，而这种经济实力、社会地位、诉讼技能等方面的强弱差距又总会透过诉讼活动和诉讼行为表现出来投射为不同的行为选择，实力较强的当事人一方，即便自身并不具备精心设计的诉讼策略和卓尔不群的诉讼技巧，但他依然可以通过法律服务市场“公开采购”的方式加以弥补[3]，而实力较弱的当事人一方，则总是在意欲高举法律之武器时“力有不逮”，如此一来，诉讼两造在不平等的前提之下完成诉讼竞技并最终得来的裁判结果也就难保符合正义之要求了。正是在这个意义上，法院着实需要找到一种途径在诉讼的发展过程中能够动态地谋求和强制地实现强势当事人与弱势当事人之间的平等竞技，需要找寻一种扶弱抑强

---

〔1〕［日］三月章：《日本民事诉讼法》，汪一凡译，五南图书出版有限公司1997年版，第199页。

〔2〕参见［日］谷口安平：《程序的正义与诉讼（增补本）》，王亚新、刘荣军译，中国政法大学出版社2002年版，第25页。

〔3〕参见黄松有：“诉讼指挥权：正当性基础与制度建构”，载《中国社会科学》2003年第6期，第110页。

的介质以强令各方当事人始终在公正、中立的解纷环境下完成整个诉讼过程，通过这一抑强扶弱介质的动态实施以确保各方当事人及其他诉讼参加人在正义、合法、平等、秩序的解纷环境下“为其当为”、“为其应为”，以达到由法院这一超然中立的第三方有效平衡诉讼两造及其他诉讼主体的强弱，敦促其依法行使诉讼权利、严格践行诉讼义务的目的，而民事诉讼之中，这种足以强力调控诉讼秩序、践行法院诉讼指挥权的具体仰仗便当属民事令状：法院适用积极令状，命受送达人“为其当为”，强制诉讼及时恢复至应然状态；法院适用消极令状，令受送达人“不为滥为”、阻止恶意逾越法律之行为、铲除有违程序正义之“乱枝”，实现对诉讼的有效管理与指挥。除积极令状与消极令状对于诉讼秩序的复原作用之外，针对利害关系人和当事人而制发的民事令状，以要求与案件存在实体法律关系的诉讼主体完成相应的行为给付为主要内容，法院通过适用此类民事令状实现了对法院之外与民事诉讼存在最紧密之联系的诉讼主体的“内围”的管理与指挥；而针对其他诉讼参与人制发的民事令状，以要求证人、鉴定人、勘验人、翻译人甚至是其他法院等诉讼主体进行相应的行为给付为主要内容，法院通过适用此类令状实现了对民事诉讼中其他诉讼参与人的“外围”管理和指挥。诉前民事令状多为财产保全命令、行为保全命令或支付命令，是法院在正式的争讼程序开始之前行使“形成实体内容之诉讼指挥权”的具体表现[1]，而诉后民事令状多为向执行法官、当事人、其他诉讼参与人签发的执行命令，取得了执行令状，执行法官的具体执行行为才

〔1〕 形成实体内容之诉讼指挥权，亦被称为实体性指挥权，是相对于诉讼程序运作之诉讼指挥权的法律概念，是指法官通过提醒、修正、催促、释明等方法对于案件中的实体内容进行的诉讼指挥。参见黄松有：“诉讼指挥权：正当性基础与制度建构”，载《中国社会科学》2003年第6期，第108～122页；唐力：“能动司法：法院诉讼指挥权之法理分析”，载《法律适用》2006年第5期，第33页；王亚新：《对抗与判定：日本民事诉讼的基本结构》，清华大学出版社2002年版，第160～161页。

有了直接依据，当事人和其他诉讼参与人履行义务才正式获得了国家司法权的强势监督。由此看来，执行令状的签发亦带有法院行使“形成实体内容之诉讼指挥权”的意味；诉中民事令状虽大多并不涉及案件的实体内容，但是，亦源起于法官对于案件解纷程序的管理与指挥无疑，只是主要被局限在了程序层面，集中在了法官对于期间、送达、举证、质证、辩论等具体诉讼流程的协调和控制领域。综上，无论是从积极民事令状与消极民事令状的角度，还是从针对当事人、利害关系人、其他诉讼参与人制发的民事令状的角度，抑或是诉前、诉中、诉后民事令状的角度出发所进行的分析，民事令状均为以法院之诉讼指挥权作为其权源的文书样式无疑。最后，至于财产性民事令状和行为性民事令状，这是依据令状之行为给付的不同客体所作的类型划分。财产性民事令状多集中适用于诉前阶段和诉后阶段，行为性民事令状则多适用于诉中审理阶段。虽然，区别于前文中民事令状的其他类型，此处使用的分类标准有所不同：前者，法院对于诉讼参与人所下达的行为给付命令最终会落到某一物之上，后者，法院对于诉讼参与人所下达的行为给付命令仅会面向某类具体的作为或者不作为。但两者以法院诉讼指挥权为其权力来源的法律逻辑与上文中其他类型的民事令状无异，同样为法院在监督诉讼程序是否合法运行过程中诉讼指挥权能的具体表现。

（二）考辨二：民事令状与民事裁定

民事裁定，属“人民法院用以指挥诉讼的法定方式”〔1〕，是指法院在审理民事案件的过程中为了保证审判工作的顺利进行而就诉讼程序方面的有关事项以及个别的实体问题所进行的权威性判定。〔2〕民事裁定与民事令状一样，同属法院诉讼文书，而且，相对而言，民事裁定与民事令状的设置初衷均更倾向于对接法院的诉讼

〔1〕叶自强：《中国民事诉讼法》，法律出版社2004年版，第410页。

〔2〕参见江伟主编：《民事诉讼法》，中国人民大学出版社2008年版，第311页。

管理权与诉讼指挥权，故此，两者具有较多共性，在以下方面皆存共通之处：启动程序层面，两者皆更依赖法院职权开启；法律要件层面，两者均与判决不同，多与法院对案件的实体审理无关，且不以当事人的诉讼请求为必要；规模数量层面，两者均不同于判决的一元性，同一案件的诉讼过程中，可以并存多个不同类型或者相同类型的民事裁定和民事令状；功能作用层面，两者均为人民法院有效组织和权威指挥民事诉讼的具体形式；客观对象层面，两者所负责处理的客观事项虽均部分涉及实体内容，但相较而言，程序问题才是民事裁定和民事令状共同的"趣味"之所在。然而，民事裁定与民事令状之间毕竟存在着较为明显的制度差别，同时，也正是得益于这些差异，民事令状才拥有了在民事诉讼立法中区别于其他任一文种形式而作独立设置的必要性和科学性。具体说来：

1. 民事裁定的主旨在于判断，而民事令状的主旨则在于给付

《辞源》曰："断决之曰裁。"〔1〕通常说来，民事裁定更多表现为对其所负责处理的程序问题或者实体问题的是非结论进行的最终裁夺，正所谓"法律判断是应用法律所产生的具有约束力的结论性判断"〔2〕，因此，对以正误评判为主旨的民事裁定而言，判断无疑是民事裁定最突出的重要特征及基本内容，依据通说，法院裁定仅应止步于对客观对象的正误评价及相应结论的最终定夺，而并不以要求当事人、利害关系人、其他诉讼参与人必须进行一定的行为给付为必要。以我国大陆地区民事诉讼立法为例，针对阻碍诉讼流程事项的正误之判、真假之断更符合民事裁定的确实主旨，根据我国《民事诉讼法》第154条，当法院需要针对以下问题申明观点、宣示态度、确认是非时，即应当选用民事裁定的文种形式：是否应当准许当事人的撤诉申请、是否应当驳回原告之起诉、是否应予受理原

〔1〕陆尔奎等编：《辞源》，警官教育出版社1994年版，第168页。

〔2〕郑永流："法律判断形成的模式"，载《法学研究》2004年第1期，第141页。

告之起诉、是否应当认可当事人的管辖权异议、是否应当中止诉讼或终结诉讼、是否应当撤销仲裁机构的仲裁裁决、是否应当将仲裁机构的仲裁裁决书以及公证机关赋予强制执行力的债权文书予以执行、是否应当补正判决书笔误等。虽然，我国目前的立法规制中，民事裁定在处理极个别的实体问题时，也会具有一定的给付意味（例如财产保全裁定、行为保全裁定、先予执行裁定等），但是，我国大陆地区民事诉讼立法将以上保全事项及先予执行事项统一划归民事裁定处理范围的做法不仅使此类裁定在更侧重于处理程序而非实体问题的民事裁定体系中更显特立独行，而且，针对保全和先予执行问题适用裁定文书而非其他国家和地区更广泛适用的令状文书的做法也使得我国民事诉讼立法在与其他国家的立法例进行比较时更显得卓尔不同[1]，因此，这一类极为小众的具有给付内容的裁定文书似还不足以影响整个裁定文书体系的确认属性。而同样对法院文书之内容进行审视，法院所制发的民事令状则无疑具有非常明显的给付属性，以强制受送达人履行作为义务或者不作为义务为主旨目标。亦基于此，民事令状与民事裁定不同，不再只依赖法院一方之作用即可成就完整的诉讼效果，法院必须首先宣示并明确记载其所要求受送达人务必给付的作为及不作为的行为给付义务，而后，等待所对应的诉讼参与人确实依令而“为”、依令而“行”后才可正式宣告民事令状之诉讼效果臻于真正实现。民事诉讼中，行为乃诉讼参与人进行作为或者不作为的法律事实，各类诉讼主体作为矛盾的相对方及相对方的附属，其在真实诉讼过程中究竟如何选择行为给付态度一般受两方面因素的影响：①法律法规的强制规范；②自身立场的具体考量。具体说来：前者，是立法者在具体案件发生之前为将来诉讼中的义务主体所预设的通常层面的给付规则及行

〔1〕 以诉讼保全为例，同属大陆法系，德国、日本以及我国台湾地区普遍适用的则是令状文书，多表现为假扣押命令、假处分命令。

为“蓝图”，具有明显的正义性、公正性、中立性、平等性，各类诉讼主体若严格依此而践行其诉讼义务，既能最大程度地实现诉讼的程序正义，还能够进一步保证法院在案件终局之时所作的实体法律关系之宣示及实体权利之分配对于所有参与诉讼的主体而言均具最优的说服性、最大的合理性及最佳的正义性。然而后者才为诉讼的实然状态，各类诉讼参与人在综合权衡法律规范及自身立场之后所实际选择实施的诉讼作为及不作为多冲突于立法的预设。在真实的诉讼过程中，不同类型的诉讼参与人所持的诉讼态度、所执的诉讼立场不仅相异，而且还处在持续的动态变化中，诉讼主体之间的矛盾和对峙不仅体现在诉讼发生之前、争议形成之时，而且，还将持续贯穿于具体纠纷解决过程的始终。其中，各式诉讼参与人原始的利己属性使其往往难以坚守法律为其规范的行为给付义务，因此，其在综合权衡法律的硬性规定与自身的具体立场后，多数情况下会偏离立法的预定规则而完全从自利的角度出发因循着对己有利的路线发展下去，如此下去，理应尽到的诉讼义务将无人问津，理应禁止的诉讼行为反而会屡见不鲜。从这一角度考量，民事令状才拥有了适用的专门空间，强制诉讼参与人务必依令作为或不作为，促其依“令”而行、禁其逆“令”而为，民事令状的强制给付特征能够促使整个诉讼流程回到公平正义之轨道，责令拒不作为的诉讼主体积极作为，禁止任意而为的诉讼主体违法滥为，统一构成了各国民事令状的主要内容，亦基于此，民事令状表现出尤其典型的给付特征。

2. 民事裁定可以采口头或书面形式，而民事令状则必须为书面形式

按照我国民事诉讼立法，口头裁定和书面裁定是民事裁定的两种表现形式。其中，口头裁定属例外和补充形式，无需制作裁定书，但口头裁定的内容均应记入法院笔录，口头裁定一经宣告则立即发生法律效力，其所针对的对象多为诉讼过程中需即时进行处置或影响不大的程序事项及个别实体事项。口头裁定的制发及其程序的开

启既可以是法院基于及时救济之考虑或高效衔接后续程序之考量而作出的主动性选择，亦有可能是法院迫于诉讼参与人阻却诉讼之行为或妨碍诉讼之客观事项的紧急性而于不具备制发书面裁定条件时所为的被动性选择〔1〕。书面裁定，属更为普遍和常见的通常选择，需具备完整的法定要件，首部、正文、尾部等形式要件皆应齐备。其中，正文之中应当写明具体的裁定结果及法院作出该裁定的具体理由，尾部则由审判人员和书记员署名，加盖人民法院印章，向当事人送达后立即生效，书面裁定的适用范围具有法定性，针对的多是案件在诉讼过程中已然由法律明确规范应以裁定处理的特定程序事项及个别实体事项。口头裁定和书面裁定作为民事裁定的二元形式，具有同等的法律效力。而在这方面，民事令状则截然不同于裁定，其形式要件表现为务必须采用书面形式。对此，作为民事令状的上位概念——“令状”，在其漫长的发展历程中均坚持采取书面形式的历史传统具有极强的说服意义，无论是行政令状时期意指国王的信件指令或者政府的简短文献的令状，还是司法化令状时期与诉讼初步结合后集中表现为启动诉讼的启诉令状，抑或是司法令状时期用于管理和指挥诉讼的要求受送达人必须为一定行为之给付的书面命令，一直以来，书面性都堪称令状的天然属性及自然需求〔2〕。而且，值得注意的是，不仅令状 Writ 一词被狭义地用于行政和司法领域时需突出强调其书面性，并且，令状即便是在最通常与最广义层面被使用，其本身也已囊括了对于书写的形式要求。对于这一点，

〔1〕 例如：作为协助执行人的银行隐瞒被执行人存款的真实情况，阻挠法院正常地执行公务，向当事人通风报信，使法院执行人员受到围攻，在法院执行法官客观上无法执行公务的紧急情况下，执行法官口头裁定冻结被执行人财产理应具备合理性。执行人员所采取的口头冻结措施，应与书面冻结裁定具有同等的法律效力，这也符合法律的立法宗旨。参见金香平、邵民声：“口头裁定效力与书面裁定相等”，载《江苏法制报》2006 年 6 月 22 日，第 C5 版。

〔2〕 See Bryan A. Garner, *Black's Law Dictionary*, 9th ed., West, a Thomson Reuters business, 2009, pp. 1747 ~ 1749.

英汉双语百科辞书《英汉辞海》在 Writ 词条下给出的两大义项以及其下的诸多二级义项已毫无例外地保有对令状书面性的突出强调[1]：义项一：书写的东西，尤用于短语 Holy Writ 或者 Sacred Writ（圣经）；义项二：由四个二级义项组成：①正式书写的文件，特指源于盎格鲁·撒克逊时期的旨在启动诉讼的原始令状（Original Writ）；②书面命令，君主、法院或法官通过发布该书面文书命令接受令状的人做或不做令状中所说的行为；③成为颁发者权力或权威象征的书面命令；④通常由美国大法官法庭书记发布的公文，用于指令议会选区内负责选举的官员进行下院议员的选举。因此，可以想见，我们在将广义的令状概念限缩于民事司法领域而获得的民事诉讼程序法上的民事令状概念，理应概莫能外地恪守书面形式的必备要件。当然，之所以作出这样的硬性规制，除了前文所述的历史渊源及语义因素之外，还有来自民事令状本身的内在原因：首先，顾名思义，民事令状从性质上来说属于法院文书，司法公文的本质属性使其必然在形式规范性方面有着更高的要求；其次，民事令状具有显著的给付属性，需要将强制诉讼参与人必须履行的作为或者不作为义务进行明确、详细的宣示，只有这样，才能更好地确保送达的效果，使诉讼参与人的知情权获得完整的实现，并在此基础上，也更便于受送达人对令状内容的反复推敲和深入研读，从而获得更为完整的理解。民事令状的主旨在于诉讼行为的强制给付，其制作与签发实非效力终点，需等待受送达人确实依“令”而为才被视为臻于其制发目标。由此看来，诉讼令状采取书面形式更有利于实现受送达人真正履行依“令”而为，更有利于确保诉讼参与人依“令”而为的过程中对于给付内容的准确、严谨、完整之把握，在诉讼参与人全面践行行为给付义务的基础上实现整个诉讼流程力尽可能地遵循法律制定之初公平正义的预设轨道发展下去。书面形式能

〔1〕参见王同忆编译：《英汉辞海》，国防工业出版社1987年版，第6086页。

够确保令状内容中“必为义务”及“禁为义务”的准确明示，以真正杜绝各类主体由于所处诉讼立场的不同而造成对同一法律权利或同一法律义务迴然不同的理解，进而导致作为义务或不作为义务错误履行的现象反复出现。

3. 民事裁定通常无需附带法律责任，而民事令状则多需附带法律责任

“法律责任源于对法律的预约性同意”〔1〕，诉讼主体对其法定义务的公然拒绝即突破了此处的预约性同意，此时，法律责任的承担将无可避免，故此，法律责任的前提须为法律义务。民事裁定多属法院针对是非对错的判定，通常，法院单方面的宣示即可达成其诉讼效果，诉讼目标通常无需仰仗其他主体的认可、协作、配合，而只需依赖法院的单方行为即可实现。作为中立裁判者的法院亦为诉讼的管理者、指挥者，其在诉讼过程中位居诉讼两造及其他参与人之上，因此，其对民事裁定所负责调控的程序及实体问题的正误评价具有当然的权威性，无需取得其他主体的同意，亦无需借助其他任何诉讼主体的作为或不作为以获取协助或配合。例如：若法院对原告的起诉在审查之后作出不予受理的裁定，该裁定即无需等待任何其他主体的态度及反馈，纠纷当事人才欲着手启动的公力救济即刻被终结，对此，当事人虽有权提起上诉以示不服，但本级法院不予受理的裁定已然即刻生效，就本次公力救济而论，其开启之路已然行至尽头；同理，如果法院作出的裁定是准许原告方当事人的撤诉申请，亦无需等待任何其他诉讼主体的态度及反馈，法院裁定撤诉成功则相当于该方当事人未曾提出诉讼，无需再依赖其他任何主体的行为给付，当事人此次为获取公力救济而已然付出的努力立即归于无形，撤诉成功导致诉讼程序终结。正是基于以上观点，民事裁定多不为诉讼参与人设置诉讼义务，无需等待受送达主体给付相

〔1〕 张恒山：《法理要论》，北京大学出版社2002年版，第466页。

应之作为或不作为，亦基于此，没有了法律义务作为前提，也就无所谓后续的法律责任的承担问题了。综上，立法者通常无需在民事裁定之中设置所谓的拒不履行民事裁定将要引致的不利后果及法律责任。而在这一方面，民事令状则与民事裁定存有不同，民事令状是法院对诉讼参与人各自诉讼行为给付义务的强制推行，是法官在综合评价立法预设和具体案情之后对于各类诉讼参与人所应当进行的作为或者不作为的明确宣示及矫正，且除宣示和告知意味外，通常而言，为了切实保证诉讼参与人能够真正履行其行为给付义务，立法者还会为拒绝遵从民事令状指引而拒不担负其法定“必为义务”或者“禁为义务”的诉讼参与人设置明确的法律责任。如前所述，法律责任以存有法律义务为前提，源于主体对法律的预约性同意。司法实践中，若诉讼主体以逆法而为的方式公然拒绝其作为或者不作为的义务而突破了这种“预约性同意”，那么，法律责任的承担将无可避免，相似于违法行为，逆“令”而行亦需承担相应的法律责任，法律责任主要表现为惩罚、制裁、赔偿等不利后果，对此，民事令状所附带或对应的法律责任亦概莫能外。以我国大陆地区民事诉讼法为例，当事人违反民事令状这类法院强制命令的责任形式大致包括民事责任和刑事责任两类，具体的责任形式均需以案情为参照而具体分析，其中，民事责任主要以证据失权、败诉风险、缺席判决、训诫、罚款、拘留等形式为主，而刑事责任则与令状类型及具体案情的关系更为紧密，需更具体微观的随案分析，但违反民事令状而大致涉及的刑事罪名通常包括妨害作证罪及拒不执行判决、裁定罪等。对于民事令状多需附带法律责任这一问题，作者从我国“书”、“票”、“令”三大令状体系中各选一例以试作分析：首先，“书”体令状。当事人在收到举证通知书之后应当依法履行及时举证义务，根据《最高人民法院关于适用〈中华人民共和国民事诉讼法〉的解释》第101、102条，当事人逾期提供证据，人民法院有权责令其说明理由，拒绝说明理由或者所提供的逾期举证理由并不成立的，人民法院有权不予采纳该证据，以使逾期举证方承担起证据失权的法律后果。而依据案情之不同，若证据与案件基本事实有关，法院则有权采纳该证据，但需对相关主体施以训诫、罚款，使逾期提供证据的当事人切实承担起违反令状的法律责任。其次，“票”体令状。当事人在收到传票后应当按时履行到庭参加诉讼的义务，原则上，当事人无正当理由拒不依照传票所指定的时间和地点到庭参诉的，违反令状一方如属被告的，法院有权缺席判决，被告因无法实施言辞辩论，其败诉风险陡然增加；违反令状一方如属原告的，法院则可以按撤诉处理，使其承担诉讼终结的法律后果。最后，“令”体令状，当事人在收到法院的限制消费令后应当依“令”禁行高消费及相关消费之事，履行其禁为性义务，如若不然，被执行人违反限制消费令进行的消费行为将被划归拒不履行法院生效判决、裁定的行为范畴，并承担相应法律责任。根据《最高人民法院关于修改〈最高人民法院关于限制被执行人高消费的若干规定〉的决定》，依据现行《最高人民法院关于限制被执行人高消费及有关消费的若干规定》第11条的规定，被执行人违反限制消费令的消费行为属于拒不履行人民法院已经发生法律效力的判决、裁定之行为，经查证属实的，将依据《中华人民共和国民事诉讼法》第111条，对被执行人予以拘留、罚款；情节严重，构成犯罪的，还将追究其刑事责任。

4. 民事裁定主要表现为法院对诉讼参与人已行行为的评价，而民事令状则更多地涉及法院对诉讼参与人现行行为和将行行为的评析和预测

根据我国学者舒国滢的观点，按照行为的时态性，法律行为可作三元化的划分：已行行为、现行行为、将行行为[1]。其中：已行行为是指行为主体已然完成的由空间角度而论已然完全固化的效果

〔1〕 参见舒国滢：《法哲学沉思录》，北京大学出版社2010年版，第80～86页。

式行为；现行行为是指行为主体正在实施的由空间角度观之属部分尚未固化的过程式行为；而将行行为，则是指行为主体拟在未来时间完成及从事的尚未启动任何固化机制的将来式行为。具体而言：已行行为对应着完成时态，且从空间角度看属“已经固化了的效果行为”[1]；现行行为对应着进行时态，且“从空间角度看是部分固化的，部分尚未完成的行为”[2]；而将行行为则与将来时态相对应，且从空间角度来看属于固化机制未启动且完全处于尚未转化为现实存在的不确定形态中的将来完成类型的行为。因此，若由诉讼行为的时态角度分析，民事裁定无疑要更为重视对诉讼参与人已行行为的评价及规则，诉讼参与人的诉讼行为在前，法院对此所作的“裁夺”在后。举例来说，原告需首先作出起诉之行为，而后法院按照起诉要件的法律规制进行审查，最后才涉及是否应当在立案之前出具不予受理裁定或者在立案之后出具驳回起诉裁定的问题；被告需首先依法提出其管辖权异议，有此前提，法院才会启动后续审查，并在审查之后于裁定驳回异议以及裁定将案件移送至有管辖权的法院两者之间作出选择。而在这一方面，民事令状则截然不同，如上所述，相对于裁定，民事令状需更加关注诉讼参与人的现行行为及将行行为。具体说来，民事令状是对诉讼参与人作为及不作为的强力矫正，因此，必然以诉讼行为的未完成时态为前提条件，已然固化、已经完成的诉讼行为通常无法重塑和推翻，因此丧失了通过令状强令受送达主体加以给付的可能。法院结合立法规范及司法经验对本案中各类诉讼主体的现行行为进行评估、对将行行为作出合理预测，在此基础上，通过民事令状的适用向对应的诉讼参与人阐明法律规则的真实意向，向各式受送达人明确释明其所应为和禁为的义务内容及其后续的法律责任，依托司法的权威和诉讼指挥权强行

〔1〕 舒国滢：《法哲学沉思录》，北京大学出版社2010年版，第80页。
〔2〕 舒国滢：《法哲学沉思录》，北京大学出版社2010年版，第83页。

干预诉讼参与人的行为意图，及时矫正诉讼参与人的行为模式，从而达到使各类私益性诉讼主体在“当为”与“不当为”之间做到既不逾越也不遗漏：首先，法院以民事令状的形式实施对诉讼参与人现行行为的评析与矫正，现行行为属进行时态，外在效果尚未完全固化，足可及时矫正。举例说来：目前，我国民事诉讼之中，被执行人拒不履行生效法律文书义务的情况屡见不鲜，更有甚者还频繁更换以虚假和解、隐匿财产、转移财产、拒不报告财产等花样频出的诉讼策略，败诉当事人拒不履行法律文书的行为属于一种正在实施的现行诉讼行为，被执行人持续逃避执行的现行行为虽然部分效果已然固化，但毕竟仍存尚未被固化的未决部分，因此，可以认为尚存行为主体被外在主体说服而改变其行为意图以令其行为走向得以矫正的可能，正是在这样的前提下，法院才拥有了制发执行令状的必要性，以直接或间接的方式强令被执行人自觉给付履行生效法律文书之行为，具体来说：法院考量具体案情，通过分别适用报告财产令、限制消费令、责令交出存单通知书、责令交出财物（票证）通知书、责令追回财产通知书等执行令状的形式，借当事人拒不履行生效法律文书的现行诉讼行为尚处于进行时态中的重要时机，达到直接强制或间接迫使被执行人履行生效法律文书之义务的目的。其次，法院同样可以选择适用民事令状以完成对诉讼参与人将行行为的预测与指引。民事令状注重对诉讼参加人将行行为的事先规制，民事诉讼中，法院通过确保诉讼的各环节均具平等性以示程序公平正义。然而，“规则无法自我解释”[1]，诉讼参与人基于自利因素则往往针对相同法律条文也会理解迥异，肇因于该前提，各式诉讼主体在选择将行行为时往往会偏离法律的预设，而此时，令状正堪称对将行行为在“应为”与“不应为”之间的最佳指引，法院根据立

---

〔1〕［英］马丁·洛克林：《剑与天平——法律与政治关系的省察》，高秦伟译，北京大学出版社2011年版，第99页。

法规则并结合自身的“阅历”对各式诉讼参与人可能作出的将行行为进行预测，通过事先制发令状以最大可能地杜绝恶意诉讼行为的产生，由此，才产生了传票、拘传票、搜查令、应诉通知书、举证通知书、执行通知书等诸多形式的民事令状。这些令状均是立法者在综合考量诉讼参与人之各自利益与立场之后而针对其通常可能采取的诉讼策略所作出的预测以及在预测的基础上所进行的指引，正是有了以上各式民事令状的预测和指引，我们才能在真正陷入诉讼参与人拒不到庭、逾期举证、隐匿财产、拒绝履行生效法律文书等形式各异的窘境之时具有足够的应对能力，可以说，对诉讼参与人将行行为的提前预警和事前规制赋予了民事令状将诉讼风险最大程度地化解于成形之前的制度优势。

（三）考辨三：民事令状与民事决定

目前，我国民事诉讼法学对于民事决定的概念甄别仍未尽深入，时至今日，民事决定所针对的客体及所处理的对象仍不十分明晰，因此，学界及实务界对于民事决定内涵的探索尚不完备，其定义方式在严谨性和科学性方面仍有欠缺。即便按照通说，民事决定得以适用的范畴亦不十分精确，学界多将其适用对象简单冠以“特殊事项”而草草了事，而接下来在更进一步研讨“特殊事项”的具体所指时，学界观点则更为繁复。也正是因为民事决定在适用领域和适用范围这一方面的独立价值相较其他几种法院文书而言并不明显，所以，民事决定领域长期以来难以形成兼具针对性和系统性的理论研究成果。综观学界的各式定义方式，将“特殊事项”这一并不具备固定所指且略显模棱两可的非专业名词直接用于民事决定这一法律概念的内涵阐释中的现象比较普遍，例如：民事决定是指“人民法院就诉讼中的特殊事项依法所作的权威判定”[1]；或者，民事决定“是指人民法院在民事诉讼过程中，为保证诉讼活动的顺利进行，

〔1〕常怡主编：《民事诉讼法学》，中国政法大学出版社1999年版，第305页。

对诉讼程序中发生的特殊事项所作出的判定”。[1] 不过，毋庸置疑，民事决定与民事令状既同为法院诉讼文书，那么，两者之间必然存在诸多共性，具体说来：①两者均不具有终局性，由此，法院可以在诉讼整个过程中将两者于诉前、诉中、诉后的各个阶段广泛适用；②两者均不具唯一性，人民法院可根据法律规定并结合具体案情加以制发，同一案件中可以并存多个民事决定或者民事令状；③两者均具备多元性，除了数量类型的多元外，受送达主体的范围亦堪称广泛，可以囊括利害关系人、当事人以及其他诉讼参加人等各式诉讼主体；④两者均不以人民法院对于案件的实体审理为前提，其内容亦通常与案件的实体权利和实体义务的真正归属并无联系；⑤两者的制发均不以法院的裁判权为权源，而是以法院的诉讼指挥权为其权利基础；⑥两者均为由法院发出之后立即生效的法律文书，立法均未设置相应的上诉期或抗诉期。但除去上述相通之处，两者之间的差异亦甚为明显。详言之：

第一，民事决定的作用主要表现为对既存诉讼障碍的排除和消解，而民事令状的作用则不限于此，还具有预防和阻止诉讼障碍之形成的功能。决，从水，《说文》谓之“行流也”，疏导而行曰“决”，排除阻塞、疏通水道是为“决”。凡世事及诉讼“决之则行，塞之则止”，由此，民事决定更应倾向于指示法院为保证诉讼顺利进行而对阻碍诉讼之事项所为的权威式判定。“每条法律规则的产生都源于一种目的，即一种事实上的动机”[2]，人民法院制发民事决定的目的通常为排除已然形成的诉讼妨碍以保证民事诉讼的顺利进行，因此，法院制发民事决定通常不具预判性，民事诉讼中若尚未出现阻却诉讼之障碍，民事决定通常不具适用之可能，换言之，民事决

---

〔1〕 江伟主编：《民事诉讼法》，中国人民大学出版社2008年版，第313页。

〔2〕［美］E. 博登海默：《法理学：法律哲学与法律方法》，邓正来译，中国政法大学出版社1999年版，第109页。

定具有典型的事后性与被动性，仅以排除完成时态的诉讼妨碍为己任，法官无法通过民事决定的适用以对潜在的诉讼风险作出事前处置。需要注意的是，这里所谓的诉讼“障碍”并非全部为伪造证据、哄闹法庭、妨碍审理、阻止证人作证或者侮辱、诽谤、威胁、殴打审判人员等这一类全然应被给予否定性评价的违法事实，除此之外，民事决定所负责处理的诉讼“障碍”还有可能只是相较立法者理想层面极为简化的诉讼程序而言多出的几项非常态的处理环节而已，例如：当事人提出诉讼顺延的申请、当事人提出回避申请、当事人提出诉讼费用减缓免的申请等。不过，无论如何，民事决定都不具备事前制发的可能，而仅负责对已然生成的诉讼障碍在依法审查后得出结论并作出处理。原则上，即便法官依据其审判经验已然预见到该案中可能出现的诉讼风险，也断然不能通过适用民事决定来对潜在的诉讼风险给予提前处置。而在这一方面，民事令状则颇为不同：首先，必须承认，既存诉讼障碍的消除效用亦为民事令状的重要功能：法院通过制发报告财产令以克服执行法院掌控被执行人财产信息严重不足的现实窘境；法院通过制发责令交出财物（票证）通知书以强制相关主体交出无正当理由但却已然隐匿的财物及票证；法院通过制发拘传票以迫使无正当理由但已然作出拒不到庭行为的当事人出庭。然而，相比消除既存障碍，民事令状预防诉讼风险的功能才为其他裁判文书所无法企及：法院结合立法规范和具体案情通过民事令状的形式将诉讼参与人将来应予完成的后续诉讼义务提前告知和再度重申，在此基础上，单设或附设法律责任以对各式诉讼主体的违“令”行为设置不利后果。迫于法律责任的处罚和制裁因素，受送达人才能于诉讼真止行进至需由其给付相应诉讼行为时更倾向于作出符合法律预设的理性选择。由此，民事令状之预防诉讼障碍产生的防范功能才被称为乃民事决定等法院文书所不具备。对于这一点，限制消费令以及举证通知书等民事令状的运行机制皆可为典型例证。以限制消费令为例，法院制发限制消费令并载明限制消费的期间、项目、法律后果，其目的无外乎是提前宣示和预先设置能够阻碍被执行人购买不动产、旅游、度假、支付子女在高收费私立学校的学费、租赁高档写字楼、购买非经营必须车辆等消费行为的不利后果，形成对当事人逃避执行的将行行为的巨大压力，以最大幅度地迫使被执行人调整其将行行为，并使其回复到依法履行生效法律文书的正确轨道上来；再以举证通知书为例，法院制发举证通知书并载明指定的举证期限、逾期提供证据的法律后果、可向法院申请调查取证的具体事项等，其目的直指尽可能地杜绝逾期举证，预防诉讼突袭，通过向当事人预先明示举证义务、提前申明逾期后果以最大化地将后续证明过程中可能出现的不具公平正义之因素进行事前消减。

第二，民事决定的主要内容呈现为一种对法院处理结果的宣示与告知，而民事令状的主要内容则集中展现为积极作为与消极不作为的强制性给付。目前，按照我国大陆地区的民事诉讼立法，民事决定主要负责下列事项的处置：宣告法院对当事人回避申请的处理结果；宣告法院对于妨害诉讼之行为所作出的罚款、拘留等强制措施；告知当事人法院对于其诉讼顺延申请的最终处理意见；告知当事人法院对于其缓交、减交、免交诉讼费用申请的最终决定等。显然，民事决定、民事令状同属保障诉讼程序正常运行的重要工具，其制发主旨统一表现为恢复诉讼程序之秩序、排除阻碍解纷之事项，但就内容而言，民事决定的内容更多地表现为向当事人所作的宣示和告知，无需将强制受送达人必为一定行为或者不为一定行为的给付内容囊括在内，而仅以准确记载法院对于妨碍诉讼活动的最终处理意见为必要。民事决定作出之后，虽然在其具体的执行过程中仍有可能再度涉及相关主体作为或者不作为的行为给付才能使民事决定的内容实现（例如：司法警察将妨碍诉讼的被拘留人送交公安机关看管；审判庭主动向执行机构移送民事制裁决定书以启动相关执行程序等），但是，这已然属于另一个层面的问题，其解决的是民事决定被宣示之后如何获得尊重的更次级课题，而不能作为民事决定本身即具有给付内容的直接论据使用。因此，抛开民事决定内容的实现途径，我们认为，仅就民事决定自身而言，其并不具有给付内容，狭义上，民事决定只是法院在处理诉讼过程中所发生的妨碍或阻却事项时所作出的具有法律约束力的结论性判定〔1〕。而同样在该方面，民事令状则迥然相异，较之民事决定具有典型的给付特征，以强制受送达人给付积极的作为或者消极的不作为为主要内容。“司法就其性质而言，归根到底是由各方诉讼主体共同运作出来的”〔2〕，因此，各式诉讼参与人在诉讼过程中是否真实地依法履行其行为给付义务将直接影响该案的过程正义及结果正义能否实现，但在真实的诉讼过程中，各式诉讼参与人均拥有专属于其自身的诉讼利益及诉讼立场，因此，法院在无法仅凭一己之力即足以将诉讼整体重新导入公平正义的预设轨道时，其原因大多是出现了其他诉讼参与人的逆法作为或不作为，此时，即需法院通过制发令状以强行矫正诉讼参与人的行为意图与行为模式，通过司法强制力迫使诉讼参与人真正践行其应当履行的行为给付义务，以将民事诉讼所应具的公平正义进行还原，因此，民事令状必须以迫使各类诉讼参与人完成其积极的作为义务或者消极的不作为义务为其首要任务和主要内容。

第三，民事决定可以为口头形式或者书面形式，而民事令状则必须适用书面形式。根据我国民事诉讼法及司法解释，为了保障最快速地实现对诉讼的有效管理和指挥，绝大多数民事决定既可采取书面形式也可采取口头形式。2012 年修改《民事诉讼法》之后，除了该法第 116 条第 3 款有关于“罚款、拘留应当用决定书”的规定外，其他涉及民事决定的立法规范不仅多未对其采书面形式作出强

〔1〕 参见赵钢、占善刚、刘学在：《民事诉讼法》，武汉大学出版社 2008 年版，第 373 页。

〔2〕 李海炅：“民事诉讼构造的价值决定”，载《中国社会科学院研究生院学报》2007 年第 4 期，第 89 页。

制性要求，相反，该法对民事决定究竟应当适用书面形式还是口头形式采用了较为开放的立法态度，例如：按照《民事诉讼法》第47条，人民法院应当在当事人提出回避申请的3日内作出被申请人是否回避的决定，该决定既可采口头形式，亦可采书面形式。除我国《民事诉讼法》外，无须过多纠缠于民事决定的形式要件的立法理念也在相关司法解释中得以贯彻，《最高人民法院关于适用〈中华人民共和国民事诉讼法〉若干问题的意见》除了通过第114条和第117条强调人民法院在适用拘留以及提前解除拘留时的民事决定应以书面形式为必要外，再未对决定的形式要件作出苛求，例如该《意见》第122条规定："上级人民法院复议时认为强制措施不当，应当制作决定书，撤销或变更下级人民法院的拘留、罚款决定。情况紧急的，可以在口头通知后3日内发出决定书。"而在这一方面，民事令状却有其独特要求，其要求以书面形式为必要，对此，前文在比较民事令状与民事裁定时已有详述，此处不再赘述。

第四，民事决定通常无需附带法律责任，而民事令状则需附带法律责任。如上文所述，民事决定具有独特的价值及功用，民事决定、民事令状虽同样可面向多种类型的诉讼主体于诉讼全程随案制发，但原则上，民事决定主要面向各式诉讼参与人宣示法院对于某一程序或其他事项的处理结果之用，在内容层面多不涉及给付因素，而仅以宣告法院对于阻碍诉讼之特定事项的处置结果为内容，亦基于此，立法通常无需为民事决定附设或者单设任一形式的法律责任以保障其实施。究其原因，在于仅需负责将法院的最终结论进行宣示和告知的民事决定并不为诉讼参与人设置诉讼义务，所以，显而易见，既然无所谓"第一义务"，那么作为违反第一位义务之不利后果、制裁方式、否定性评价的第二位义务的法律责任也就失去了用武之地。同样是在这一领域，民事令状的内在机理则有所不同，作为一种强制受送达人向法院或其他诉讼参加人给付相应作为或者不作为的书面命令，民事令状必须以向受送达人完成要求其进行行为给付的义务来源的释明为前提和必要，其中，部分行为给付义务乃立法之预设，属于任何案件中处于相同地位的诉讼参与人均需承担的普适性义务，例如：传票所对应的当事人的出庭义务。但是，部分行为给付义务则为法院将法律规定与真实案情进行有效融合之后而为特定诉讼主体新设的“机动”义务，例如：法院会根据案情而决定是否制发限制消费令、报告财产令，以上两类令状一旦制发则将为拒不履行生效法律文书的当事人设置或消极或积极的行为约束及行为给付义务。而无论民事令状所载明的行为给付义务到底属于法律已然预设的普适性义务还是法院结合案情机动下达的指定性义务，法律责任所需要的“第一义务”要件已经成就，“制裁违法便意味着追究法律责任”〔1〕，当义务人拒绝履行此第一位义务时，法律就必须“通过法律责任的实现对相关权利人进行补偿或对行为人进行惩罚”〔2〕。法律责任这一外部制裁措施间接作用于诉讼主体的主观意志，并借助其对拒绝履行义务者所形成的内心震慑有效地确保了法院民事令状能够最大程度地获得受送达人的切实遵行。借助于法律责任的强制威慑作用，民事令状拥有了强力矫正诉讼主体违法之举的强制约束效力。

---

〔1〕田平安、罗健豪：“民事诉讼法律责任论”，载《现代法学》2002年第2期，第93页。

〔2〕刘方权、曹文安：“刑事诉讼程序法律责任论”，载《江苏警官学院学报》2005年第2期，第46页。

第五章　民事令状完善研究

法律应该是稳定的，但不能停止不前。

——［美］庞德

正所谓："法律只帮助警醒的人，而不帮助惫懒的人。"在法律科学层面，在法系、国别领域进行比较研究的主旨绝不仅停留在简单的异同辨别，而更在于明晰优劣得失之后作为被警醒方的国家、地区奋起直追的步伐。对此，德国法学家赛尔苏斯曾言："认识法律并不意味着抠法律字眼，而是把握法律的意义和效果。"〔1〕因此，在综合归纳该书前一章率先进行的以英美法系和大陆法系为对应维度的比较分析后，我们发现：整体而言，在理论研究和实务探索两个层面，大陆法系各国民事令状制度的完善程度均较英美法系而显落后，同一法系下不同国家之间的民事令状的制度的协调性、体系的统一性、类型的融合性等也均略显不足。其中，以我国为代表的部分国家和地区的民事令状机制的发展更显然停留于初创和起步阶段，民事令状的立法较为分散、试点较为初级的特征比较明显，因此，目前仍不能称其已然构建起相对完整的民事令状制度。由此，在诉讼法现代化及法治全球化的双重背景下，英美法系各国相较更为发达的民事令状制度极大幅度地反衬出我国不断完善和深入发展其民事令状体系的必要性。此外，进一步总结本书"民事令状比较研究"

〔1〕转引自［德］卡尔·恩吉施：《法律思维导论》，郑永流译，法律出版社2004年版，第一章导论扉页。

章中后续展开的以民事诉讼中判决、裁定、决定、令状为“横切面”的法院各式民事裁判的对比分析，我们发现：四者虽同为民事诉讼法院文书，甚至共为法院广义上的裁判文书，但是，目前，判决、裁定、决定、令状所涉及的相关理论研究并不平衡，我国在民事诉讼领域所进行的法院令状层面的理论研讨的深入程度及相关实践探索的涵盖广度并无法望“三元化”的传统裁判文书判决、裁定、决定之项背。对于完善措施和发展路径的探索是任何科学研究的最终落脚点，与自然科学领域的“木桶理论”相似，民事令状相对落后的发展大大制约了我国司法文书类型化、独立化、现代化、体系化的进程，并进而对我国民事诉讼法学与其他国家之对接形成掣肘。因此，在该书第二章“民事令状的基础论”以及第三章“民事令状的价值论”已然完成的前提下，更在该书第四章已然针对民事令状进行了域外与域内、宏观与个体的多角度的综合对比之后，更进一步针对我国民事令状的完善路径与具体措施展开后续研究和深入探索也就更显得自然而然和顺理成章了。最后，需要指明的是，由于我国两岸四地分属不同的法域，两大法系特色兼具，其民事令状的发展阶段与体系设置也甚为不同，因此，将各地区的民事令状均作统一的安排尚有极大难度，因此，下文中若无特殊指明，民事令状的完善分析先暂以我国大陆地区为限，其他地区则另行撰文。

一、我国民事令状制度构建的可行性研究与必要性研究

（一）民事令状制度构建的可行性研究

可行性，通常为理论研究者在展开相应客观对象的科学研究之前，围绕该项课题究竟是否拥有过程上的可操作性、方法上的科学性、方向上的正确性、结果上的成功性而进行的科学判断和客观评估。不具备可行性，科学研究即不存在启动和深入之必要；而即便是贸然展开，由于与科学规律相悖，该项目最终也断然不会取得个

体预期中的积极效果。任何研究均不是无本之木、无源之水，理论和实践双方面的准备是科学研究具有可行性的重要前提和客观基础，没有理论上的充足积淀，没有实践上的成功试点，任何所谓的研究都会更类似于纯粹意义上的“思维风暴”或“脑际幻想”，而缺乏在实践之中得以实现的现实可能性。细化到法学领域，理论与实践两个维度的积淀和储备是否充足同样也是决定该领域之特定理论研究是否具备可行性以及客观评价其可行性之大小的基础因素。将视野进一步限缩具化到程序法领域的民事令状课题上，我们发现，作为一种相较判决、裁定、决定等其他传统法院文书而言更为新型的责令受送达人履行相应的行为给付义务的书面命令，我国学界完全从系统化的宏观角度探讨民事令状制度应该如何整体化构建的研究成果虽然尚不多见，然而，可以说，民事令状领域已然保有的针对人身保护令、证据调查令、敦促执行通知书、禁止规避执行通知书等具体形式的民事令状所取得的理论研究和实务探索层面的积极成果皆向我们昭示：目前，开始启动具有中国特色的民事令状制度的整体构建和全面完善工作的可行性已较为充足。

首先，在我国，构建完整的民事令状制度已具有较为充足的理论基础。目前，我国正处于社会的转型期、改革的攻坚期、矛盾的多发期，社会整体环境的变化带来了社会成员生活状态的变化，各种利益的冲突和对立在一定意义上似乎已成为民事主体社会生活的主流，群体纠纷、民生案件、公益诉讼等涉及广泛利益和大量当事人的案件频发，而纠纷出现之后，冲突主体以及追随于该方的其他诉讼主体的行为意志和行为能力首先体现出的是其自身因素[1]，利己性是以上主体显而易见并无可辩驳的居于首位的制度特征。在这样的前提下，我们也就对现实的民事诉讼进程中当事人等诉讼参加

〔1〕参见范季海、薄振峰、陈飞：“冲突主体诉讼行为的实践障碍探究”，载《检察实践》2005年第1期，第73页。

人通常选择抛弃自己的行为给付义务，违法而“动”、逆法而“行”，并进而导致恶意诉讼、滥用诉权、虚假调解、阻碍作证、提供伪证、隐匿财产、逃避执行等规避法律之行为的频频出现拥有了更为深层的理解。卢梭在其名作《社会契约论》中曾言：“只要法律不再有力量，一切合法的东西也都不会再有力量。”诉讼主体拒不依法履行其诉讼作为或不作为义务，不仅扰乱了正常的司法秩序，浪费了宝贵的司法资源，而且，还跳脱本案意义而在更广泛层面破坏了人们的法治信仰，因此，为了稳固树立司法之权威，极富强制性与权威性的民事令状则当仁不让地成为大家关注的对象，民事令状可以由法院根据案情灵活制发，其强制诉讼参与人务必恪守立法所预设的公平正义之程序的纠偏和补正作用甚为显著。为了确保民事令状能够切实将置法律于不顾公然违法乱为，或漠视法律与法院为其设置的诉讼义务拒不作为的各式诉讼参与人重新导入公平正义的理性解纷的轨道，民事令状通常还需附带相应的罚则，正是这样，民事令状这一新型法院文书才与我国当前努力提高诉讼解纷质量、增强法院审判与执行权威的现实任务深度吻合，亦由此，民事令状这一课题才受到学者的瞩目而在理论研究领域快速获得了相对而言较为充足的理论积淀。作者以中国知网为主要数据库进行查询，截至2013年2月21日，题名中以“令”为关键字的诉讼法与司法制度资料库中的学术论文已为600余篇：首先，专门针对民事诉讼中“令”的研究成果较为丰富，相对而言，其所涵盖的民事令状类型要更为广泛，不仅涉及了限制消费令、海事强制令、支付令、搜查令等已然拥有立法地位的传统型民事令状，而且，更为重要的是，以上学术成果所涵盖的民事诉讼“令”还远远超过了目前的立法局限，而在更为多元且极具现代意义的层面对以下新型民事令状作出了有益的探寻，包括：人身保护令、证据调查令、民事保护令、禁止令、临时禁制令、法院止付令、执行催告令、执行令、反家暴远离令、检察令状等；其次，题名和主题之中以“传票”、“拘传票”作为关键字词的诉讼法与司法制度资料库中的学术论文分别达到15篇、6篇；再次，以民事令状中举证通知书、人民法院组织证据交换通知书、不予准许证人出庭作证申请通知书等“书”体令状为研究对象的学术论文和科研成果的规模则更为庞大，其数量已无法精确统计。成文法不可能真正穷尽所有在现实中出现的问题，因此，学术的先行是法律制度全面构建和深入整合路上的“先遣兵”、“侦察员”，欠缺具有预见性的理论研究作为基础，制度的完善终将错失正确的方向和科学的路径，其未来的发展空间也将变得十分有限。因此，虽然我国目前对民事令状的研究稍显零散，甚至无法找寻并难以发现具有宏观意义的体系化构建，但是，既然我国对于民事令状的分项研究和细化探讨已然具有了相当之规模，可以想见，具化研究后的总结与提升亦必将具水到渠成之势，因此，正是拥有了上述诸多针对各类令状个体层面的学术成果的理论积淀，以此为基础再配之以科学有效的宏观整理、归纳总结和提炼升华，作者认为，在我国大陆地区探讨包括民事令状之申请、审查、签发、送达、类型、执行、救济等诸问题于一体的完整、融合的民事令状宏观层面的制度性构建已然具备相较丰富的基础理论储备，并由此具有了学理上的可行性。

其次，在我国，构建完整的民事令状制度已具有较为坚实的实践基础。我国民事令状的试点及探索主要分为两大部分：一是对民事令状的直接探索，强调的是专门围绕法院在民事诉讼中所作出的责令各式诉讼参与人务必完成积极作为给付或者消极不作为给付的各式书面命令这一基本涵义所展开的针对性试点及探索。在这一方面，全国各地各级法院对于“令”、“票”、“书”等民事令状的多元探索和普遍试点可谓由来已久，且类型广泛，其中，上海市第一中级人民法院于1996年就已实施的专门针对证据调查令的试点工作即为各地法院率先改革和实验新型民事令状的“令”体文书的典型例证。具体而言，所谓证据调查令，是指当事人在民事诉讼中因客观原因无法取得自己需要的证据，经申请并获人民法院批准，由法院签发给当事人的诉讼代理律师向有关单位和个人收集所需证据的法律文件[1]。持令人拥有持令前往令状所指定的人或机关、团体、企事业单位处进行收集、调查证据之权利。司法实务之中，自该令状试点以来，持“令”律师在取得法院证据调查令后实施证据调查的成功率大幅攀升，除被调查证据涉及国家机密或涉及调查令指定调查内容以外的证据等特殊情况之外，被调查人均不享有拒绝提供证据权，法院的司法权威以令状的形式投射于已获证据调查令的一方当事人的代理律师之上，证据收集质量由此获得极大提升。被调查人核对持令人姓名、单位无误后，需在有效期内向持令人提供调查令指定的证据，不能在有效期内提供证据或无证据提供，则应在调查令上或另以书面形式说明原因，由经办部门负责人签名、加盖公章后交持令人。经过一段时间的探索，证据调查令的社会认知度和认可度均已获快速提升[2]，证据调查令的试点工作被进一步细化与规范。1999 年 5 月 5 日，证据调查令被正式纳入上海市第一中级人民法院第 28 次审判委员会讨论通过的《庭前程序须知》，成为该院全面践行维护当事人诉讼权利理念的重要典范。根据该《须知》，庭前准备庭的第四项工作即为专司证据调查令的制发[3]。进入

---

〔1〕 参见《上海法院调查令实施规则》第 2 条（2001 年 6 月 13 日起实施），载 http：//www. sh148. org/news/law04/11922. htm，2015 年 8 月 18 日访问。

〔2〕 以上海市长宁区法院为例：1998 年 12 月 ~ 1999 年底，证据调查令的签发数量仅 38 份，2000 年 ~ 2003 年 3 年时间也仅为 800 余件，2004 年 1 年之间则上升为 607 份，2005 年，同期增长 2.4%，达到 622 份；2006 年，同期增长 18.97%，达到 740 份。参见韦杨、曾俊怡、刘亚玲：“当事人调查取证权之程序保障的路径尝试 以调查令制度的检讨及其实证量化分析为研究视点”，载《法律适用》2008 年第 3 期，第 19 页。

〔3〕 “四、庭前准备庭的内容包括：①确定诉讼争执的要点；②交换、核对、确认证据；③确定出庭证人名单；④请求法院签发调查令或调查收集证据；⑤要求法院委托有关部门进行鉴定、评估、审计；⑥自愿和解；⑦其他需要在庭前向法院提出的事宜。”参见“上海市第一中级人民法院庭前程序须知”，载 http：//www. a - court. gov. cn/platformData/infoplat/pub/no1court_ 2802/docs/200408/d_ 21504. html，2013 年 2 月 14 日访问。

21世纪后，证据调查令的实践探索又迈上了新的台阶。2000年4月、2001年6月，上海市高级法院先后发布专项通知，以此为标志，证据调查令在全市范围内所进行的试点及探索所适用的案件范围被拓宽至全部类型的民事案件。2004年3月26日，上海市高级人民法院发布《上海市高级人民法院关于在执行程序中使用调查令的若干规定（试行）》，据此，为了确保人民法院在执行程序中准确、全面地查明被执行人的实际履行能力，进一步增强申请执行人的举证能力，提高执行效率，证据调查令首次脱离审理程序而获准在审理之外的执行程序中使用。2012年7月19日，为保障当事人依法行使收集证据的权利，规范调查取证行为，进一步提高立案审查的质量和效率以及进一步方便人民群众诉讼，上海市高级人民法院发布《上海市高级人民法院关于立案审查阶段适用调查令的操作规则（试行）》，将证据调查令的适用范围进一步拓宽至立案审查阶段。相关统计显示，仅2012年8月~2013年11月，上海法院共开具调查令1588份，其中，成功调查1346件，占84.76%，调查后成功予以立案1268件，成功立案率高达94.21%，立案审查阶段适用证据调查令状的实际效果可见一斑〔1〕。全国范围内，除去对证据调查令的广泛推行及持续试点〔2〕，各地法院对于其他类型民事令状的试点及探索也

〔1〕 卫建萍、邬丰："上海推行立案调查令化解立案难"，载《人民法院报》2013年11月10日，第1版。

〔2〕 2015年8月6日，北京市第四中级人民法院召开新闻发布会，向社会公开发布《关于充分保障律师执业权利，共同维护司法公正的若干规定》，该规定第13条规定："实行调查令制度，在民事诉讼中或在案件执行阶段，经当事人申请，由法院审查符合相关规定的，签发调查令，指定当事人的代理律师持调查令向有关单位或个人调查收集证据。"2009年9月22日，河南省高级人民法院发布并实施《河南省高级人民法院关于在执行程序中使用调查令的若干规定（试行）》，该《规定》第1条规定："执行程序中的调查令是指在执行阶段，因申请执行人无法获取相关证据、履行相应的举证责任而向人民法院提出申请，由人民法院批准签发的供指定律师向有关单位调查收集特定证据的法律文书。"

以更大的规模和更快的速度获得了扩张。例如：2005年，深圳市两级法院首度对“敦促被执行人履行债务令”进行试点，可以说，我国司法实务之中对于民事诉讼令的继续探寻又结出了新的成果。依据该新型民事令状的要求，受送达人需在指定期限内接受法院的执行督促并向相应的债权人为清偿之行为，若自该令发布之日起15日内仍不履行已生效裁判文书所确定的债务或者向人民法院书面提出还款计划并提供担保的，发布令状的法院将对相应的债务人实施罚款、拘留，情节严重者，还将根据《刑法》的规定追究其刑事责任。由此，鉴于敦促履行令的强大压力，在2015年10月10日深圳两级法院围绕实施敦促履行令向社会公布的81宗拒不执行案件中[1]，敦促履行令的有效率达到了79.5%，被执行人或积极向债权人进行债务清偿，或虽目前确无履行能力但仍积极主动地向法院进行说明并提交清偿计划。根据统计，依照前者，主动完成债务清偿的被执行人为19人；依照后者，选择主动提交还款计划、表示悔过的被执行人达25人。除此之外，敦促履行令还衍生出引导效应。鉴于敦促履行令的强大威慑力所带来的积极的教化效果，在当时统计范围内主要围绕敦促履行令而展开的深圳市集中清理执行积案的过程中，全市还有461件不在“督促履行令”曝光范围内的案件的被执行人主动承担起了自觉履行债务的义务。债务人这一自主履行生效裁判文书所确定的给付义务的和谐诉讼图景的得来实属不易，共计4778.76万元的应予清偿债务获得了履行，亦由此，民事令状快速恢复和实现民事诉讼进程中各式诉讼主体“为其应为”、“为其当为”之诉讼秩序的巨大号召力获得了极大的彰显。自此之后，敦促被执

[1] 参见詹钟灵、李伟雄：“深圳发出‘敦促令’被执行人主动履行债务五千万”，载http：//news.sohu.com/20060119/n241514857.shtml，2013年2月26日访问。

行人履行债务令在全国范围内获更大范围的推广[1]，西安市中级人民法院、哈尔滨市中级人民法院、牡丹江市中级人民法院、遵义市中级人民法院、四川省达州市两级人民法院等均以其试点对该类民事令状在司法实践中的突出作用表示了积极的认可。2008年，我国第一份“人身保护令”在江苏省无锡市崇安区人民法院诞生，虽然，当时的“人身保护令”还囿于法院裁判文书的判决、裁定、决定的三元分立的立法传统而被迫采取了裁定书的外在形式和行文程式，但是，其由法院颁布书面命令而责令受送达人不得对特定主体实施殴打、跟踪、骚扰、威胁等人身侵害的行为给付特征已在很大层面上与法院裁定书的裁度和判断特征迥然相异；不仅如此，人身保护令这一新兴制度在学理层面规范化和系统化的程度还在不断提升。2008年，最高人民法院应用法学研究所颁布了《涉及家庭暴力婚姻案件审理指南》。根据《指南》，法院对申请人施以人身安全保护措施后，被申请人将被禁止为殴打申请人、威胁申请人或亲友、骚扰或跟踪申请人等行为；指定期间内不得擅自处分价值较大的夫妻共同财产；有必要且具备条件的，可责令被申请人暂时搬出双方共同住处；禁止被申请人在距离申请人住处、学校、工作单位等场所50~200米内活动等。该《指南》所规定的家庭暴力的受害人可以向人民法院申请的人身安全保护措施即与我们通常所称的“人身保护令”相通。该《指南》发布以来至2010年1月，全国各试点法院发

---

〔1〕 例如：①2009年3月，哈尔滨市中级人民法院召开集中清理执行积案通报暨敦促执行大会，通报了全市两级法院清理执行积案取得的成果，并向123起案件的被执行人发出了“敦促执行令”。参见梁书斌：“哈尔滨市中级法院发‘敦促执行令’清理执行积案”，载 http://news.xinhuanet.com/newscenter/2009-03/10/content_10981574.htm，2015年8月18日访问。②2010年12月14日，牡丹江市中级人民法院向27家企业的法人代表和33名个人发出敦促执行令，要求涉金融案件的被执行人及其法定代表人、负责人于3日内，向执行法院据实申报财产状况，并于15日内自觉履行法院生效的法律文书。李欣：“建设诚信牡丹江，牡发出敦促执行令清收逃废债务”，载 http://www.dpcm.cn/html/gov/yaowen/20101215/76ce746b86a18b22.htm，2015年8月18日访问。

出的“人身保护令”达43份，而至2010年10月，全国各试点法院所签发的“人身保护令”的数量已超百余个，其中，履令率达98%以上[1]。当然，除了这份在全国范围内可以广泛参考适用的案件审理指南外，人身保护令还在全国多个省市被纳入了相应级别人民法院独立制发或推动制定的指导意见或司法规范，如2009年4月湖南省高院出台的《湖南省高级人民法院关于加强对家庭暴力受害妇女的司法保护的指导意见（试行）》。2010年6月陕西省高院出台的《陕西省高级人民法院开展家庭暴力案件“人身保护令”实施规则》，2010年6月重庆市高院出台的《重庆市高级人民法院关于涉家庭暴力婚姻案件人身安全保护裁定的程序规定（试行）》；2010年11月，合肥市法院、合肥市政法委、市检察院、市公安局、市民政局、市司法局、团市委、市妇联等八家单位共同出台的《合肥市关于人身安全保护裁定试点工作的暂行规定》，2015年5月即墨市法院、公安局、妇联联合签发的《即墨市人身安全保护裁定实施细则》等。故此，人身保护令成为了我国民事令状实践探索领域的又一热点类型。虽然以上省市针对人身保护令所制定的诸多实施细则及条例均鉴于其立法品格及效力范围很难对人身保护令这一新型令状的具体操作作出兼具普遍性与统一性的规范，但已然可为人身保护令更高立法层面的全面规制提供实践基础。2011年，佛山市顺德区人民法院作为佛山地区唯一一个省级家事审判庭试点单位与公安部门等联合创设了“探视令”[2]，持有法院探视令的一方将有权直接行使对子女的探望权。而无需再以对方的同意或协助为前提，当遭遇对方或者其家属的探视阻碍时，行使探望权的当事人可以申请公安部门的协助，并可通过与当地教育部门协调的方式在子女的在读学

---

〔1〕 参见李娜：“全国已发出逾百个人身保护令”，载《法制日报》2010年10月19日，第5版。

〔2〕 参见陈丽莉：“离婚后难探孩子可向法院申请‘探视令’”，载《广州日报》2011年3月9日，第FSA22版。

校完成探望。这一创新型的民事令状凭借其强制性、简易性、便捷性亦在案件执行阶段当事人的权利实现层面发挥了极其有效的推动作用，社会实践效果良好。除了以上传统专门以“令”作为文体形式的民事令状的创新及试点外，我国部分法院还进行了诸如“禁止规避执行通知书”等的其他更为广泛意义上的不同类型民事令状的相关探索。在司法实践过程中，为保护被执行人程序知悉权等权益而事先送达执行通知书反而容易成为债务人转移财产、规避执行、逃避制裁的警示灯和预告牌，在这样的前提下，许多法院创设了禁止规避执行通知书（告知书）制度[1]，并将其与执行通知书一同向被执行人进行送达，这样的制度设计能够在被执行人规避执行之前发挥事前威慑力，通过将罚款、拘留、迟延履行金、迟延履行利息、限制出境、限制消费、征信系统记录、限制法定代表人另行开办公司、限制贷款、限制投资、限制融资、限制置产经营等执行强制措施或威慑机制预先向被执行人宣告的方式给债务人严格按照已生效法律文书履行债务产生强大压力，从而发挥最大程度地禁止被执行人为规避法律、逃避执行之行为的效用，而以司法实践中的具体效果观之，该类令状所发挥的切实理顺执行机制的积极效果也从正面印证了“禁止规避执行通知书”等令状的原始创设意愿已然实现。二是对民事令状的间接探索。所谓民事令状的间接探索，是指在借鉴司法令状这一法院文书的某些理论特征和合理内核的基础上于司法文书、裁判文书领域进行的广义上的民事令状探索。2012 年 5 月，深圳市中级人民法院选择宝安区、罗湖区、福田区三家法院试点的民事裁判文书改革即为一大例证。在这次试点和改革过程中，上述法院主要侧重于如何保障诉讼的效率价值从而创设了几种卓有特色

〔1〕 参见“郑州市中级人民法院不得规避执行告知书”，载 http://zzfy.hncourt.org/public/detail.php? id=20091，2013 年 2 月 26 日访问；“贵州省毕节地区中级人民法院不得规避执行告知书”，载 http://gzbjzy.chinacourt.org/public/detail.php? id=753，2013 年 2 月 26 日访问。

的裁判文书，除要素式裁判文书、表格式裁判文书之外，行文简明的令状式裁判文书为此次改革的一大亮点〔1〕。虽然，此次试点中所创设的令状式裁判文书乃专为小额速裁案件和对事实部分不具争议或争议不大的特定类型的民事案件而设，从本质上来说应隶属于法院判决而非本书所言及的严格意义上的民事令状，但是，这种大致与传统裁判文书判决主文更为接近的简易式判决既然能够被冠以“令状”作修饰和限定，我们还是能够从中或多或少地发现某些法院令状的特定属性和专属内涵的。其中，令状式裁判文书从狭义民事令状处所获得的最为重要的借鉴就在于吸纳了民事令状的诸如简易性、便捷性、灵活性等专属特征〔2〕。

（二）民事令状制度构建的必要性研究

首先，在我国，构建完整的民事令状制度是有效平衡三大诉讼法之发展进程的重要方式。“一切诉讼、审判制度其实都是以民事诉讼为蓝本的”〔3〕，然而，目前，在司法令状领域，刑事令状却“独占鳌头”，甚至每每谈及司法令状，学界通常都会不自觉地将其与刑事令状做直接的对接与关联，刑事令状以及与刑事令状相对应的令状主义成为大部分学者心中默认的司法令状这一概念的应有之义，甚至还出现了将司法令状概念直接限缩为刑事侦查令状而稍显过度缩小解释之嫌的学术研究观点：“司法令状制度，是指侦查机关只有

〔1〕 参见游春亮、惠珍：“深圳法院改革民事裁判文书开全国先河”，载 http://www.legaldaily.com.cn/index/content/2012-05/07/content_3554863.htm? node=33768，2015 年 2 月 14 日访问。

〔2〕 根据浙高法［2014］176 号《浙江省高级人民法院关于民商事案件简式裁判文书制作指引》第 10 条、第 15 条的规定，令状式裁判文书，是指只包含诉讼当事人基本情况、原告诉请、案件基本事实和裁判主文，不详细记载当事人诉辩主张和裁判理由的法律文书。适用令状式裁判文书的案件原则上应当庭宣判并即时送达裁判文书，特殊情况下亦可在当庭宣判后 3 日内向当事人送达裁判文书。参见《浙江省高级人民法院关于民商事案件简式裁判文书制作指引》，该《指引》于 2014 年 12 月 3 日发布，详见 http://fj.chinalawinfo.com/newlaw2002/slc/slc.asp? db=lar&gid=17718368，2015 年 8 月 1 日访问。

〔3〕 王亚新：《社会变革中的民事诉讼》，中国法制出版社 2001 年版，第 4 页。

在获得法官签发的令状后，才有权实施扣押、搜查、监听及拘捕等强制侦查行为的制度。”[1]目前，客观意义上，刑事令状一马当先、一元独大，民事令状、行政令状则无论是在实然的立法层面还是理论的研究层面都双双遇冷、“相形见绌”，这样迥然不同的现状也不禁令人疑问：之所以会出现这种发展进程上的极端不平衡，三大诉讼令状的比较研究及理论辨析未曾成型是否应当对此负有不可推卸的责任？以上这种将司法令状视为刑事诉讼领域的专有法律名词，从而导致令状这一概念被转换至民事诉讼法学或行政诉讼法学的背景之下时多无缘被提及的做法实为一种基于概念的误解而产生的极端错误的行为方式[2]，这种将司法令状的概念从内涵和外延两方面均作错误裁剪及不当缩小的现行普遍做法无疑给我们以警醒：对刑事令状之外其他诉讼之中不同形式的令状展开富有针对性地深入研究的必要性已然极为明显。民事令状和行政令状与刑事令状不同：民事令状和行政令状主要体现的是法院的诉讼管理权和诉讼指挥权，彰显的是在法院统辖和监督之下各类诉讼参与主体对于公平、正义、秩序、自由等价值理念的平等追求。换句话说，规则约束和法院监督之下的诉讼秩序是民事令状和行政令状区别于刑事令状的主要追求的价值理念；而刑事令状则除了通过命令受送达人为一定行为或不为一定行为的方式来践行诉讼的秩序和规则之外，还担负着在刑事诉讼的审前程序中平衡侦查机构的强制处分与犯罪嫌疑人的基本权利的重要任务，其围绕强制侦查措施是否应予适用的强制处分权的事前制衡作用举世公认，公民的人身权和财产权必须得以保障是各国法律最为基本的核心立法理念，因此，刑事诉讼之中，侦查机构欲对公民之人身权或财产权实施强力的干预和限制之时必须要具

---

〔1〕 姚石京、余文权：“创建有中国特色的令状制度”，载《检察日报》2006 年 2 月 13 日，第 3 版。

〔2〕 参见陈初强：“司法令状本质的思考”，载《甘肃政法成人教育学院学报》2007 年第 3 期，第 23 页。

有“相当的理由”，而具体案件的侦查之中是否已然具备这样的理由必须要由超然中立的法院和法官加以公平正义之判断，而“对执法热衷的警察，因为不能掌握宪法的精髓而不应当配备这种决定权力”。[1]正是从这一角度来说，除去各类诉讼令状所共有的践行和追求司法过程之规则以及司法进行之秩序的价值理念外，以由超然中立的法官最终决定是否适用强制侦查措施为代表的无可或缺的权力制衡理念成为刑事令状价值理念中独有的重要组成部分。民事诉讼法是行政诉讼法、刑事诉讼法的基础，目前，即便是发展较为成熟的刑事令状制度亦尚未在内涵外延清晰、适用范围明确、文书样式统一、救济途径法定等层面实现理论的全面科学化，这一现状不能不让人反思：各类诉讼令状之体系性、制度性层面的缺陷和不足究竟与作为其客观基础的民事令状的制度缺位存在怎样的联系？但可以肯定的是，与刑事令状在实然立法层面和理论研究层面的双重繁荣形成鲜明对比的是，民事令状与行政令状在立法规范和理论研究领域双双遇冷，这种“相形见绌”的现实差距不禁令人慨叹：面对三大司法令状在发展阶段和成熟程度上的不平衡，针对稍显发展缓慢的民事和行政两种司法令状的体制建设和制度构建已经无法不被尽快提到科学研究和立法探讨的议事日程上来，其中，民事令状作为三大司法令状中的典型代表和重中之重，更是具有亟待被优先完善和不断强化的必要性。

其次，在我国，构建完整的民事令状制度是于民事诉讼内部冲破司法文书“三元化”（判决、裁定、决定）的传统分类方式而与时俱进地将法院文书的分类体系加以修正和重新整理的必然需要。按照我国传统民事诉讼法学的基本法理，法院文书的分类探讨一般仅在判决、裁定、决定之间进行，“法理的正义都是保守的，都是在

---

〔1〕 宋远升：“论司法令状的制衡效力——基于英、美司法令状制度构成要件的比较视角”，载《甘肃政法学院学报》2011年第1期，第135页。

保护和恢复旧有的秩序”[1]，因此，“票”、“令”、“书”等民事令状虽在立法和创设时间上并不比其他类型的法院文书“落后”，但是，以上各类民事令状却在理论探讨和学术研究领域均长期呈现分散发展、独立演进的状态，在这样的前提之下，民事令状层面过于琐碎零散的理论研究最终使得微观意义上各式具体的令状类型拥有了较为不同的发展方向，亦由此，各类微观令状在其启动、签发、送达、执行、救济等方面极易分立出各自为政的独特理论体系。以民事令状的启动为例，通常而言，支付令、执行令等民事令状需首先由当事人或其他主体提出申请，人民法院才可启动，而限制消费令、人身保护令、搜查令等民事令状的制发却通常不需以当事人或其他诉讼主体的申请为必要，不仅如此，人身保护令更是要求在开启之后的审查程序中更多地奉行证据收集上的职权调查主义以及诉讼资料收集上的职权探知主义[2]。再以民事令状如何获得救济为例，目前，我国立法之中，各式民事令状的救济途径堪称纷繁多样，受送达人对民事令状的合理性拥有合理怀疑时的程序仰仗颇为不同，支付令等民事令状的救济方式采取的是异议机制，海事强制令等民事令状的救济方式则采复议机制，而更多的民事令状则于现行民事诉讼立法中尚缺乏明确的法定救济途径的制度设计。因此，如前所述，若从三大诉讼的角度审视法院令状，民事令状的体系化程度和发展的完善程度相较而言尚存较大不足；而若再具体到民事诉讼领域内部分析，民事令状相对于民事判决、民事裁定、民事决定三大传统法院文书略显空白的研究现状则更加凸显了全面、系统构建民事令状制度的紧迫性与必要性。无视制度的缺失、佯装理论的完善从来不与法学研究的严谨性和周延性相容，正如英国法学家哈特

---

〔1〕 张文显：《西方法哲学》，法律出版社2011年版，第299页。

〔2〕 肖建国：“论民事保护令的中国特色”，载《妇女研究论丛》2012年第3期，第39页。

(Hart) 所言：法学的特点“就是将洞幽入微的青蝇之眼与总览全局的苍鹰之眼结合起来，力图让普遍、完善的法律之眼洞察社会生活的每个角落。”[1]综上，无论是从更为宏观的法治体系还是从更为微观的部门法科学体系化的角度进行分析，我们都确实需要尽快针对民事令状完成一次力尽系统以及务必周延的全盘整理和全面完善，通过民事令状具体完善路径层面的深层探究，以将民事诉讼法院文书体系中传统的民事判决、民事裁定、民事决定等文书样式与最新试点的民事令状这一新型的法院文书样式完成有效的衡平和融合。

二、我国民事令状制度构建的路径分析

（一）民事令状的称谓选择

准确而恰当的称谓是法律概念成熟的重要标志，“事物的名称以其高度概念化的形式概括着事物的本质属性，同时也标示着事物类与类、种与属的区分”。[2]如果将语言比作人类内心思维的物质外壳，那么，在尤为强调逻辑和规则的法学研究领域，某一具体法律概念的称谓选择和设置则更接近于其抽象艰涩的“钙化”外壳之上的一道“封印”。首先，“封印”具有标识作用，正所谓“名实相副”，不同的名称是人们区分不同事物的直观标记；其次，“封印”具有指引作用，正所谓“名下无虚”，名称的选择和固化往往是某一事物独特属性日渐彰显的结果，指引着人们如何顺利进入事物内部进行探索以求其深意的最佳路径。对此，英国哲学家J. L. 奥斯丁在论述法律定义名称选择的重要意义时曾表示：我们“不是仅仅看到词，……我们正在用对词的加深认识来加深我们对现象的理解”。[3]

---

〔1〕 H. L. A. Hart, *Essays on Bentham*, Oxford: Clarendon Press, 1982, p. 4.

〔2〕 孙育玮：“关于我国‘部门法哲学’研究的几个问题”，载《政治与法律》2007年第6期，第14页。

〔3〕 转引自张文显、于莹：“法学研究中的语义分析方法”，载《法学》1991年第10期，第4页。

因此，科学的称谓将使研究对象的理论内涵获得更加直观和精简的外在标示，从而大大降低人们在认识和发掘其理论内核时的难度，所以，构建和发展科学的概念首先需要为其选择准确的名称和称谓。

目前，我国民事令状“三元”分化现象较为突出，“令”、“票”、“书”三类文体交叉适用，不同的文种形式却拥有本质相同的立法定位，即均被用于指示法院强制诉讼参与人完成某一行为给付的义务指令，对于这样的立法设计，我们无法将其称为科学。而且，这一情形并不仅仅在我国大陆地区的民事诉讼立法中出现，称谓的未尽统一使得我国大陆与港澳台地区间在交流司法文书时颇具难度，各个法域形式各异、类型复杂的法院文书往往使人在理论研究和实务操作中均有极难科学鉴别之感。因此，作者建议改变我国民事令状多元化的称谓设置，取消“令”、“票”、“书”等各自为政的表达方式，将其全部统一称为“令状”。这样大幅度的变革如若真能实现，其相对我国多年以来法院文书层面均较为稳定的演进及发展而言不能不说是一种历史性的转变，其实践操作必将具有特别的难度，但是，之所以作出这样的舍弃和选择，主要是因为“令”、“票”、“书”等文种形式虽然已然适用多年并对我国大众而言具有较高的认可度和可接受度，但是，它们却无一例外地均无法将民事令状概念中的全部属性作悉数的统一涵盖。具体说来：首先，“令”是我国民事诉讼之中法院有权适用的较具传统意义的一种民事令状，自1991年《民事诉讼法》第189条、第227条、第268条创设支付令、搜查令、执行令以来，“令”体文书的类型设置和适用范围一直较为稳定，进入21世纪后，随着《海事诉讼特别程序法》的出台和2007年《民事诉讼法》的修改，“令”体文书的规模又得以扩充，陆续增设了海事强制令、督促执行令、报告财产令和限制高消费令。自此，我国立法正式认可的“令”体文书的最终面貌正式呈现并延续至今。虽经历2012年民事诉讼法的全面修改，但也基本再未生变化，而只在《最高人民法院关于修改〈最高人民法院关于限制被执行人高消费的若干规定〉的决定》生效后，限制高消费令借助《最高人民法院关于限制被执行人高消费及有关消费的若干规定》扩充被执行人可被限制消费的范围而变换为限制消费令而已。目前，民事诉讼法学界虽仍欠缺专门以"令"体文书为研究对象的系统化的理性探讨，但通过归纳多年以来针对各式具体诉讼"令"的司法适用的专项研究和微观分析，我们对于民事诉讼"令"似乎也已获得了较为统一和渐趋本质的认识，即除涉外民事诉讼中的执行令这一特殊形式外，法院在适用"令"体文书时的主观意图几乎可以皆然被归纳为强力纠偏、"抑强扶弱"，而所有需要恪守此时之"令"行事的受送达人又几乎全部属于诉讼参与人中应获否定性评价的"应作为而拒绝作为者"。以支付令为例，支付令的受送达方为需支付金钱或有价证券的义务人一方，依照基本法理，债务人有及时实现债权人权利的义务，债务人没有依法及时清偿的违法行为在先，法院制发责令义务人履行其清偿义务的支付令在后，显然，法院在形式审查之后对债务人的否定性评价最终成就了支付令的制发。再以搜查令为例，搜查令的受送达方多为被执行人，依照执行程序的基本法理，被执行人有自觉履行生效法律文书的义务，因此，被执行人所为的不履行生效法律文书所确定的义务而隐匿财产等行为在先，法院的搜查令在后，法院对拒不履行生效法律文书所确定的义务的当事人一方所进行的否定性评价最终引致了搜查法官对于该方当事人人身权和财产权的强力干涉。再以督促执行令为例，督促执行令的受送达人为执行法院，执行法院依法具有及时执行案件的义务，执行法院自收到当事人的申请执行书之日起逾 6 个月而仍未执行的违法行为在前，上级法院为此制发的督促执行令在后，显然，即便是以法院作为"令"体文书的受送达人，受送达人也依然符合应被否定性评价的规律，且需要严格依照诉讼"令"之要求及时纠正其已经作出的违法行为。故此，综观目前的民事诉讼立法，既存的"令"体文书与民事令状在称谓上最为接近，但是，若采取"吸收合并”的方式将目前的“票”体、“书”体令状全部归入“令”之麾下，这样的称谓选择虽便于解决民事令状目前名称迥异的问题，但是，对内而言，举证通知书、证据交换通知书、传票等向诉讼两造平等制发的民事令状若也被冠之以“令”的称谓，将大大冲击人们对“令”体文书通常仅为法院在对特定诉讼参与人实施否定性评价时所适用这一传统认识；对外而言，在民事诉讼法学日益国际化和现代化的视野下，若直接弃用“令状”而选择“令”，也只会让人不免遗憾，总有与其他国家及地区更为统一的“令状”体系仅存一步之遥而难以接轨之感。综上可见，虽然“令”已然被我国民事诉讼立法所接受，而且也能够与令状的行为给付特色相呼应，但“令”仍不能体现民事令状的全部属性，因此，不宜作为民事令状的名称使用。其次，除“令”之外，“票”和“书”则更加无法直观地将民事令状作为义务指令所应具有的强制功能和强势定位进行形象化的展现：①“票”的原始意义更多地集中于凭证层面，多表现为印刷或手写的作为凭证使用的单张票帖文书〔1〕，是指“用作凭证的纸券”〔2〕、“作为凭证的纸片”〔3〕。而即便具化到法律层面探讨，“票”之权力凭证的意味也依然突出：其一，“票”于旧时被用于特指官府及司法机关所签发的公文文书时，其主要的意旨即在于强调于一定范围内适用的纸片式文书及凭证，对此，明代学者顾起元在其《客座赘语·辩讹》中曾记载：“今官府有所分付句取于下，其札曰票。”〔4〕而《清会典．户部》中亦有载：“凡刨参，官给以票而

〔1〕 参见李润生主编：《古今汉语字典》，汉语大词典出版社 1993 年版，第 542 页；徐复等编：《古代汉语大词典》，上海辞书出版社出版 2007 年版，第 2218 页。

〔2〕 商务印书馆辞书研究中心编：《应用汉语词典》，商务印书馆 2002 年版，第 964 页。

〔3〕 商务印书馆辞书研究中心编：《古今汉语词典》，商务印书馆 2002 年版，第 1090 页。

〔4〕 转引自罗竹风主编：《汉语大词典》（第 7 卷），汉语大词典出版社 2001 年版，第 907 页。

定其额。"[1]其二，发展至今日，虽然我国民事诉讼法中现存的传票、拘传票等“票”体令状的凭证功能及其附属的凭证的权力宣示作用已然大幅消减，而且，要求受送达人进行行为给付的义务指令属性不断增强，但是，“票”体文书在长期的法律实践中所形成的形式短小、要素稳定、内容简化的传统形象已然在人们头脑中形成了难以更改的思维定式，而且，民事诉讼中的“票”大多属于“填充式”法律文书，文书的构成要素比较恒定、单一，大部分行文内容已经固化，制作者只需根据具体案情补充填写少量内容即可[2]，其制作流程不免具有突出的程式化特色，而不具过多说理意味，因此，在这一点上，“票”之称谓也难与民事令状之内容及其制发须在法律规范和具体案情相融合的基础上由法官作具体分析和适当说理的过程相符。故此，鉴于以上诸多因素，也不宜选择“票”作为民事令状这一集群概念的统一称谓。②“书”，指的是法院的通知书，是指“司法机关就案件的某一特定事项和要求，告知有关机关和人员发出的书面文件”[3]。顾名思义，将事项予以告知即为通知[4]，因此，旨在进行通报、叙说、传达、陈述的通知书理应仅在信息的发布与事项的周知范围内进行使用，而不应在义务和责任的设定方面过多涉足，而民事令状以强制受送达人进行行为给付为其核心内容，故此，向受送达人重申或新设作为或不作为义务、附设或单设法律责任以切实保障受送达人真正履行作为或不作为义务以完成民事令状所载明的行为给付实乃民事令状的应有之义，正基于此，给付内容、强制属性理应在其名称之中有所反映。然而，若将民事令状

---

〔1〕《清会典（光绪朝）》卷二一，中华书局 1991 年版，第 173 页。

〔2〕参见卓朝君、邓晓静编著：《法律文书学》，北京大学出版社 2007 年版，第 59 页。

〔3〕陈卫东、刘计划编著：《法律文书写作》，中国人民大学出版社 2007 年版，第 8 页。

〔4〕参见刘国顺、王欣主编：《30000 词中华汉语词典》，商务印书馆 2009 年版，第 667 页。

的称谓统一确定为“书”或者“通知书”则显然无法完成这一目标。

综合上述观点，在逐一否定了将“令”、“票”、“书”作为民事令状统一称谓的可能性之后，相对而言，“令状”才是最能够将法院行为给付书面指令之强制性、书面性、给付性、多元性、全局性、附随性等自然属性全面彰显的终极之选。而对此，最高人民法院于2001年8月27日发布名为《关于内地与澳门特别行政区法院就民商事案件相互委托送达司法文书和调取证据的安排》的司法解释，这一类似授权性立法的法律文件在其第14条其实早已于归纳介绍内地的司法文书之时明确使用过“令状”的称谓及表述：“本安排中的司法文书在内地包括：……法庭许可令状、判决书、合议庭裁判书、送达证明书以及其他司法文书和所附相关文件。”故此，显而易见，无论是理论层面由“令”到“票”再至“书”的逐一排除，还是实务层面相关司法解释对于“令状”一词的已然适用，两者于实质上其实均已为力推“民事令状”之概念称谓的有力例证。

（二）民事令状的类型设计

现代意义上，在法学领域，任何学说和理论的进步无不建立在既有学说以及旧有理论丰厚的研究基础之上，因此，整合、衔接、协调堪称任意一项民事诉讼法律制度在完善过程中皆必须践行的关键理念[1]。从这个角度进行分析，民事令状的类型设计及配置问题同样必然表现为一个革旧立新的双向发展的“复合化”过程。换句话说，归纳和总结、引进和借鉴将成为民事令状类型设置领域研究工作的主线：一方面，我们迫切需要对我国既存的民事令状类型进行全面梳理，从立法已然认可的“令”、“票”、“书”中挑选真正符

---

〔1〕 参见潘剑锋：“衔接与协调：民事诉讼法中相关制度的整合”，载《河南社会科学》2011年第5期，第15页。

合民事令状之概念者进行整体置换，使其由形式到内容彻底从原先的“令”、“票”、“书”等各式民事令状分立设置、各自为政转化为民事“令状”式的统一设计；另一方面，我们还需深入借鉴其他国家的立法经验来切实回应我国司法实务部门的实践探索，适度引进世界范围内已然相较成熟且兼具实体正义与程序正义保障深意的新型民事令状，以丰富我国尚不完善的民事令状体系。在这一过程中，于民事诉讼纵向发展的水平线上横向切分出诉前、诉中和诉后几个不同的时间范畴，并分别配置以诉前令状、诉中令状、诉后令状，而后，以此为主线，再于诉前民事令状、诉中民事令状、诉后民事令状等上位概念下渐次探寻更显细化的积极令状与消极令状、财产性令状与行为性令状等民事令状的不同类型设计，才能使民事令状体系的类型设置力尽完善与周延，同时，也才不失为一种能够使民事令状的类型配置更具逻辑性的设计思路。

1. 类型设计之一：诉前民事令状

如前所述，我国民事令状的类型完善统一表现为革旧立新的复合过程，这一双向发展的完善过程同样适用于诉前民事令状。具体说来：

（1）需完成既存诉前令状的梳理和置换。目前，我国《民事诉讼法》所设置的支付令、《海事诉讼特别程序法》所设置的诉前海事强制令以及公示催告程序中的海事法院停止放货通知书等共同组成了我国大陆地区诉前（争讼程序开启之前）民事令状的基本范畴：支付令的设置主要意在通过责令债务人履行其积极的行为义务（进行清偿）以达到在争讼案件成立之前最大化地借助非讼程序以快速实现债权人权益的目的；诉前海事强制令的创设则是充分考量在诉前如何能够确保海事请求人的合法权益最大化地免受侵害或者在已然遭遇侵害的前提下如何于争讼开启前尽量减少未来所可能形成的损失的结果。它源于对西方国家禁令制度以及行为保全制度的一种借鉴，法院通常采取责令被请求人进行积极之作为（责令提货人提取货物、责令承租人交还船舶等）或者消极之作为（禁止船东撤船、禁止提货人提取货物等）的方式以保证请求人的合法权益最大程度地在诉前阶段获得保障。而海事公示催告程序中的停止放货通知书则几乎是提货人在其提货凭证灭失或者失控之后、法院的除权判决作出之前的时间范围内能够使其所主张的财产权利尽可能维持现状的唯一公力凭借，法院通过责令承运人或者代理人履行停止放货这一消极的不作为义务以尽可能地保有相关海事主体的财产权利。[1]因此，上述三类民事令状均应作保留，不仅如此，还需对其实施改造并加以置换，可考虑分别将其调整为支付令状、诉前阶段海事强制令状、海事法院停止放货令状。

（2）需创设新型的诉前民事令状。2012 年，我国《民事诉讼法》完成了全面修改，其中，行为保全被首度明确入法，随着 2007 年《民事诉讼法》第二十六章（涉外民事诉讼程序中的财产保全部分）被整体删除，第九章“财产保全和先予执行”的章名被替换为“保全和先予执行”，由此，我国更为完整且极具专题性的临时性救济制度立法以焕然一新的姿态在民事诉讼法当中拥有了专属于自己的立法品格。但是，对比修法前后，法院在进行财产保全或者行为保全时所需适用的法律文书的类型却一直不曾改变。目前，法院在查封、冻结、扣押被申请人财产以为财产之保全以及责令被申请人作出一定行为或者禁止其作出一定行为以作行为之保全时均以裁定的方式作出，人民法院根据具体案情制发裁定实施保全的，应当立即执行，当事人若对保全裁定不服，有权申请复议一次，但是，复议期间不停止该裁定的执行；被申请人在接到相关财产保全裁定后需恪守其消极不作为义务，即不得继续使用或处分该项财产以使其价值得到最大程度的保有；被申请人在接到相关行为保全裁定后，

〔1〕 参见郑田卫：“中国海事强制令制度创新与完善的法律研究”，载《中国海商法年刊》（第 12 卷），大连海事大学出版社 2001 年版，第 96～98 页。

则需严格依照裁定的要求给付积极的作为义务或者消极的不作为义务以最大程度地保证将来判决生效后有可能面临的强制执行或者避免损失的继续扩大[1]。法院通过裁定要求其不作为的，受送达人不得“胡乱作为”；法院通过裁定要求其依法作为的，则受送达人不能“按兵不动”。诉讼参与人违反以上裁定逆“令”而行的行为，均将被视为妨碍民事诉讼而需承担相应的法律责任。显然，上述法院财产保全裁定和行为保全裁定均与民事令状之行为给付的核心内涵相符。因此，作者认为，可以尝试将上述民事诉讼法保全制度中所涉及的诉前财产保全裁定、诉前行为保全裁定以及分别与之配套的诉前财产保全提供担保通知书、诉前行为保全提供担保通知书一并改革为令状的形式。究其原因，除了以上法律文书均要求受送达人进行积极的或消极的行为给付内容契合于民事令状的本质要求外，目前，我国立法之中，财产保全裁定和行为保全裁定因“特立独行”地专门指向实体事项之处置，造成其与绝大多数负责程序事项之处理的其他民事裁定难以相融亦为重要原因；除此之外，依前文所述，法院裁定的核心内涵理应仅限于是非正误的裁度与鉴别，仅需在是否驳回起诉、是否准予撤诉、应否中止诉讼、应否终结诉讼的选项之间作出非此即彼式的简单判断即可，而在这一方面，诉前财产保全和诉前行为保全在制发要件、行文内容、适用范围等方面显然要更为复杂，因此，以上因素也综合成为应当将诉前保全民事裁定书改革为诉前保全民事令状的又一动因。诉讼开启之前，通常而言，正是法院公力救济力不逮之时。而任由矛盾双方当事人进行毫无约束的私力竞技，势必将提前使未来的公力解纷丧失强制执行的可能，并进而动摇司法正义的根基，而此时正需要能够强制各类纠纷主体恪守法定义务、“为其当为”的法院令状发挥诉前解纷秩序的保障作

---

[1] 参见范跃如：“试论我国行为保全制度及其构建与完善”，载《法学家》2004年第5期，第124页。

用。因此，作者建议将诉前财产保全裁定、诉前行为保全裁定以及诉前财产提供担保通知书、诉前行为保全提供担保通知书等纳入诉前民事令状的范畴，分别置换为诉前财产保全令状、诉前行为保全令状、诉前财产保全提供担保令状以及诉前行为保全提供担保令状。

2. 类型设计之二：诉中民事令状

（1）需完成既存诉中令状的梳理和置换。目前，在我国民事诉讼中，审判阶段的民事令状类型比较广泛，例如传票、拘传票、举证通知书、人民法院组织证据交换通知书、不予准许证人出庭作证申请通知书、不予准许具有专门知识的人员出庭通知书、海事法院提供担保通知书、提供担保通知书（证据保全用）、提供担保通知书（财产保全用）、提供担保通知书（行为保全用）等。程序是实现正义的必由之路[1]，诉中阶段即案件的审理过程，是案情得以还原的关键时期，各类诉讼主体在立法预设的解纷框架下经过通力协作以从历史的硝烟中将案件“客观真实”最大程度地还原最终生成“法律真实”，在此基础上，法院以此为据而适用法律所形成的判决才可谓是符合正义理念。因此，审理过程中诉讼参加人的任一诉讼行为均可谓是投入湖中的一颗石子，案件事实则如同是沉在湖底待人寻觅的珍宝，诉讼参加人守法而行、依法而为的诉讼行为具有最大程度还原客观事实的纵向、统一的作用力，其所形成的巨大合力是带领我们穿透藩篱直达事实真相的重要凭借，而诉讼参加人仅从自身立场出发拒绝履行法定义务的诉讼行为则只拥有横向、分散的作用力，其所形成的扰动的涟漪和挠人的反复不仅使案件审理过程中对事实真相的寻觅变得更为艰难，而且最终还会致使能够获取公正裁判的难度也陡然增加。因此，旨在匡正诉讼参与人之作为与不作为以使其顺法而为、绝不妄为的诉中民事令状成为法院动态实现程序正义、时时矫正诉讼秩序的首选。如前文所述，我国立法之中虽未

〔1〕 参见杨一平：《司法正义论》，法律出版社1999年版，第118页。

选用诉中令状的形式表达，但是，确实已存诉中令状之实。目前，传票、拘传票、举证通知书、人民法院组织证据交换通知书等虽仍以或“票”或“书”的形式出现，但是，其本质涵义却已与令状无异，确属由法院制发的责令受送达人进行作为或不作为给付的书面命令无疑，因此，在探讨诉中民事令状的类型设计时，笔者主张先将这部分“准令状”纳入麾下，并分别改造为传唤令状、拘传令状、举证令状、人民法院组织证据交换令状、不予准许证人出庭作证申请令状、不予准许具有专门知识的人员出庭令状、诉中财产保全令状、诉中行为保全令状、先予执行令状、证据保全令状、海事法院提供担保令状、提供担保令状（证据保全用）、提供担保令状（财产保全用）、提供担保令状（行为保全用）。

（2）需引入新型的诉中民事令状，具体说来：

首先，增设证据提供令状。诉讼真正呈现的并最终为法院所认可的事实是被重塑了的“法律事实”而非原本的“客观事实”[1]，而将以上两者作前后对比之后，我们发现，“客观真实”与“法律真实”之间或满或缺的细微差别之所以形成，多是来源于证据是否充足的直接影响。诉讼两造在公力救济中的诉讼形态具有典型的利己指向，其诉讼行为的动因无非两种：一为对获得胜诉判决的渴望；二为对卸除不利判决之责任与负担的期望[2]。因此，民事诉讼中，双方当事人对于对方当事人收集证据的行为往往持抵触情绪。而且，即便是在当事人这一主体之外，其他的证据持有者也未必全然皆因其个体与案件并不存直接的利害关系就选择和盘托出，以完全客观和完整的“知无不言、言无不尽”来对证据的提供义务持毫无保留的合作态度，我们必须承认，法院所审理的案件仅为社会关系中的

---

〔1〕 参见江伟：《证据法学》，法律出版社1999年版，第117页。

〔2〕 德国学者詹姆斯·哥尔德斯密（James Goldschmidt）观点。参见陈桂明、李仕春：“论程序形成权——以民事诉讼权利的类型化为基点”，载《法律科学（西北政法学院学报）》2006年第6期，第129页。

一个片段或一个部分，而各个诉讼主体在该案之外还会同时处于纵横交错的其他社会关系之中，因此，当事人、法院在对当事人之外的相关主体进行证据收集时所切实遭遇的难题并不在少数，他们或者直接对持有证据的事实予以否认，或者虽承认持有证据的事实但拒不提供。因此，世界范围内，各国民事诉讼立法均对证据持有人的诉讼协助义务较为重视，法国为此专门设置了证据提交命令程序，而日本也为此专门设置了文书提出命令与文书嘱托送付制度〔1〕。目前，我国民事诉讼立法已然开始综合强调在权利和义务的两端同时施力，以最大程度地确保证据提供的可能性，仅在民事诉讼法中就设置了诸如“代理诉讼的律师和其他诉讼代理人有权调查收集证据”、“人民法院有权向有关单位和个人调查取证，有关单位和个人不得拒绝”以及“凡是知道案件情况的单位和个人，都有义务出庭作证”的硬性规定，但是，鉴于法律相对欠缺更为明确的不利后果及法律责任的设置，使得证据持有人提供证据的协助义务仅具指导性而无规范性，更接近于一种道义上的要求，而非最完整与严格的法律义务。〔2〕自20世纪90年代末开始，我国各地法院纷纷试点证据调查令以图改变这一境况〔3〕，但是，目前，各地的证据调查令尚不规范且不统一，仅依制发对象的不同就可作两大类型的区分：

〔1〕 其中，文书的嘱托送付是指希望将某一特定文书作为证据而该文书又不在自己手里的当事人，估计只要裁判所发出要求，持有者就会自动交出文书时，他可以向裁判所提出关于此项文书嘱托的申请。参见王亚新：《对抗与判定——日本民事诉讼的基本结构》，清华大学出版社2002年版，第177页；宋平、严俊：“‘攻击防御方法’之平衡——简论民事证据调查令制度”，载《重庆工商大学学报（社会科学版）》2005年第5期，第100－103页。

〔2〕 参见刘金友主编：《证据法学》，中国政法大学出版社2001年版，第350页。

〔3〕 1996年，上海市第一中级人民法院于开始试行证据调查令；1998年，上海市长宁区人民法院开始试行证据调查令。此后，试点工作在全国陆续展开。目前，已推广到上海、北京、重庆、河南、山东、浙江、江苏、新疆、广东等地。在适用阶段上，证据调查令也不再仅限于审理程序，还陆续延伸到诉前程序和执行程序中。参见张永明：“论民事诉讼中调查令制度的构建”，中国政法大学2010年硕士学位论文，第21页；陈德元：“论法院调查令制度”，载《证据学论坛》（第7卷），中国检察出版社2002年版，第94页。

①权利凭证型。2004 年 3 月 26 日施行的《上海市高级人民法院关于在执行程序中使用调查令的若干规定（试行）》以及 2009 年 9 月 18 日施行的《河南省高级人民法院关于在执行程序中使用调查令的若干规定（试行）》所设置的证据调查令即属此类型：人民法院为发令人，经法院审查批准的申请执行人的代理律师为持令人，持令人享有要求接受调查人在指定期限内按照本令之要求提供所调查事项的证明材料的权利，无正当理由拒不提供或者有不实提供之行为的将承担相应的法律责任，持令人因故未使用调查令的，还需按时将调查令正本及回执交还人民法院。显然，这里的证据调查令更像是法院向特定主体签发和授权的一种手令或者权利凭证。②义务配置型。2001 年 7 月 12 日通过的《山东省高级人民法院民事诉讼证据规则（试行）》采取了这种规范方式。其第 21 条规定，证据调查令应由法院作出，向负有协助诉讼之义务的证据持有人送达，证据持有人应依调查令之要求履行证据的提供义务，否则，其拒不提供证据的行为将被视作意在阻却诉讼的消极不作为，而比照妨害民事诉讼行为进行处理。此外，我国部分学者还在证据调查令的具体实施机制方面有所创新，提出了专设“调查法官”作为证据调查令制发对象的设计理念〔1〕，法院需向调查法官签发调查令，持令法官需依令履行其调查证据的积极作为义务，否则，将依法承担证据调查令为之设置的法律责任。显然，后两种证据调查令的制发对象虽然迥然不同，但是，均与权利凭证式的证据调查令不同，统一采取了为相关主体配置行为给付义务的设计理念，这样的制度设计显然更接近我们对民事令状的理解。因此，作者认为，在完善民事令状的大前提下，宜采取义务配置型的设计思路，在已然广为试点的证据调查令的成果基础上将此类令状进行重新塑造：①确立证据提供令状的

---

〔1〕参见陈德元：“论法院调查令制度”，载《证据学论坛》（第 7 卷），中国检察出版社 2002 年版，第 94 页。

新型称谓。此处，之所以摒弃证据调查令的现行称谓，主要考虑两大因素：一方面，我国民事令状体系初设，将“令”改为“令状”自不待言；另一方面，证据调查令的原始称谓中，“调查”一词容易使大众将该民事令状的机理与法院依职权调查证据相混淆，错误地将其理解为仅适用于法院依职权主动调查证据领域。②明确证据持有人为受送达人。以“调查法官”为制发对象的设计理念虽然有利于法院内部分工的明晰，提高诉讼效率，避免司法腐败，但是，却未能将证据持有人协助诉讼的证据提供义务予以直接宣示。“调查法官”是令状义务的直接承担者，证据持有人则沦为令状的次级对象，这样的规制方式使该令状在司法实践之中容易沦为一纸空文，难以成就迫使证据持有人必须进行证据提供的最大“压力场”，反而使“调查法官”在一定意义上成为了这一压力首当其冲的承担者。

其次，增设人身保护令状。人身保护令状原产于英国，原为一种特权令状（Prerogative Writ），具体的产生时间“以代远年湮之故，史家不能考出”〔1〕，但这并未对其旺盛的生命力造成任何影响：以英帝国的海外扩张为大致始点，其足迹早已遍及世界各洲〔2〕。而且，自1787年被写入美国宪法（Article. I. Section. 9）之后，其立法层级跃入峰值，并在越来越多的国家化身为宪法规范〔3〕。不仅如

---

〔1〕［英］戴雪：《英宪精义》，雷宾南译，中国法制出版社2001年版，第254页；See Chester James Antieau, *The practice of extraordinary remedies : habeas corpus and the other common law writs*, Oceana Publications, 1987, p. 1.

〔2〕人身保护令状的适用地区十分广泛，包括但不限于以下国家和地区：亚洲的日本、印度、马来西亚、菲律宾以及中国的香港和澳门地区；北美洲的美国、加拿大、牙买加；南美洲的巴西、秘鲁；非洲的加纳、冈比亚、肯尼亚、毛里求斯；欧洲的英国、荷兰；大洋洲的澳大利亚、新西兰、斐济、所罗门群岛。See Chester James Antieau, *The practice of extraordinary remedies : habeas corpus and the other common law writs*, Oceana Publications, 1987, p. 1；薛竑：“人身保护令制度研究”，西南政法大学2006年博士学位论文，第10~38页。

〔3〕例如：《印度宪法》第32条第2款授予最高法院签发人身保护令的全部管辖权；《斯里兰卡宪法》第141条规定上诉法院签发人身保护令；印巴分治后，巴基斯坦的宪法也规定了国民享有人身保护令的救济权；《1981年菲律宾宪法》第7条第9款规定了国民享有人身保护令保护的权利。参见薛竑：“人身保护令制度研究”，西南政法大学2006年博士学位论文，第10~68页。

此，以20世纪80年代美国率先将其在家庭暴力的制止与预防领域进行应用作为转折，人身保护令状的适用领域大幅拓展，彻底摆脱了刑事诉讼的立法局限，不再仅仅以使犯罪嫌疑人或者已决犯恢复人身自由的“大令状”（Great Writ）的形式存在，在其他程序法中也逐渐有了用武之地。其中，民事诉讼之中用于离婚案件的反家暴型人身保护令状尤为突出，在世界范围内作初步统计，该令状形式已在美国、澳大利亚以及我国台湾地区等诸多国家和地区获得立法认可；在我国大陆地区人身保护令的发展也已迈入了新阶段，目前，已从个别法院的“点状试点”陆续发展到了全国范围的“面状推广”。2008年3月，最高人民法院中国应用法学研究所发布了《涉及家庭暴力婚姻案件审理指南》（以下简称《审理指南》），《审理指南》第三章所规定的“人身安全保护措施”率先涉及人身保护令制度，但作为一部指导裁判者办案的以恪守既定法为价值目标的参考文件，严格遵从于立法的预设框架成为其首要追求，因此，《审理指南》虽从域外引入了人身保护令之实，但依然只能依据我国目前的立法规范选择从既存的裁判文书之中挑选可以涵盖该新型制度的文种形式，最终，人身安全保护裁定遂得以出炉，按照《审理指南》第26条、第27条，人民法院有权为了保护家庭暴力受害人及其子女和特定亲属的人身安全、确保民事诉讼程序的正常进行而作出以责令被申请人从与申请人的共同住所中搬出、自费进行心理治疗或者禁止被申请人作出殴打、威胁、跟踪、骚扰申请人之行为为主要内容的人身安全保护裁定。而与官方的“如履薄冰”不同，民间对于该制度还是从最易于民众认识其本质属性的角度将其直呼为“令”，而且这一呼声似乎更占优势：2008年8月6日，我国首份“人身保护令”诞生于江苏省无锡市崇安区人民法院[1]；截至2009年12月23日，全国6个省份的9家试点法院已经签发“人身保护

〔1〕 参见杨涛：“人身保护令漫议”，载《人民检察》2012年第5期，第34页。

令”40余份[1]；截至2010年，经最高人民法院批准的试点人身保护令的基层法院已升至72个[2]；截至2011年，全国各地试点法院所发出的“人身保护令”已达100份左右[3]。与此相对应的是，在立法层面，“人身保护令”的处境就略显尴尬：一方面，地方立法遭遇挫折，如2010年7月28日，《浙江省预防和制止家庭暴力条例（草案）》建议稿首次提交浙江省十一届人大常委会第十九次会议审议，其第14条规定：“在审理涉及家庭暴力的婚姻案件时，人民法院审查确认已经发生家庭暴力或者存在现实而迫切的家庭暴力危险的，可以依家庭暴力受害人的申请，依法作出民事保护裁定。”该草案所表征的地方立法试水“人身保护令”一度引人瞩目，但基于“地方性法规不宜对民事保护裁定作出规定”，全国人大已然将其叫停。另一方面，中央立法引发争论，“人身保护令”究竟应被划归法院的“命令”还是“强制措施”在学界引发论辩。如《家庭暴力防治法（专家建议稿）》第36条采“命令说”[4]，将“人身保护令”定位为法院命令无疑能够更接近于其在英美法系中的原始定位，但严格说来，其特殊禁令的原发属性无法在我国民事诉讼法中找到完全与其相等的对应体[5]。前文最高人民法院中国应用法学研究所《涉及家庭暴力婚姻案件审理指南》则更倾向于“强制措施说”，但是，作者认为若将“人身保护令”完全等同于民事诉讼中的强制措

---

〔1〕 参见韩敬、韩春：“反家庭暴力中人身保护的令状思考”，载《湖南公安高等专科学校学报》2010年第5期，第63~65页。

〔2〕 参见肖建国：“民事保护令入法的必要性和可行性”，载《公民与法（法学版）》2012年第3期，第4页。

〔3〕 参见肖建国：“民事保护令入法的必要性和可行性”，载《公民与法（法学版）》2012年第3期，第5页。

〔4〕《中华人民共和国家庭暴力防治法（专家建议稿）》，载 http：//www. iolaw. org. cn/showLaws. asp? id =22729，2012年12月31日访问。

〔5〕 参见张平华：“认真对待民事保护令——基本原理及其本土化问题探析”，载《现代法学》2012年第3期，第189页。

施，其对于人身侵害的预防属性则必然将面临大幅消解，因为，所谓强制措施，通常只限于法院对诉讼参与人已经作出的妨碍诉讼之行为的事后处罚。因此，综合考虑以上“人身保护令”的实践需求与各级立法之间的现实差距，并结合作者拟对民事令状完成体系化之构建的行文思路，“人身保护令”亟待进行立法规制的共识理应不难得出。不过，其规制路径不应仅限于简单的称谓置换层面，即将“人身保护令”转换为“人身保护令状”即可，其实，更需要调整的是人身保护令状的适用范围、适用阶段、适用对象：适用范围上，人身保护令状不应再仅依附于离婚诉讼[1]，而完全可以不局限于特定案由地在凡是具有人身保护之必要的民事案件中获得广泛应用；适用阶段上，人身保护令状的适用也不应再仅限于案件的审理阶段，诉讼参与人的人身安全在民事诉讼的其他阶段和环节亦完全有可能遭遇威胁，作者认为应当对此持开放态度，只要案件仍旧在法院的系属范围之内，则无论其处于非讼或者争讼的审判程序之中抑或是已经进入了强制执行程序，人身保护令状均应具有可以适用的必然的时间节点。而且，根据2014年11月25日公布的《中华人民共和国反家庭暴力法（征求意见稿）》，家庭暴力受害人在提起诉讼前，也可以向人民法院申请人身安全保护裁定；除此之外，在适用的对象层面，人身保护令状也不应继续囿于诉讼当事人的狭义范畴之内，而应当在其他诉讼参加人的范围内有所突破，至少，将证人纳入人身保护令状的保护范围应不存较大争议。

3. 类型设计之三：诉后民事令状

（1）需完成既存诉后民事令状的梳理和置换。美国学者贝勒斯曾言：“倘若人们求助法律程序来解决争执，那么争执须在某一阶段

---

〔1〕 参见唐金法、尹萱娟：“人身保护令亟待完善立法”，载《人民法院报》2012年12月17日，第6版。

上最终解决，否则求助法律程序就毫无意义。"[1]而对争讼案件的审理而言，法院生效裁判的作出之时即为案件审理程序的终结之际，此后，法院想要再次系属同一案件则通常非以强制执行者的身份而不能，正基于此，各式执行令状才共同成就了诉后令状的"主力阵容"。相较诉前令状和诉中令状，目前，我国民事诉讼立法中，诉后令状的类型最为众多，广泛涉及"令"体文书及"书"体文书中的以下类型：报告财产令、督促执行令、搜查令、执行令、限制消费令、领取裁判文书通知书、执行通知书、协助执行通知书、责令金融机构追回被转移冻结款项通知书、责令被执行人交出存单通知书、责令交出财物（票证）通知书、责令责任人追回财产通知书、责令协助执行单位追回擅自支付款项通知书、上级法院通知下级法院恢复执行通知书、上级法院通知下级法院延长暂缓执行期限通知书、上级法院责令下级法院限期作出不予执行裁定通知书、执行拘留通知书、解除冻结存款通知书等。由此可见，以上执行阶段的"令"和"书"虽尚不具令状之形与令状之名，但已有令状之实，完全符合法院行为给付书面命令这一民事令状的核心内涵，因此，在整体保留上述"准令状"的基础上将其称谓中的"令"和"书"全然以"令状"进行置换，似乎并不具难度且理所应当。只是，需要强调的是，人民法院在对外国法院之生效判决和裁定予以承认后所制发的执行令不宜仅通过简单置换的方式完成其转型，若将"执行令"简单转化为"执行令状"，不仅会造成其涉外民事诉讼的特色难以彰显，而且还会使执行令这一原本内涵单一的概念极易被误解为集合概念，进而造成其与更为耳熟能详的"执行令状"乃民事执行过程中各式令状之统称的集合概念之间新旧理念的搅扰与混淆，因此，"执行令"更易被改造为"执行外国法院判决、裁定令状"，除此之

[1] [美] 迈克尔·D. 贝勒斯：《法律的原则》，张文显等译，中国大百科全书出版社1996年版，第37页。

外，其他“令”或“书”则可仅作简单的称谓调整即可，可考虑依次转化为报告财产令状、督促执行令状、搜查令状、限制消费令状、领取裁判文书令状、执行通知令状、协助执行令状、责令金融机构追回被转移冻结款项令状、责令被执行人交出存单令状、责令交出财物（票证）令状、责令责任人追回财产令状、责令协助执行单位追回擅自支付款项令状、上级法院通知下级法院恢复执行令状、上级法院通知下级法院延长暂缓执行期限令状、上级法院责令下级法院限期作出不予执行裁定令状、执行拘留令状、解除冻结存款令状等。

（2）需进行新型诉后民事令状的相关创新。目前，在我国，“执行难”早已不是新鲜话题，“当事人或其他诉讼参与人故意不服从法院的命令，就像他们可能不遵守制定法一样，其目的是抗议或挑战他们认为不公正的规制或准则”〔1〕。被执行人公然积极转移财产以逃避执行或者消极拒不履行生效法律文书的案例比比皆是，因此，不断加强执行措施的强制意味已为大势所趋。值得注意的是，完善我国的强制执行体系，既要考虑本国国情和实际需要，又要考虑与国际通行的执行体制接轨〔2〕。依此思路，综观现行民事诉讼法第二十二章“执行措施”的规定，我们发现诸多强制执行措施仍是采取由法院制发裁定书的方式加以实现的，例如裁定冻结、划拨存款，裁定扣留、提取收入，裁定查封、扣押、冻结、拍卖、变卖被执行人的财产等。但是，执行措施理应更侧重于“法院依职权主动采取的执行行为，其权力运行方式总是以执行主体为中心，单向命

〔1〕［美］斯蒂文·N. 苏本：《民事诉讼法：原理、实务与运作环境》，傅郁林等译，中国政法大学出版社2004年版，第141页。

〔2〕参见张艳丽：“民事执行中强制管理措施的构制”，载《理论学刊》2002年第3期，第106页。

令，以强制为主导，注重快捷、讲求效率，具有典型的行政权性质"[1]。此外，由于仅给付之诉的裁判文书才会涉及执行问题，因此，执行措施通常必然以责令被执行人进行相应的行为给付为途径，以切实实现债权人的权利为宗旨。由此看来，在当前民事令状制度已然走向前台并得到了快速发展的背景下，再继续通过原本主要是针对完成是非判断以及正误裁度等诉讼事项而设计的法院裁定的方式来对强制执行措施施以规制的立法方法显然不再符合科学性。而且，长此以往，亦会对民事令状体系的完整程度造成不利，"执行令状的种类就表明执行措施的种类"[2]。鉴于此，综合以上诸多因素，建议将上述以冻结、划拨、扣留、提取收入、查封、扣押、冻结、拍卖、变卖被执行人财产为代表的一系列执行措施的实现途径统一由民事裁定变更为民事令状，并为其配置较具统一性的签发、制作、送达以及救济机制。

综上，本书对于诉前、诉中、诉后三大阶段民事令状的类型规划均已有相对完整的阐释，有破有立、梳理和创新并存是完善民事令状类型设计和种类配置的核心理念。不过，需要说明的是，并不是所有类型的民事令状均可被截然清晰地实施界分以分别划归诉前、诉中、诉后三大阶段，举例来说：证据调查令等民事令状即可在民事诉讼诉前立案阶段、诉中审判阶段、诉后执行阶段的全程随案灵活制发。除此之外，还需注意的是，目前民事诉讼立法之中，也并非仅于民事裁定的范围内才存在亟待被融通整合而集体动迁至民事令状阵营的"准令状"式法院文书，举例来说：综览民事诉讼法，

---

[1] 曾耀林："析执行裁定的效力及错误救济"，载《人民法院报》2001年9月24日，第3版。

[2] "执行程序实际上是围绕法庭所发出的各种令状进行的，各种执行措施或方式是与执行令状相对应的，执行令状的种类就表明执行措施的种类。"参见张斌等："非诉行政执行运行模式研究——兼论建立非诉行政执行令状制度"，载《人民法院报》2011年3月31日，第8版。

可以在民事诉讼的各个阶段均广泛适用的罚款决定和拘留决定即与民事令状作为由法院制发的行为给付书面命令的核心内涵具有高度的吻合性。人民法院对于当事人或其他诉讼参与人所实施的妨碍诉讼之行为的具体类型和违法程度进行综合考量而分别制发罚款决定和拘留决定，收到法院罚款决定者必须依“令”进行相应数额罚金的积极给付，而收到法院拘留决定者则必须依“令”向人民法院给付消极不作为的配合以协助法院完成对其人身自由的限制。由此可见，将我国目前立法之中广泛适用于诉讼各阶段的罚款决定和拘留决定从民事决定书的序列中置换出来而变革为罚款令状和拘留令状，对于完善我国民事令状制度的类型设置而言亦为必要。[1]

（三）民事令状的效力配置

民事令状一经作出即发生法律效力，但其法律效力的具体范围却一直以来未尽明晰。在法院制发的广义类裁判文书中，法律效力最为完整者当属判决无疑，拘束力、确立力、形成力、执行力共同组成了民事判决法律效力的全部范畴。因此，在针对同为法院诉讼文书的民事令状的法律效力应该如何配置才堪称科学和完整这一问题进行研究时，以上生效民事判决书所具有的四大效力类型无疑将具有较高的参考价值。同时，以上四种类型的法律约束力也为民事令状的效力配置勾画出了最为广泛的边界。因此，以判决的形式效力（拘束力、形式上的确定力）和实质效力（实质上的确定力、形成力、执行力）为参照物，通过先行采用排除法的方式做第一遍梳理，通过适用“减法”排除掉其中明显与民事令状不合的效力种类：而后，再根据基本法理针对民事令状的应有效力进行进一步的详研可谓此处具有效率的研究方法。

首先，实质上的确定力应予以排除，其并不属民事令状的应有

〔1〕参见张斌等：“非诉行政执行运行模式研究——兼论建立非诉行政执行令状制度”，载《人民法院报》2011年3月31日，第8版。

效力。实质上的确定力，亦即既判力（Res judicata），是法院生效判决书所裁判的诉讼标的对当事人和法院的强制适用力，其核心机理在于生效的终局判决对于案件诉讼标的判断（即判决主文部分）被实质确定之后，当事人的诉权和法院的裁判权均被消耗完毕〔1〕，因此，上述两类主体均需对生效之判决给予充分之尊重，实质上的确定力不仅将对于双方当事人形成强力约束，使之不得重复提出同一争执，而且，其强制力还通用于法院，“作为国家机关的法院当然也必须尊重国家自己所作出的判决，即使是把同一事项再次作为问题在诉讼中提出时，也应以该判断为基础衡量当事人之间的关系”〔2〕。由此可见，实质上的确定力仅为法院判决所特有，通常必须以法院审判权的适用为前提，以法院已裁判的实体事项作为其存在的基础，以案件的诉讼标的作为其目标和界限，“判决一旦获得确定，其就诉讼中出现的实体性主张所为之判断，就成为规范双方当事人间民事法律权利义务关系的法定依据”〔3〕，因此，既判力的主观范围通常仅局限于案件的当事人；既判力的客观范围也须严格以生效判决文书的正文为限，可以说，既判力这一法律效力可谓与案件的当事人以及当事人的诉讼请求之间拥有最为紧密的联系。通常而言，实质上的确定力仅为法院判决所特有，这大抵为诉讼法学界的共识，但是，基于理论研究的周延性和科学性，我们不该舍弃对于之所以不应赋予民事令状以既判力的深层意义上的具体原因的探寻，基于上文对既判力之特色和要件的分析，我们将之分别与民事令状逐一对比，正基于此，我们不禁发现了既判力这一判决的实质确定力并不

〔1〕 参见董伟威、陈浩：“既判力视野下的再审标准”，载《人民司法》2006年第8期，第44~47页。

〔2〕［日］兼子一、竹下守夫：《民事诉讼法》，白绿铉译，法律出版社1995年版，第156页。

〔3〕 丁宝同：“大陆法系民事判决效力体系的基本构成”，载《学海》2009年第2期，第155页。

适合民事令状的更深意蕴：①民事令状的权源并非法院的审判权，而是法院的诉讼指挥权、管理权，既然民事令状通常并不关乎案件之实体审理，也就无所谓“既判”事项的生成。从该角度推论，民事令状即刻先行于其内部权力运作层面便已然丧失了被赋予既判力的可能性。②民事令状属于法院为了综合保障民事诉讼之效率、自由、秩序、正义价值而以责令受送达人务必进行相关诉讼行为的给付为主要内容的书面命令，因此，通常而言，民事令状并不以案件的实体法律关系为处置对象。而且，民事令状与诉讼标的亦多不具必然的联系，而相对判决来说，民事令状多仅具程序上的附随性，由此，基于以上综合因素，民事令状本质上并不具备被赋予既判力的客观基础。③民事令状并不以当事人的诉讼请求为理论之前提，因此，可以被设置为受送达人继而受民事令状法律效力约束的主观对象相对宽泛，因此，民事令状所拥有的法律效力并不似既判力那般通常仅将其法律约束力的限制范围设置为案件当事人的范围内，而是面向各个诉讼阶段的各类诉讼参与人均设置了内容丰富、形式多样的强制性义务指令的令状体系，从这个角度上来说，民事令状并不宜被赋予既判力，其所针对的诉讼对象的主体范围早已超越了既判力的主观范围以及既判力扩张之后的主体范畴〔1〕。

其次，形成力应予以排除，该法律效力并非民事令状的应有效力。形成力，亦被称为“判决的创设力”，是法院的形成判决所具有的引发和生成新的法律关系、变更或消灭旧有法律关系层面的法律约束力〔2〕。形成力以造就新旧法律状态之间的交替为其主要内容，

---

〔1〕 既判力主观范围的扩张通常仅以对诉讼标的有管理权或处分权的诉讼担当人、诉讼承担人、对裁判标的有公共利益的所有人、有实体法上依赖关系的人和请求标的的持有人或占有人等为限。参见常廷彬：《民事判决既判力主观范围研究》，中国人民公安大学出版社2010年版，第28~108页；胡云鹏：“既判力主观范围扩张的法理探析”，载《河南社会科学》2009年第5期，第64页；张晓茹：“论民事既判力主观范围的扩张范围及扩张基础”，载《河北法学》2012年第5期。

〔2〕 参见刘荣军：《程序保障的理论视角》，法律出版社1996年版，第278页。

以法律关系的微调甚至是全然变化为主要表现形式，该效力在形成判决得以确定的时间节点上产生。确切说来，其对于法律状态的重设效果为当事人之形成权与法院之审判权相互融合的结果，由此可见，形成力理应为专属于法院民事判决中形成判决的一种效力形式，而且，从某种意义上说，“任何纠纷解决程序都要依靠结果的形成力以最终解决纠纷”[1]。举例说来：在以撤销收养之诉、离婚之诉等为代表的实体法上的形成之诉中，最终确定的形成判决所变更、形成、消灭的是实体法上的法律效果；而以撤销仲裁裁决之诉、撤销除权判决之诉等为代表的诉讼法上的形成之诉中，最终确定的形成判决所要变更、形成、消灭的则是诉讼法上的法律效果。但无论属于以上何种形成判决，对于其形成力所新设的法律效果，当事人、其他诉讼参加人甚至是更外围的所有社会主体都有切实遵行的义务，形成力之中所包含的对世效力堪称其最为闪耀的独特价值。基于此，将上述形成力的内在需求移至民事令状领域做一分析，我们发现，民事令状无法被赋予形成力。具体说来：民事令状并不直接与诉讼标的发生对应，因此，通常意义上，也就不会发生引发法律关系产生、变更、消灭的可能；除此之外，严格意义上以权力基础角度审视，民事令状亦与隶属于当事人私法意义上的形成权或者隶属于法院公法意义上的审判权并无交叉。如果没有当事人的形成权，法院文书的形成力即为妄谈，形成效力在其生成过程中率先需要的权源已然丧失；而如果没有了法院的审判权，则法院文书的形成力更似空谈，形成效力在其生成过程中缺失了正义的审判程序，将无法被赋予无可争辩的合理性。正基于此，在未经诉讼两造的举证质证和言词辩论且又缺乏法院居中而为的审理行为的基础上，仅凭责令当事人或其他诉讼参与人进行行为给付以为诉讼指挥及管理的民事令状，仅可达到在法院统辖和指导下将诉讼统归于顺畅运行之效果，

---

〔1〕 李德恩：“法院调解的效力之维”，载《海南大学学报（人文社会科学版）》2010年第6期，第60页。

一般而言，并不形成关于创设、变更、消灭实体法律关系或程序法律关系之最终结论的可能。

至此，在将实质上的确定力和形成力这两项法院文书的基本效力排除后，民事令状法律效力体系的本来面目同时获得了进一步彰显，法律效力备选项的大幅减少直接缩短了我们与科学结论间的距离，因此，以下结论的证成将不具太大难度：民事令状之效力体系的范围大致以拘束效力、形式上的确定效力、执行效力为限。

首先，民事令状一经作出立即生效，生效之后，拥有拘束力。拘束力，亦被称为自缚力、羁束力、不可变力等，属于法院裁判之形式层面仅依据其外在形态即可推演形成的法律约束力〔1〕。简言之，拘束力是法院裁判文书拥有的一种内源性的自缚效力，换句话说，其约束的主观对象为裁判法院自身，特指法院的裁判文书一经宣示即对作出该文书的法院所形成的束缚及约束的效果，此后，该法院非依法定事由和法定程序将不能对其已经作出的裁判文书任意实施变更或随意进行废除。拘束力的赋予不以该裁判文书具有终局性为必要，亦无需以该裁判文书已然生效为前提，而是以法院的作出和宣示为其效力始点，因此，鉴于拘束力这种法律约束力所针对的客观对象较为广泛，所以，可以被称作各式法院裁判文书所通用的一种效力类型〔2〕。正是基于以上逻辑分析，大家对于民事令状理应被赋予拘束效力这一结论的得出应最不具争议。拘束效力在裁判文书的各种法律效力之中乃最先诞生的效力形式，堪称具有基本配置的地位，法院裁判一经作出和宣示则立即拥有；而对于这一点，民事令状亦概莫能外。民事令状是法院这一居中而立的裁判者凭借其作为国家司法机关的权威地位而强制向各式诉讼参与人广泛制发的强令其作出一定行为或者不作出一定行为的义务指令，为了保证

〔1〕 参见江伟、肖建国："论判决的效力"，载《政法论坛》1996年第5期，第1页。

〔2〕 法院的非判决裁判形式也准用拘束力。参见丁宝同："大陆法系民事判决效力体系的基本构成"，载《学海》2009年第2期，第152页。

民事令状的强制给付效果，通常还需在正文之中附设或单设法律责任条款，由此可见，民事令状的每次签发更类似于权力主体自上而下的一次对于法院权威的重申与宣示，能够将法院对于该案诉讼程序的强势统辖和权威控制彰显无遗。由此，按照基本法理，既然作为普通“受众”的受送达人都务必遵从于民事令状的强制指令，需为自己的拒不履行令状行为负担起严肃的不利后果，那么，作为令状的签发和制作主体就更不能针对令状的制发持任何一种恣意的态度，换言之，必须通过使裁判者受到自身行为之强力拘束的方式才能真正限制其肆意而为，正是从这一角度上考量，应将拘束效力赋予民事令状，以使其制发主体（法院）能够自缚于法。

其次，民事令状一经作出立即生效，生效之后，拥有形式上的确定力。形式上的确定力，也被称为裁判的不可撤销性，是当事人不得在裁判确定之后再以上诉之方法请求其他法院废弃或变更该裁判的法律效力〔1〕，形式上的确定力与拘束力同属法院裁判形式层面的法律效力。不过，其约束的对象不再是作出文书的法院，而是案件的当事人，因此，从某种角度而言，形式上的确定力与拘束力可谓相互衔接和互相补充，分别依赖其各自针对当事人以及法院的约束作用〔2〕，裁判全面针对各式诉讼参加人均施以遮盖而进行形式制约的法律效力体系终于得以配置完成。不过，法院形式上的确定力为终局裁判所特有，因此，该法律效力务必于相关事项已然穷尽了诉讼中所有常规之救济的时点才得发生，对于这一点，德国法学家奥特马·尧厄尼希（Othmar Jauernig）在专门针对法院判决作形式确定力的分析时而作的评价可为佐证：“任何判决都会发生一次形式确定力，即在此后对之既不能以上诉手段也不能以听审责问，也不能

〔1〕 参见肖建国：《民事诉讼程序价值论》，中国人民大学出版社2000年版，第539页。

〔2〕 参见江伟、肖建国：“论判决的效力”，载《政法论坛》1996年第5期，第3页。

以‘不许可抗告’或申诉对之声明不服。”[1]显然，形式上的确定力乃立法者在其设计的常规救济程序的终结节点上所设置的保护力，如果说程序是实现正义的必由之路[2]，那么，这条追寻正义的程序之路并不应该成为意在将我们引入历史的深处以及更深处作毫无止点的发掘真相的漫漫征程，相反，我们必须在这条道路上合理地设置起始、转折、终结的“路标”，立法者综合正义与效率而设计出的通常救济程序的审级及范围是不加区分的所有类型的案件在追寻正义的过程中所能及的最远处，裁判确定之后，理应对当事人继续探寻公力救济的脚步进行强力约束，而实现这一目的的重要途径就是先将当事人从具体案情的感情牵绊中抽离出来——赋予裁判文书以形式上的确定力。当我们向当事人纯然从立法为其预设的所有通常诉讼程序均已全面经历、所有救济其自身权利的可能均已获全部尝试的角度来阐释“确定裁判”之所以具有终局性和科学性的原因时，当事人似乎更容易接受，并甘愿受形式上的确定力这一终结效力的约束。当然，裁判虽已终局和确定，但其也并非全然属于无瑕疵，若所存之瑕疵已然严重到需要更改已经生效的裁判，则仍旧需要通过启动特定的救济程序对其加以纠正。此时，我们对此类特殊案件中的程序再开不能简单地理解为是对形式意义上的确定力的冲破，相反，此时得以再开的诉讼程序已然并非所有案件可普遍适用的“通常程序”，而是已然跃入了只属于个例案件、特殊案件专门使用的“例外程序”和“救济程序”之列。综合上述之分析，民事令状应当被赋予形式上的确定力。虽然令状与判决不可完全等同，民事令状在确定和生效之前所经历的“通常程序”也不似判决那样可能要经历两审终审或者三审终审的审级，相反，民事令状的“通常程

[1] [德] 奥特马·尧厄尼希：《民事诉讼法（第27版）》，周翠译，法律出版社2003年版，第315页。

[2] 参见杨一平：《司法正义论》，法律出版社1999年版，第118页。

序”多只限于法院的程序审查和程序审查后的签发而已，但是，即便如此，形式上的确定力既然被誉为任何设计周延的裁判文书皆应具有的终点性约束效力，那么，也应将其赋予民事令状：作为受送达人的各式诉讼主体在民事令状生效之后不得再以上诉等方法谋求其他法院的废弃或变更，即使令状制发错误确需纠正的，也只能依照特例性的救济程序依法办理。

最后，民事令状一经作出立即生效，生效之后，拥有执行力。执行力是法院裁判实质效力的一种，为可以获得国家强制力保障的资格，裁判文书在获得了强制执行力之后就被赋予了通过法院实现裁判文书内容的强势保障。法院的裁判是否具有给付内容是该裁判应否被赋予强制执行力的前提和基础，在民事判决的分类体系中，确认判决和形成判决因不涉及给付内容而并无被进行强制执行的可能，因此，按照通说，仅需探讨对法院裁判中给付判决这一类型赋予强制执行力的各式要件即可；除此之外，依据给付的内容可作财产或行为的划分，与之对应，此处的强制执行力的客观对象既可以针对金钱等具体的财物，亦可以纯粹针对积极的作为或者消极的不作为等法律行为。对比来说，民事令状应被赋予强制执行力实乃顺理成章，民事令状行为给付之内容早已将其对于法院强制力的强势需求进行了预先昭示。不过，在民事诉讼领域，令状的执行力相较判决的执行力而言还是存在一些不同之处的：判决的执行力强调的是如何将生效法律文书中已然确定的实体权利进行实现，原则上仅对当事人中败诉的一方发生法律效力，通常只在特殊情况下会出现执行力主观范围的扩张，而即便是准予扩张之时，其效力也仅可延伸至当事人之外的特定类型的第三人〔1〕。然而，民事令状的执行力

〔1〕 执行力主观范围的扩张范围通常以当事人的继受人、请求标的物的占有人、诉讼担当人等为限。参见张卫平：“判决执行力主体范围的扩张——以实体权利转让与执行权利的获得为中心”，载《现代法学》2007年第5期，第81~83页；常廷彬：“试论执行力主观范围的扩张”，载《法治论坛》2010年第1期，第206~210页。

则强调的是如何通过法院向相关主体课以不利后果的直接强制或者间接迫使而使义务人切实承担和依法完成民事令状载明的行为给付义务。而且，民事令状之执行力所约束的主体范围亦与判决拥有不同之处，法院签发民事令状不仅可以面向案件的当事人，更完全可以针对其他类型的诉讼参与人广泛制发。由于民事令状并不受终局性约束，因此，也就无需被限制以具体的制发数量，即便是发生行为给付义务人死亡等特殊情形，法院也大可通过重新签发明确以继受人为受送达人的新令状而将相应的作为或者不作为义务落实给新的义务主体，综上，民事令状的执行力通常不会涉及效力的主观范围的扩张问题。

（四）民事令状的救济程序

“从某种意义上说，法律的历史实际上是程序法的历史，法律的进步主要体现为程序法的进步，法律的变革取决于程序法的变革，法律的信仰首先从看得见的诉讼程序开始。”[1]其中，救济程序更是程序法领域极为重要的一种保证正义理念得以恢复和实现的保障机制，“不受监督的权力是可怕的，往往会陷入恣意而违背设立该项权力的目的”[2]。目前，在我国民事诉讼法之中，若将申请再审这一例外性的救济方式刨除在外，那么，当事人以及其他诉讼参与人针对法院的各式诉讼行为可采取的通常程序中的救济方式大致包括三种：异议、复议、上诉。统揽当今诉讼法学的理论研究，针对以上三类救济方式之间的关系，学界的研究尚且不足，亦未能得出足以服众的通行结论，这一情形所导致的各种观点的并存和冲突现象均较为显著，仅于异议和复议两者之间进行讨论时，分歧就已然十分严重。有一类观点认为异议和复议存在“质”的差别：前者是实体

---

〔1〕 肖建国：《民事诉讼程序价值论》，中国人民大学出版社2000年版，第9页。

〔2〕 宋朝武：“民事执行检察监督：理念、路径与规范”，载《河南社会科学》2009年第2期，第25页。

性的民事诉讼权利，而后者则为救济性的民事诉讼权利[1]；与之针锋相对，亦有一类观点认为，两者在“质”上本为一体，异议之外延相较于复议要大，两者为包含与被包含的关系，复议仅属异议的特殊类型而已[2]。在这样的背景之下，如果再将上诉纳入进来作“三维的”对比分析，观点碰撞的幅度势必更大，不过，按照相对更具普适意味的观点，以上“三者既有并列关系，也存在递进关系”[3]。异议更类似于一种第一顺位的“初次救济”，而复议和上诉则更接近于第二顺位的“再次救济”，以上两类救济方式在民事诉讼立法中的配置目前尚且没有务必“成双入对”的硬性要求，但是，一旦统一出现于一处，则通常表现为前后相连、先后相接的纵向递进态势，例如，根据现行《民事诉讼法》第127条、第154条，人民法院受理案件之后，当事人若在审理阶段针对法院的管辖权存在不同意见，那么，其第一时间应该考虑的救济方式为提出管辖权异议，该异议应当在答辩状提交期间内提出，人民法院审查之后将根据不同案情分别作出驳回异议或者将案件移送至有管辖权之法院的民事裁定，当事人对上述裁定仍然不服的，才可再行考虑上诉这一救济方式；根据《执行解释》第3条,人民法院受理执行案件之后，当事人若对法院的管辖权存在不同意见，基于同样的道理，其首先应当考虑的救济方式是提出管辖权异议，该异议应当自收到执行通知书之日起10日内提出，人民法院审查之后将分别依据具体案情作出驳回异议的裁定或者撤销执行案件的裁定。此时，若当事人对上述裁定仍然不服，才可再行考虑向上一级法院申请复议以为救济。

---

〔1〕 参见廖永安、雷勇：“论我国民事诉讼复议制度的改革与完善”，载《法律科学（西北政法学院学报）》2008年第3期，第142页。

〔2〕 参见卢鹏：“民事裁定复议制度的检讨与重构”，载《西南政法大学学报》2010年第5期，第77页。

〔3〕 廖永安、何四海：“民事诉讼当事人异议的法理分析”，载《法学杂志》2012年第12期，第95页。

由此可见，以上三种救济方式的各自特点大致可以作如下之归纳，通常说来：

首先，异议是当事人或其他诉讼参与人对法院之诉讼行为的初级救济方式，诉讼参与人在提出异议之时仅需将自己的不服主张进行完整的陈述即可，接收诉讼参与人异议的法院即为作出该诉讼行为的法院。针对上述主体的不服，该法院有义务依职权进行调查并作出裁决，裁决作出后，考虑以上主体仍有表示不服的可能，通常还需为其附设后续的复议或上诉以作救济之补充。以我国大陆地区的民事诉讼立法为例，目前，异议救济主要表现为以下几种形式：债务人对法院制发的支付令提出的异议、当事人对法院的审判和执行管辖权提出的异议、当事人和利害关系人对法院的执行行为提出的异议、案外人对执行标的提出的异议等。

其次，复议是当事人或其他诉讼参与人要求作出某一司法行为的法院自身或者其上一级法院对该司法行为进行重新审查并作出处理的救济方式[1]。其中，相较而言，本院复议更为多见，“移审”复议通常需耗费更多的法院成本和当事人成本，因此，相对而言，只有更具关键意义的事项才需向上一级法院提出复议。原则上，复议是一种终局性的救济方式，贯彻“一复终复”的原则，无需再行附设冗长的补充性救济方式。目前，在我国大陆地区的民事诉讼立法中，复议这种救济方式主要表现为以下形式：当事人针对法院的回避决定提出的复议、诉讼参与人针对法院的罚款和回避决定提出的复议、当事人针对法院的财产保全和先予执行裁定提出的复议、当事人或利害关系人不服法院针对其对执行行为所提出的异议的裁定而再行提出的复议、海事请求人和被请求人对海事强制令不服所提出的复议、当事人及其诉讼代理人就其在向法院申请调查收集证

---

〔1〕 参见黄良友：“试论民事诉讼复议制度”，载《现代法学》1995 年第 6 期，第 51 页。

据之后所收到的法院不予准许通知所提出的复议等。

最后，上诉是针对当事人不服一审法院之判决或特定类型之裁定的情形而专设的一种救济方式，上诉具有“移审”的典型特征，当事人通过上诉的方式对法院的裁判表示不服进而寻求法院对其诉讼行为的纠正以获取其实体利益或者程序利益的正义之救济时通常只能向上一级法院提出主张。此外，当事人的上诉具有显著的终局特征，法院的上诉裁判作出后，两审终审之内的通常救济程序即宣告终结，上诉审之后即便出现再审也只能仅作特殊情形下的补充和例外程序进行处理。以我国大陆地区的民事诉讼为例，目前，适用上诉纠正的法院诉讼行为仅限于其裁判权的行使，具体形式主要为：当事人针对一审判决书、调解书以及部分裁定书（不予受理裁定书、驳回起诉裁定书、管辖权异议的裁定书）的上诉。

民事令状是法院为当事人及其他诉讼参与人所设计的行为给付方面的义务指令，而法律义务原本即为行为主体依据法律规则的预设而对给付或不给付某种行为的应当性所进行的强制规范〔1〕，因此，受送达人理应恪守民事令状所规制的具体要求，切实践行民事令状所载明的作为或不作为义务。在民事诉讼之中，法院掌握着无可争辩的国家司法权力，并凭借此项权力而实施审判和指挥诉讼。但是，作为正当程序的应有内涵，作为同样参与诉讼的当事人以及其他诉讼参与人等各类主体亦应“被赋予对法院主宰程序进行的适法性进行监督并维护自己在程序利益上的权能”〔2〕。对于正当的程序而言，“防止偏袒的罚则是一回事，而申诉的权利是另一回事，这两种法则经常被称为自然公正的基本特征，它们是支撑自然公正的一对柱石”〔3〕。当事人以及其他诉讼参与人为了主张自己的权利或

〔1〕 参见张恒山：《法理要论》，北京大学出版社2002年版，第454页。

〔2〕［日］新堂幸司：《新民事诉讼法》，林剑锋译，法律出版社2008年版，第293页。

〔3〕［英］丹宁：《法律的训诫》，法律出版社1999年版，第96页。

者辅助诉讼的进行，在“取悦”法院的同时，亦应当享有“说不”的空间[1]。综上可见，我们应为民事令状的受送达人设置合法的救济路径，但是，赋予其何种类型的救济方式更为恰当和科学则成为摆在我们面前的新问题。依据民事令状的根本属性，与之对应的救济方式必须符合以下几点要求：

首先，应当属于“简易救济”。绝大多数民事令状设置的目的是为了消除当事人以及其他诉讼参与人在诉讼进行过程中“所犯的不合法现象”[2]，以便于将上述诉讼主体的“逾越之举”或者“消极对抗”最大程度地消除在萌芽状态，控制在最低限度，通过责令受送达人务必作出一定行为或者不作出一定行为的方式，以最为快速和有效地恢复正义程序。民事争议的公力救济是一个兼顾正义和效率的解纷过程，而旨在恢复这一解纷过程正义属性的民事令状也多被附设了时间限制，受送达人不仅应当依“令”给付相应的作为或者不作为，而且，这一给付还需严格遵照令状所载明的时间要求。以拘传票为例，受送达人在收到该令状之后，应当按时履行依法出庭的作为义务，否则，将面临被强制到庭的不利后果；再以支付令为例，债务人清偿债务或者提出异议的时间限制相较更长一些，但也仅为15天。因此，一方面，我们应当设置诉讼机制以保障当事人或其他诉讼参与人对其所接收到的民事令状仍然保有声明不服的权利；另一方面，立法所为其选择的救济方式也必须符合效率的价值要求，应以不对正在进行的诉讼程序产生阻断效果为原则，换言之，民事令状救济机制的进行应以无需中断令状本身的执行为必要，而且还能在耗费的经济成本上得到最大化的集约。综上，民事令状的救济机制理应是一种适用便捷、相对简单的“简易型”救济。

---

〔1〕参见廖永安、何四海：“民事诉讼当事人异议的法理分析”，载《法学杂志》2012年第12期，第95页。

〔2〕汤维建：《美国民事司法制度与民事诉讼程序》，中国法制出版社2001年版，第531页。

其次，应当属于“就地救济”。民事令状是人民法院融合立法之预设与具体案情后灵活制发的以行为给付为内容的书面命令，正所谓“分清是谁的责任、什么是规避或不诚实需要对案件的特点有更多更深入的了解”〔1〕，民事令状所载明的行为给付义务是否恰当？作为或不作为之间的取舍和分配是否合理？承担积极之必为义务以及消极之禁为义务的受送达人又是否适格？以上一系列问题的解答都证明了并非级别较高的法院更适合担当民事令状的救济主体，而且，民事令状的制发并不具有“排他性”，因此，法院所签发的民事令状的数量亦非民事判决、民事裁定或者民事决定所能及。正是基于上述原因，针对如此广泛的裁判文书设置“移审”性质的救济方式并不具有合理性，立法者为民事令状所设置的救济途径应当具有与案情更为接近的“地缘优势”，因此，由掌握案情和具体诉讼资料的令状的签发法院进行“就地救济”应为不二之选。

最后，应当属于“终局救济”。对于司法程序而言，效率是正义另一侧的脸孔，终局性的裁决甚至具有首要的程序价值〔2〕。民事令状是法院基于公平正义的理念而对诉讼程序所实施的依法纠错和强势纠偏，使解纷程序在双方当事人以及其他诉讼参与人的协同配合之下持续进行下去才是民事令状的终极目的，正因如此，立法者为民事令状所设计的救济途径理应为一次性的解决，而不可在救济体系的层级丰富性层面作过多的纠缠，民事令状本身的立法趣旨即在于强调对秩序和效率的维护，由此，民事令状的救济机制也理应被界定为兼具实质意义和结论意义的“一劳永逸”的“终局性”救济。

综合上述三层面的民事令状救济程序的制度要求，上诉和再审

---

〔1〕［美］博德拉·L. 罗德：《为了司法/正义：法律职业改革》，张群等译，中国政法大学出版社2009年版，第145页。

〔2〕参见宋显忠：“程序正义及其局限性”，载《中国诉讼法学精萃（2015年卷）》，高等教育出版社2005年版，第14页。

均被首先排除在外，针对民事令状，作者建议设置以复议为原则、以异议为辅助的救济体系。

首先，民事令状的救济应以复议为原则。究其原因：①理论层面，复议乃要求本院或者上一级法院对相应的司法行为进行复查的救济机制，该机制早已得到我国大陆地区民事诉讼立法的认可并已然在长期的适用过程中积累了丰富的适用经验，因此，将复议确定为民事令状所普遍适用的法定救济方式具有丰富的历史积淀和显著的亲缘优势。而且，更为重要的是，作为一种行之有效且长期适用的救济途径，复议具有与其他救济方式非常不同的显著的独特属性，而这些属性又恰好完全吻合民事令状自身为其救济途径所提出的三大要求："简易救济"、"就地救济"、"终局救济"。具体说来，其一，复议是一种不折不扣的"简易救济"，立法所设置的复议期通常都比较短，因此，复议具有极高的效率性，原则上仅需耗费极少的时间成本。更为重要的是，作为救济机制的复议可以和原始程序并列运行、互不干扰，这一点更为最大程度地保证诉讼符合效率价值所必须。原则上，复议不会对正常解纷程序的运行以及被复议事项的执行产生任何阻断效应，对于这一点，以我国民事诉讼立法中当事人针对法院的回避决定所提出的复议为例，该复议所耗费的审查期间最长仅 3 日，复议期间，民事诉讼仍然正常进行，且被申请回避人员无需停止参与本案的工作。再以诉讼参与人对罚款决定或拘留决定所提出的复议为例，复议期最长仅需 5 日，复议期间，罚款和拘留事项的法院执行并不受任何影响。而同在这一方面，即便是与复议最为相近的救济机制——异议也无法"望其项背"。例如，按照最高人民法院法释〔2008〕13 号《执行解释》第 16 条，案外人因主张对执行标的享有所有权或者其他足以阻止执行标的转让、支付的实体权利而向执行法院提出异议的，异议审查期间，人民法院须停止对执行标的相关处分。其二，复议虽既可以由作出相应司法行为的本级法院完成，也可由上一级法院进行，由此，其在救济的主管方面虽已然拥有相对灵活的主体设计，但是，分析前文所述的民事诉讼法典所设置的 8 种复议形式，也仅针对罚款决定、拘留决定的两种复议属于直接向上一级法院提出的“移审”救济，而当事人、利害关系人认为法院的执行行为违法之时的初级救济方式依然是首先在本院选择通过异议进行处理，之后，相关主体对异议之裁定仍然不服的才需动用后续的救济方式，即向上一级法院提出复议。此处的复议之所以采取“移审”，实为首先考虑救济体系层级设置上的外在所需而采取的形式上的调整，因此，复议具有极强的便捷性，“民事复议在一般意义上应当定位于同一审判执行机关对当事人不服审理和执行程序中的决定、裁定的异议申请进行再次审查”[1]，绝大多数复议可以而且更为适宜向掌握了更为详尽的案件资料的作出相关司法行为的本院直接提出，从这个意义上说，复议完全符合民事令状本身对于其救济途径层面在应属“就地救济”方面所提出的硬性要求。其三，与行政法领域的复议制度迥然相异，通常而言，诉讼法的复议制度更具终局性，立法无需再在复议之后设置后续的补充救济，法院经过复议并针对相应司法行为是否具备合法性的问题作出了判定之后，以上司法行为将不再享有能够获得任何其他司法救济的可能。所以，复议将当事人或其他诉讼参与人对法院之诉讼行为的不同意见予以一次性解决的特征显然要更加符合民事令状对其救济途径的设置必为“终局性”救济的设计理念。综合以上三点，复议完全符合民事令状旨在快速矫正各式诉讼主体之诉讼行为以及时恢复民事诉讼的解纷秩序的内在要求，相较其他救济方式，更适宜被普遍设置为民事令状的救济途径。对此，最高人民法院民事诉讼法调研小组 2003 年在其所完成的《完善民事诉讼证据制度条文设计方案》（以下简称《方案》）之中拟于民事诉讼法之中增设提交证据命令和提供文书命令两种新型民事令状。其中，《方案》第

〔1〕 江必新：“民事复审程序类型化研究”，载《法学家》2012 年第 2 期，第 110 页。

71 条第 2 款为受送达人所拟定的针对提供文书命令所设置的救济路径选取的即是复议——“文书持有人对此命令不服，可以向人民法院申请复议一次”。[1]需要补充的是，基于有效保障诉讼进程最大程度地保有效率价值，民事令状的复议救济更宜选择在作出相应令状的本级法院进行复议，复议期间不宜停止相应令状的执行。若经复议，相应民事令状的合法性并无问题，则由人民法院驳回申请人的复议申请，若经复议，相应民事令状被法院认定违反法律规定，则应由人民法院裁定撤销，当事人以及其他诉讼参与人按照此令状已经作出的行为给付的法律后果应归于消灭。②最高人民法院中国应用法学研究所 2008 年 3 月出台的《涉及家庭暴力婚姻案件审理指南》第 37 条第 2 款为“人身安全保护令”所设置的救济措施亦为复议，被申请人对法院的人身安全保护这种旨在保护家庭暴力之受害人及其特定亲属之人身安全的民事强制措施表示不服的，有权在收到该民事令状之日起 5 日内向作出该文书的法院申请复议一次，复议期间，不停止执行“人身安全保护令”。

其次，民事令状的救济应以异议为补充。异议属于诉讼参与人针对民事诉讼中法院司法行为所进行的初级救济，在其之后通常还需附设其他的救济机制以作补充，机制设置相较简单的异议程序尚无法完全满足诉讼参与人对于程序公正的全面需求，当事人通过异议表示不服的事项因为具有后续程序的补充而拥有在法院的初次处理之后再行获得调整的可能，异议和异议的后续救济机制相互配合，如此所形成的先后递进、前后衔接的救济体系才更具合理价值。目前，在我国大陆地区民事诉讼立法已然确立的民事令状的法定救济路径之中，异议被选择适用的数量虽然不可谓十分众多，但也并非难寻实例。例如：在督促程序中，债务人若欲对法院制发的支付令

---

〔1〕 最高院民事诉讼法调研小组编：《民事诉讼程序改革报告》，法律出版社 2003 年版，第 151 页。

表示不服，其应采用的救济途径即为于法定期间内提出合法之异议。如果债务人消极不作为，既不提出异议又不清偿债务，那么，法院的支付令将获得被债权人申请强制执行的资格。督促程序之所以选择适用异议程序以对法院支付令实施救济，其基本原理大致在于赋予债务人针对相同案情的同等的申辩权利。鉴于支付令是在债权人的单方陈述的前提下由法院制发的一种要求债务人履行清偿义务的民事令状，显然，法院即便经历了审查，鉴于督促程序本身的非讼性质，其审查通常也仅作“书面审查或者采用比较独特的证明方式”〔1〕，法院同意制发支付令时所认定的合理性也只是建立在一方当事人的陈述和证据之上，由于缺乏双方当事人之间的充分交锋，当事人对法院的支付令表示不服时，尚不宜再通过职权主义特色较为浓重的自始至终渗透着法院单方之主动核查意味的复议的方式进行处理。简言之，既然支付令属于法院侧重于倾听一方当事人的主张即直接作出的责令对方当事人履行债务清偿义务的书面命令，那么，无论何者被选作支付令的救济路径，都必须在这一方面予以弥补，因此，保证双方当事人的诉讼竞技得到更充分的伸张必然成为支付令救济机制首要的设计理念，亦基于此，立法者才为支付令设置了由债务人进行异议的方式以实施初级救济，从而在诉讼两造的利益划分和权利配置方面谋求重新的衡平，进一步确定督促程序中的债权债务关系是否明确和合法。不过，异议这一初级救济的天然属性造就了其通常无法为相关争执事项带来最富终局意义的结果，因此，在支付令的异议之后，立法还为其设置了争讼程序以供双方当事人能够继续针对债权债务的应然关系展开更加深入的诉讼攻防。根据现行《民事诉讼法》，立法首次在债务人异议和争讼程序的开启之间增设自动转换程序，非讼属性的督促程序虽然可能基于债务人的合法异议而即刻归于终结，但是，双方当事人之间的债权债务争

〔1〕 邵明：“论民事诉讼证据裁判原则”，载《清华法学》2009年第1期，第128页。

议仍然存在，异议之后的后续救济仍为纠纷解决之必需，根据该法第217条第2款，债务人提出合法之异议而使支付令归于失效的，除申请支付令的一方当事人明确表示不同意之外，该案件还应当在督促程序终结之后自动转入诉讼程序，以求更加富有完备程序的深入救济。由此可见，异议对于某些民事令状而言仍不失为一种极具传统意义和科学意义的救济方式，而且，救济方法是兼具独立性和开放性的一种程序〔1〕，不同的损害应当与不同的救济方法和救济程序相对应。在法学领域，针对相似问题而不分情形地简单套用一元化的救济方式从来不具科学性，因此，在各式民事令状的救济途径之中应当考虑督促程序的特殊性而保留异议这种救济方式的设置。

〔1〕 参见罗筱琦、范毅强："民事保全的救济理论"，载《宁夏大学学报（人文社会科学版)》2009年第3期，第108页。

参考文献

一、参考书目

1. 沈达明编著：《比较民事诉讼法初论》，中信出版社1991年版。

2. 张亚藩主编：《台湾法律概论》，中国政法大学出版社1992年版。

3. 黄名述、赵万一主编：《香港法要论》，成都科技大学出版社1994年版。

4. 常怡主编：《民事诉讼法学》，中国政法大学出版社1996年版。

5. 江伟主编：《民事诉讼法学》，中国人民大学出版社1999年版。

6. 刘荣军：《程序保障的理论视角》，法律出版社1999年版。

7. 肖建国：《民事诉讼程序价值论》，中国人民大学出版社2000版。

8. 蔡彦敏、洪浩：《正当程序法律分析——当代美国民事诉讼制度研究》，中国政法大学出版社2000年版。

9. 杨良宜、杨大明：《禁令》，中国政法大学出版社2000年版。

10. 汤维建：《美国民事司法制度与民事诉讼程序》，中国法制出版社2001年版。

11. 李祖军主编：《民事诉讼法学论点要览》，法律出版社2001年版。

12. 潘剑锋：《民事诉讼原理》，北京大学出版社 2001 年版。

13. 徐昕：《英国民事诉讼与民事司法改革》，中国政法大学出版社 2002 年版。

14. 杨荣馨主编：《民事诉讼原理》，法律出版社 2003 年版。

15. 邵明：《民事诉讼法理研究》，中国人民大学出版社 2004 年版。

16. 陈朝壁：《罗马法原理》，法律出版社 2006 年版。

17. 傅郁林：《民事司法制度的功能与结构》，北京大学出版社 2006 年版。

18. 汪习根主编：《司法权论——当代中国司法权运行的目标模式、方法与技巧》，武汉大学出版社 2006 年版。

19. 陈刚主编：《比较民事诉讼法》，中国法制出版社 2007 年版。

20. 刘家兴、潘剑锋主编：《民事诉讼法学教程》，北京大学出版社 2008 年版。

21. 赵钢、占善刚、刘学在：《民事诉讼法》，武汉大学出版社 2008 年版。

22. 高峰：《刑事侦查中的令状制度研究》，中国法制出版社 2008 年版。

23. 鲍雷、刘玉民：《法院诉讼文书格式样本（最新版）》，人民出版社 2009 年版。

24. 章剑生主编：《行政诉讼判决研究》，浙江大学出版社 2010 年版。

25. 蔡虹：《民事诉讼法学》，北京大学出版社 2010 年版。

26. 屈文生：《普通法令状制度研究》，商务印书馆 2011 年版。

27. 宋朝武主编：《民事诉讼法学》，中国政法大学出版社 2011 年版。

28. 宋朝武主编：《中华人民共和国民事诉讼法精解》，中国政法大学出版社 2012 年版。

29. 杨秀清：《民事裁判过程论》，法律出版社 2011 年版。

30. 张卫平主编：《最高人民法院民事诉讼法司法解释要点解读》，中国法制出版社 2015 年版。

31. ［美］费正清：《剑桥中华民国史（下卷）：1912 ~ 1949 年》，刘敬坤等译，中国社会科学出版社 1998 年版。

32. ［日］棚濑孝雄：《纠纷的解决与审判制度》，王亚新译，中国政法大学出版社 1994 年版。

33. ［美］迈克尔·D. 贝勒斯：《法律的原则——一个规范的分析》，张文显等译，中国大百科全书出版社 1996 年版。

34. ［日］三ケ月章：《日本民事诉讼法》，汪一凡译，五南图书出版有限公司 1997 年版。

35. ［日］土本武司：《日本刑事诉讼法要义》，董璠兴、宋英辉译，五南图书出版公司 1997 年版。

36. ［英］密尔松：《普通法的历史基础》，李显冬等译，中国大百科全书出版社 1999 年版。

37. ［日］中村英郎：《新民事诉讼法讲义》，陈刚、林剑锋、郭美松译，法律出版社 2001 年版。

38. ［美］阿瑟·库恩：《英美法原理》，陈朝壁译，法律出版社 2002 年版。

39. ［德］奥特马·尧厄尼希：《民事诉讼法》，周翠译，法律出版社 2003 年版。

40. ［日］高桥宏志：《民事诉讼法——制度与理论的深层分析》，林剑峰译，法律出版社 2003 年版。

41. ［美］斯蒂文·N. 苏本等：《民事诉讼法：原理、实务与运作环境》，傅郁林等译，中国政法大学出版社 2004 年版。

42. ［德］卡尔·恩吉施：《法律思维导论》，郑永流译，法律出版社 2004 年版。

43. ［比］马克·范·胡克：《法律的沟通之维》，孙国东译，法律出版社2008年版。

44. ［美］丹尼尔·J. 凯普罗、吴宏耀评论：《美国联邦宪法第四修正案：令状原则的例外》，吴宏耀等译，中国人民公安大学出版社2010年版。

45. ［英］J. G. A. 波考克：《古代宪法与封建法：英格兰17世纪历史思想研究》，翟小波译，译林出版社2014年版。

二、参考论文

1. 郑云瑞："英国普通法的令状制度"，载《中外法学》1992年第6期。

2. 汤维建："两大法系民事诉讼制度比较研究——以美、德为中心"，载陈光中、江伟主编：《诉讼法论丛》（第1卷），法律出版社1998年版。

3. 周东平："律令格式与律令制度、律令国家——二十世纪中日学者唐代法制史总体研究一瞥"，载《法制与社会发展》2002年第2期。

4. 熊跃敏："日本民事诉讼的文书提出命令制度及其对我国的启示"，载陈光中、江伟主编：《诉讼法论丛》（第7卷），法律出版社2002年版。

5. 张艳丽："民事执行中强制管理措施的构制"，载《理论学刊》2002年第3期。

6. 邵明："民事诉讼法的发展趋势"，载《法学杂志》2003年第2期。

7. 项焱、张烁："英国法治的基石——令状制度"，载《法学评论》2004年第1期。

8. 孙彼德："令状的司法化与早期英国王权的特殊性"，载

《西南政法大学学报》2004 年第 6 期。

9. 高峰:“对刑事司法令状主义的反思”,载《政法学刊》2005 年第 3 期。

10. 高峰:“论技术侦查与司法令状原则的冲突”,载《江西社会科学》2006 年第 1 期。

11. 王天星:“行政紧急强制实施中的司法令状”,载《人民司法》2006 年第 9 期。

12. 徐昕:“迈向社会和谐的纠纷解决”,载徐昕主编:《司法》(第 1 辑),法律出版社 2006 年版。

13. 彭海青:“令状主义及其适用程序初探——兼谈我国刑事司法命令程序的重构”,载《新疆社会科学》2007 年第 3 期。

14. 高峰、曹睿:“欧洲人权法院视野下的司法令状原则”,载《政法学刊》2007 年第 3 期。

15. 龚春霞:“浅述令状在英国普通法发展中的作用——从王室司法管辖权的角度阐述”,载《云南大学学报 (法学版)》2007 年第 3 期。

16. 吴泽勇:“大清民事诉讼律修订考析”,载《现代法学》2007 年第 4 期。

17. 许尚豪:“交换的正义与分配的正义——纠纷解决途径的正当性基础解读”,载《法学家》2007 年第 5 期。

18. 杨圣坤、姜宝超:“‘普通法注重程序’:一种权力视角的解读——从令状制度谈起”,载《兰州学刊》2008 年第 S2 期。

19. 孙德鹏:“源于‘书写’的权利与技术——令状的司法化与普通法的形成”,载《现代法学》2008 年第 3 期。

20. 邵明:“论民事诉讼证据裁判原则”,载《清华法学》2009 年第 1 期。

21. 王泽、郭石宝:“再议检察令状制度”,载《人民检察》2009 年第 17 期。

22. 屈文生:“论行政令状的司法化与普通法的诞生——兼议中

世纪时期英王治理国家方式的转变”，载《河北法学》2010 年第 2 期。

23. 屈文生：“法学名词‘令状’释义与翻译考辨”，载《社会科学论坛》2010 年第 6 期。

24. 宋远升：“论司法令状的制衡效力——基于英、美司法令状制度构成要件的比较视角”，载《甘肃政法学院学报》2011 年第 1 期。

25. 潘剑锋：“衔接与协调：民事诉讼法中相关制度的整合”，载《河南社会科学》2011 年第 5 期。

26. 周中举：“论‘侵害（trespass）’令状所体现的严格责任思想”，载《重庆工商大学学报（社会科学版）》2011 年第 5 期。

27. 李云峰、杨晓亮：“对‘禁止令’的一点思考”，载《中国检察官》2011 年第 21 期。

28. 徐景华、严玮：“执行催告令状制度研探——以上海市金山区人民法院的经验为例”，载《上海政法学院学报（法治论丛）》2011 年第 3 期。

29. 李巍涛：“英国令状制度研究——兼论传统的价值”，载《北京人民警察学院学报》2011 年第 4 期。

30. 罗红兵：“司法令状思考四题”，载《中共山西省委党校学报》2011 年 4 期。

31. 王亚新：“民事诉讼法修改中的程序分化”，载《中国法学》2011 年第 4 期。

32. 李中元：“英国法律文化的历史解读——以令状制度为对象的考察”，载《唐都学刊》2012 年第 1 期。

33. 汤俪瑾：“论行政调查正当程序中的令状主义原则”，载《政法论坛》2012 年第 1 期。

34. 张平华：“认真对待民事保护令——基本原理及其本土化问题探析”，载《现代法学》2012 年第 3 期。

35. 肖建华：“现代型诉讼之程序保障——以 2012 年《民事诉讼法》修改为背景”，载《比较法研究》2012 年第 5 期。

36. 肖建国："执行程序修订的价值共识与展望——兼评《民事诉讼法修正案》的相关条款"，载《法律科学》2012 年第 6 期。

37. 向明华："香港特别行政区船舶扣押制度研究"，载《广州大学学报（社会科学版）》2012 年第 9 期。

38. 冀宗儒、徐辉："论民事诉讼保全制度功能的最大化"，载《当代法学》2013 年第 1 期。

39. 郭华："美、德监听令状外获得材料作为证据使用的考察——兼议我国《刑事诉讼法》第 152 条与第 150 条第 3 款"，载《环球法律评论》2013 年第 4 期。

40. 郑曦："暮色中的微光：美国联邦人身保护令制度"，载《比较法研究》2014 年第 6 期。

41. 易前、黎藜："人身保护令制度的入法思考——以长沙反家暴审判实践为视角"，载《人民司法》2014 年第 7 期。

三、其他资料

1. Thomas Tapping, *The Law and Practice of the High Prerogative Writ of Mandamus, As It Obtains Both in England, and in Ireland*, Published by T. &J. W. Johnson, 1853.

2. Frederick William Maitland, "The History of the Register of Original Writs", *Harvard Law Review*, October, 1889.

3. Chester James Antieau, *The Practice of Extraordinary Remedies: Habeas Corpus and the Other Common Law Writs*, Oceana Publications, 1987.

4. C. K. Thakker, *Law of Writs*, Eastern Book Co., 1993.

5. Reginald Dodd, *Writ of Summons: in the High Court of Australia, Sydney Registry, Between Reginald Dodd as Representative of the Arabunna Tribe, and Commonwealth of Australia and the State of South Aus-*

tralia, Published by the court, 1993.

6. Michael S. Sorgen, *California Civil Writ Practice*, Published by Continuing Education of the Bar, California in Berkeley, Calif., 1996.

7. Sharon Baumgold, James R. Lambden, *Handling civil writs* in the courts of appeal, Published by Continuing Education of the Bar, California in Berkeley, Calif., 2009.

8. R. M. ball, "Exchequer of Pleas, Bills and Writs", *The Journal of Legal History*, 9 (3), 1988.

9. C. Dan Black, "Georgia v. Randolph: A Murky Refinement of the Fourth Amendment Third - Party Consent Doctrine", *42Gonz. L. Rev.*, 321 (2006 ~ 2007).

10. Mark Hagger, "The Earliest Norman Writs Revisited", *Historical Research*, vol. 82, no. 216, May, 2009.

11. Morad Fakhimi, "Terrorism and Habeas Corpus: A Jurisdictional Escape", *Journal of Supreme Court History*, Vol. 30, Issue 3, Nov., 2005.

12. Michael Ray, "Administrative Efficiency in Fourteenth - century England: the Delivery of Writs Based on Evidence from the Register of Bishop Martival", *Historical Research*, Vol. 84, Issue 223, Feb., 2011.

13. William M. Kennedy, *The Privilege of the Writ of Habeas Corpus Under the Constitution of the U. S.*, Published by Bibliobazaar, 2012.

14. 土屋大洋："ブッシュ政権の令状なし通信傍受をめぐる課題：デジタル技術とネットワークがインテリジェンス？コミュニティにもたらした変化"，情報通信政策研究プログラム研究成果論文，2007年3月。

15. 丸橋昌太郎："令状主義システムと排除法則——最高裁平成15年2月14日第二小法廷判决"，載《信州大学法学論集》11 (2008)。

16. 杨冠琼、陈卫主编：《英汉法律词汇大全》，山西经济出版社 1995 年版。

17. [美] 斯图尔特·B. 弗莱克斯纳主编：《蓝登书屋韦氏英汉大学词典》，蓝登书屋韦氏英汉大学词典编译组编译，商务印书馆 1997 年版。

18. 曾庆敏主编：《法学大辞典》，上海辞书出版社 1998 年版。

19. 北京大学法学百科全书编委会：《北京大学法学百科全书》，北京大学出版社 2000 年版。

20. 薛波主编：《元照英美法词典》，法律出版社 2003 年版。

21. 夏登峻主编：《英汉法律词典》，法律出版社 2008 年版。

22. 卓泽渊："法的价值总论"，中国社会科学院 2000 年博士学位论文。

23. 杨震："法价值哲学导论"，黑龙江大学 2001 年博士学位论文。

24. 陶志蓉："民事判决效力研究"，中国政法大学 2004 年博士学位论文。

25. 陈敬刚："英国普通法的形成：一个初步的分析"，中国政法大学 2004 年博士学位论文。

26. 邓智慧："人身保护令研究"，中国政法大学 2006 年博士学位论文。

27. 薛竑："人身保护令制度研究"，西南政法大学 2006 年博士学位论文。

28. 高峰："刑事侦查中的令状制度研究"，西南政法大学 2007 年博士学位论文。

29. 屈文生："令状制度研究"，华东政法大学 2009 年博士学位论文。

30. 刘春玲："家庭暴力民事保护令制度研究"，中国人民大学 2012 年博士学位论文。

后 记

《民事令状研究》现已撰写完毕，鉴于作者水平所限，整体而言，尚无法称为完备；细节之处，诸多章节也总有力有不逮之憾。该书选题相对新颖，回顾历史，尚欠缺学界先贤的扛鼎之作，而审视今时，即便学界先锋亦尚未给予足够关注，更遑论压卷之作。基于此，缺乏基础研究予以借力，本书针对民事令状所作的原创式剖析总难免有自说自话之嫌。

然而，鉴于各国民事诉讼司法实践中对于法院向特定诉讼主体签发的旨在强制其履行必为义务或者禁为义务的书面命令日益倚重，针对两大法系域内外视野下民事令状的完整梳理与体系解读已为我国立法及实践所必需。因此，鉴于该课题亟待研究的紧迫性，作者在主持烟台大学博士启动基金项目《民事令状司法应用的实证考察与理论辨析》的过程中，尝试围绕民事令状法律制度的历史渊源、基本内涵、比较分析、完善分析等课题所进行的学术初探与制度新解，才拥有了些许“抛砖引玉”般的理论自信。

基于选题等多重因素影响，本书写作过程历尽困难，民事令状资料的匮乏以及写作思路的未尽成熟是作者面临的最大难题，但每每出现瓶颈，恩师汤维建教授总能指点迷津、耐心引导，针对民事令状的选题确立以及内容的最终成型，汤老师均付出了大量心血。而且，在中国人民大学攻读博士学位期间，老师所给予的无私帮助更是多方面的：学业上，老师的教导令学生发蒙解缚；生活中，老师的严谨更令学生仰慕。

本人学浅才疏，研究路上的点滴收获均源于大家的帮扶，其间，若无其他老师、同学的耐心指导和热情帮助断然无法取得，因此，一并致以谢意：感谢中国人民大学江伟教授曾付出的谆谆教诲；感谢中国人民大学肖建国教授、邵明教授、许尚豪副教授，老师们在学业上的关心和生活上的关爱将是学生一生珍视的宝贵财富；感谢中南财经政法大学蔡虹教授以及湖北省高级人民法院董伟威法官，两位老师的博学和严谨令学生至今难忘；感谢在各个求学阶段有幸结识的诸位同学。

最后，致敬家人和朋友，特为他们在本书撰写直至出版过程中所给予的无可比拟的支持与不可或缺的理解致以最由衷的谢意！

笔者

2015 年 8 月